本书第2版是国家社科基金重大项目“欧洲生命哲学的新发展研究”（批准号14ZDB018）的部分成果

中国当代学术思想文库·高宣扬作品系列

鲁曼社会系统理论与现代性

（第2版）

高宣扬 著

中国人民大学出版社
·北京·

代自序：在哲学与非哲学中迂回

我的哲学生涯，就是我个人的整个生命历程。生活使我喜欢哲学，哲学使我懂得了生活；浪迹天涯的生活历练以及惊涛骇浪的“文化大革命”的洗礼，又加深了我对哲学的理解，并时时推进我的思想情感，穿越人文社会科学及文学艺术的各个领域，通过在各种文本中的循环迂回反思，试图探索生命的奥秘。从十五岁到今天，整整半个世纪的岁月，在国内外颠沛流离的游牧生活命运，我始终同哲学打交道，并在同哲学的交往中，不断地改变对哲学的看法，而我的命运本身，也渗透着哲学的神秘力量，使我品尝了生命过程的酸甜苦辣滋味。哲学作为生存的一种实践智慧，以其对生命本身的关照和澄明，见证了它无愧是生命的灵魂。

正如海德格尔所说，哲学无非是一种无止境的感恩和怀念。当尼采在晚年穿透历史而发出“重估一切价值”的豪迈口号时，他仍然以感恩的心情，由衷地称叔本华为他的最早的“教育者”(als Erzieher)(参见尼采 *Unzeitgemäße Betrachtungen*, 1873—1876)，从而一览无余地展现出尼采的“永恒回归”的广阔理论视野。

在我的哲学生涯中，时时伴随我思想脉动的内在力量，来自我生命历程中的各种遭遇。而在我所遭遇的关键人物当中，与我的生命融为一体的，就是五个人：我的母亲、毛泽东、马克思、康德和尼采。他们分别地出现在我生命转折的不同时期，使我在亲身经历的不同生活时空中，从出生入死、苦乐交替的动荡不定生活和深沉反思中，懂得了哲学与生存之间的血肉交融关系，体会到哲学的开放性及其在人生历程、人文社会科学以及文学艺术领域中进行流连忘返的极端重要性。

1939年初，在阴历虎年岁末，在第二次世界大战的隆隆炮火声中，我出生在一个漂泊海外多年的华侨教师家庭。我的父母靠他们所获得的暨南大学和杭州女子师范学校的文凭，四十多年如一日，始终任教于华侨教育界。他们从来没有属于自己的不动产，永远都以任教的学校为家。如同萨特从小就在其外祖父的带领下看书一样，我也从懂事的时候起，就在身为华侨学校教师的父母的教导下，培养出以看书写字为乐的生活习惯。从这个意义上说，父母不但给了我肉体生命，尤其还赋予我精神生命和哲学灵魂。

打从童年时代起，每当夜幕降临，我就偎依在母亲身边，陪同她批改学生作业，殷切期盼她在夜深人静、改完学生作业之后，字字句句带我习读动人的神话。妈妈耐心地指导我看书，并在阅读中，启发我敞开想象的大门，训练我最初的超越现实的能力，还教我学会查《王云五四角号码字典》和看地图。爸爸则几乎天天在晚饭后的散步中，向我讲述一个又一个动人的历史故事，并严厉地要求我熟背欧阳修的《醉翁亭记》，试图让我从人类经验中，体验人生的艺术。从此，查字典和看地图，成为童年时代最吸引我的游戏活动；学校图书馆和挂在教室墙上的各种大地图，也成为我的玩伴和游戏场所。每当我在字典里亲自发现一个新词汇，认出一个新国家、河流、山脉或港口，就喜出望外地向妈妈报告，于是，妈妈就把我紧紧地抱在怀里。由此，我慢慢地懂得了一个具有哲学意义的生活道理：以寻求智慧的好奇，扩大自己的人生视野，是真正回报母爱的最好途径，也是享尽令人陶醉的人生飨宴的珍贵机遇。

七岁那年，妈妈教我从头到尾系统地看书的最初读本，是当时学校图书馆藏的《苦儿努力记》和《岳传》。前一本是法国作家马洛（Hector Malot）所写的*Sans famille*（原文直译为《无家可归》）的中文译本，为中国作家夏丏尊所译；后一本是属于商务印书馆《万有文库》的历史普及丛书。这两本书所散发出来的精神魔力，对我的思想和生命成长的影响是如此深远，它们不仅一直伴随着我的心灵成长过程，而且还在某种程度上，简直可以说，它们不折不扣地成为我一生命运的镜子和缩影：我本人所经受的大跨度时空变迁，大起大落，以及一切令人刻骨铭心的生活煎熬和情感震荡，都活生生地重演了两本书的情节。

当我第一次阅读《苦儿努力记》时，首先使我佩服的，是译者夏丏尊先生：他竟把原来法文的著作流畅地译成中文！我当时就暗自立志，长大后要像他那样，成为懂得多国语言的作家。事隔三十一年之后，1978年，我移居法国巴黎，竟然在巴黎地铁网上，找到了《苦儿努力记》所提到过的巴黎东南郊城镇 Boissy-Saint Léger。我兴奋地多次访问这座城镇，东张西望试图发现小说主人公雷米（Rémy）随同抚养他的民间杂艺表演老艺人的历史踪迹。以后，我又特地两次到《苦儿努力记》所讲述的法国东南弗朗斯孔泰（Franche-Comté）地区度假，来往于瑞士和法国边界，抱着缅怀、同情和鉴赏的态度，反复沉思流浪儿雷米当时徒步穿越这一地区山川大地的哲学意义，因为我已经从我个人亲身经历的哲学炼狱与人生沧桑沉浮的过程中，体会到我同雷米一样，不由自主地在不同舞台上，演出了类似的充满戏剧性的游牧生活遭遇。同样地，《岳传》给予我的爱国主义精神，后来一直成为我的不可磨灭的情结之一，每当世界上发生重大事件，不管我身在国外何处，也不管我在地球的哪个角落，这一情结如同一股神秘不可测的力量，影响着我的思路和情绪的起伏；而岳飞晚年遭受陷害的悲剧，也在"文化大革命"对我的"隔离审查"和一再地"批斗"中，活灵活现地重演着：人们当时竟然对我的华侨爱国之心，抱着怀疑、鄙视，甚至嘲弄否弃的态度！

这一切，就是我的哲学思想的基础和起点。随后，即使哲学把我带到古希腊、古罗马或古典时期的德国以及当代法国，都脱离不开少年时期母爱和母文化对我的熏陶；同样也无法抚平被残酷无情的现实生活所刻烙留下的沉痛创伤，它们时时申饬着我的心灵，根深蒂固，挥之不去，并以顽强的精神，渗透到我所吸收的一切文化当中；反过来，我的喜怒哀乐情感越是起伏不平，面临的新鲜文化越是层出不穷，我对生活和哲学的"流浪"、"迂回"、"永恒轮回"的性质，就感受得越深。

1952年，十三岁，是《岳传》所传授的爱国主义精神，使我决定离开在印尼的温暖家庭，只身归国求学，并选择享有“老革命根据地”荣誉的东北，作为我在祖国的落脚点。从热带零上二十多度的印尼到北温带寒冬零下二十度，从天天吃大米到顿顿吃高粱和窝窝头，不但没有使我对自己的选择有所悔恨，反而更加深了参与轰轰烈烈的革命事业的决心。

正是在东北，我在母文化的基础上，如饥似渴地阅读了中国古典名著《水浒传》、《三国演义》、《西游记》、《红楼梦》、《儒林外史》等，同时又大量地阅读了奥斯特洛夫斯基的《钢铁是怎样炼成的》等苏联和其他国家的文学作品，使我从十三岁到十五岁的少年青春期，被丰富的人类文化遗产所充实。在此基础上，十五岁那年，高中一年级，第一次阅读了毛泽东的《实践论》和《矛盾论》，成为我的处女哲学读物。

毛泽东教给了我第一个哲学概念：哲学是自然科学和社会科学的最高理论总结。这个哲学定义长久地指导我的人生观和哲学立场，促使我在十八岁高中毕业时，报考了北京大学哲学系，把研究哲学当成我的终身第一志愿。为此，我要永远感恩和怀念毛泽东。

在北京大学哲学系，马克思和康德先后激发和加深了我对哲学的理解。确切地说，在大学和研究生时期，我首先是以毛泽东的哲学定义解读马克思和康德。接着，马克思的哲学让我进一步学会将人的激情与哲学的反思结合起来，使辩证法的精神与生活的逻辑扭结合一，以大无畏的探索实践，寻求自然、社会和生活的真理。到了研究生阶段，在我的导师郑昕教授的亲自指导下，我用了三年半的时间，阅读康德的《纯粹理性批判》、《实践理性批判》及《判断力批判》三大著作，给了我关于人的认识、道德和审美三大基本能力的教育，让我领悟到“人作为目的自身”的最高尊严；同时也明白了人的理性及其界限，启发我要善于在生活中，依据具体情况，独立自主但又恰如其分地使用自己的理性。

1966年春天，我手持北京大学哲学系研究生毕业文凭，到中国科学院报到工作，但迎接我的，是“文化大革命”的浩劫。这时，也只有这时，我对毛泽东、马克思和康德的哲学理解，才真正地受到了检验，我也受到了终生难忘的哲学教育。

马克思在《路易·波拿巴的雾月十八日》中指出，“人们自己创造自己的历史，但是他们并不是随心所欲地创造”。个人的和亿万人的历史实践，像火焰翻滚的熔炉，熔化掉一切虚幻的理念和天真的情怀。我的个人命运同无情的权力争斗、亿万人的生离死别铰链在一起。这是我一生中最悲惨，但又最丰富、最珍贵、独一无二的经历。具有讽刺意味的是，在“文化大革命”以前，我虽然身在号称马克思主义理论基地的北大哲学系，但我始终得不到机会认真系统地研读马克思的《资本论》。“文化大革命”对我长达八年的“隔离审查”，在门窗紧闭、暗无天日的戒备森严的环境中，我反倒获得了机会，让我反复阅读了《毛泽东选集》四大卷及《资本论》三大卷。我有生以来第一次，在反复穿越毛泽东和马克思本人的文本的字里行间中，感受到思想、语言论述、历史、生活逻辑、生命情感和现实世界之间的神秘交错结构；同时，人类社会也以最典型的形态，暴露出它的正反两面性；历史的悲剧与喜剧，特别是迄今为止人们试图千方百计加以掩盖的那些最丑陋、最肮脏、最虚伪的正式情节，正如马克思所说的那样，都赤裸裸地同时生动地上演出来了。从这个意义上说，这场历史浩劫，又是人性和兽性联合同场演出的历史狂欢节。我在“文化大革命”中所获得的生存实践智慧，比我在任何时候所累积的经验都更深地扎根于灵魂的核心中，时时牵动着我的哲学思路。后来，即使到巴黎或台北，“文化大革命”的经验，经常从无意识的底层冒现出来，影响着我对世界和哲学的看法。

从1978年离开中国大陆以来，我先后在香港地区、法国和台湾地区居住，也多次横渡过大西洋和太平洋，足迹遍布欧、亚、美。同我的生活经历一样，我的哲学研究领域，涉及存在主义、实证主义、实用主义、结构主义、新马克思主义、弗洛伊德主义、后结构主义及后现代主义等。其实，我的学术领域的转移，同以往亲身经历的生活历程一样，一方面并非单向性和一次性的，而是循环的和重复的；另一方面也是“人在江湖，身不由己”，因为它是由三方面的因素共同决定的。首先是我的哲学研究本身，由于我对哲学持有开放的态度，促使我不由自主地从一个领域走到另一个领域；其次，思考本身的无形力量，特别是其中来自生命活动本身的非理性的情感和意志力量，超出我的主体意识，推动我不断越出学科的界限，不仅在不同哲学派别的文本中间穿梭，也深入到语言学、人类学、社会学、心理学、文学艺术理论等方面，试图在多向和多维的时空中，寻求新的自由可能性；最后，当代哲学、人文社会科学的理论和方法论的变革和不断转向过程，也引导我不断突破原有的范围。

在法国的二十五年，当代法国哲学家不断逾越传统哲学的边界，并与多学科的人文社会科学及文学艺术进行无拘无束的对话式的创新过程，使我心花怒放，带领我跨入无限自由的哲学新天地。

从 1978 年起，历经颠沛漂泊而进入“不惑之年”的我，终于领会到尼采为什么要以“超人”（der Übermensch）的激情，宣告人的生存的“权力意志”（der Wille zur Macht）的本质。“文化大革命”所刻印的伤痕，早已见证了尼采的论断。其实，要真正实现康德所说的“作为目的自身”的人的最高尊严，不仅要靠理性和仁慈善心，而且还要凭借超人的权力意志及灵活机动的生存艺术策略，以鉴赏人生艺术的豪迈态度，敢于面对和逾越一切障碍和界限，大无畏地迎接人生的暴风骤雨，向一切“不可能”挑战，时时超越实际生活的范围，开辟新的生命境界。不能只是从“权力”和“意志”的字面意义来理解尼采的哲学。权力意志是一种永不满足、永远自我更新、自我充实、自我扩大的逾越欲望，是彻底摆脱自然状态的、真正的人的永不枯竭的生活动力，又是具有最高尊严的人，历练人生的纵横驰骋，泰然自若地出生入死，精通生死艺术，确信自己将“同这太阳、同这地球、同这雄鹰、同这条蛇一样”，“永恒地回归到同一个自身的生命”的崇高情操。人是在不断创造中实现自由超越的特殊生命体。哲学家只有达到这种境界，才真正地将自身的思想同生活情感、同人类历史、同他人的各种文本连成一片。

实际上，没有一种真正的哲学思维是可以脱离实际的生命情感的。思维并不是只发生在某个孤立的主体意识之中；没有生活激情的思想是死板的，不同他人的文本进行来回交往的思索是贫乏的。在真正的哲学思考中，如同生活本身，理性、意识、情感、意志、欲望以及无意识等复杂因素，甚至包含一些无法说出、难于确定、不可预测的神秘力量，永远都混合在一起，而且也紧密地同思考者本身的生命律动及其生活世界相交错。哲学只有在同非哲学的比较、交往和对话中才能存在。哲学所追求的思想自由，使它本身永无止境地进行自我超越和超越一切。

然而，超越本身也是一种生活的艺术。“超越”并不简单地意味着永不平静，更不归结为胡作非为。超越过程，包含了生活中必要的平静和节制，集中了生活和思维的艺术性。在我最近研究的福柯的生存美学中，我再次感受到超越过程的审美意义。

在出国流浪的四分之一世纪中，我通过穿越哲学、人文社会科学以及文学艺术各个领域的文本的迂回，在陆续总结生活经验和哲学思考心得的过程中，撰写出《存在主义》、《结构主义》、《实用主义和语用论》、《罗素哲学概论》、《弗洛伊德主义》、《新马克思主义》、《哈贝马斯论》、《解释学简论》、《德国哲学的发展》、《罗素传》、《毕加索传》、《萨特传》、《利科的反思诠释学》、《布尔迪厄》、《鲁曼社会系统理论与现代性》、《流行文化社会学》、《当代社会理论》、《论后现代艺术的不确定性》、《后现代论》、《当代法国思想五十年》、《当代法国哲学导论》及《福柯的生存美学》等二十五本专著。由五百余万字所交织而成的文本，并不全是我本人所要说出的话语，因为生活和哲学思考所经受的体验和其中的情感，是无论如何都不能如实地通过语言文字表达出来的。重要的是它们毕竟以折射镜的方式，表现了我的生命律动和情感。但是，问题还不仅仅是这些书同我个人之间的关系。更具有本质意义的，在于它们是“他人”的文本的交响乐似的回音，隐含着现实与历史、过去与未来、生与死、可能与不可能之间的永恒回归历程的和声。它们还不仅仅在形式上，更在内容方面，体现了生活和哲学生涯的流浪特质。

今后，只要我一息尚存，我绝不会放下笔，要不停顿地继续在广阔的哲学、人文社会科学和文学艺术文本间进行游泳穿梭。哲学没有界限，也不应该有终点；它同生命之间的永恒回归，正是哲学本身无可逃脱的命运及其生命力的源泉。

高宣扬谨识

上海交通大学欧洲文化高等研究院

目　录

第 2 版前言

西方人文社会科学理论的发展，始终在一条崎岖不平的道路上延伸，有时充满阳光，有时陷入危机，使理论本身运载着人间希望和创造精神，一再地经历重生和创新的过程。鲁曼本人的思想创造历程，也恰好体现了第二次世界大战后西方社会理论的重建演变过程。在谈到自己的社会系统理论的创建过程及其核心问题时，鲁曼指出："在最近几年，我环绕两个相互穿插和相互促进的理论计划而工作。一方面我探讨一种一般社会系统理论（a general theory of social system）。这个理论以帕森斯（Talcott Parsons，1902—1979）的双重偶然性（double contigency）概念为起点，而且从一般系统论（General Systems Theory）、自我参照关系理论（Theory of Self-Referential Relations）以及沟通理论（Communications Theory）中得到启发。在这里，'复杂性'（Complexity）和'意义'（Meaning）概念是进行功能分析的关键。另一方面，我集中研究一种关于当代社会的理论（a theory of modern society）。对于当代社会，我们再也不能把它描述成'市民社会'、'资本主义社会'或某种'科技贵族专制系统'（a scientific-technocratic system）。我们必须改之以一种指涉社会分化的社会定义。不同于一切早先社会的当代社会，它是一种功能上不断分化的系统（a functionally differentiated system）。因此，对于它的分析，要求对于它的每一个单一功能次系统进行详尽的研究。再也不能从一种单一的主导观点去把握社会。反之，要详细理解它的运作动力，必须充分地理解这样一个事实：它的政治、经济、科学、法律、教育、宗教、家庭等各个功能系统，已经更加相对地自律化了，而且现在这些功能系统也各自相互地成为其中任何一个系统的环境。”①

针对现代社会的特征而形成的鲁曼社会系统理论，对于正在进行现代化的中国社会研究来说，具有重要的参考价值；这不但是从理论层面，而且尤其是从我国近代社会建设层面，我们都有必要紧紧地围绕现代社会的特征及其实际运作过程，灵活地应用鲁曼社会系统理论，对其中的法律系统、教育系统、政府权力系统、艺术系统和宗教系统等进行专门化研究。最近几年，我国学术界也已经逐步引进鲁曼社会系统理论，但从理论以及它同现代化实际问题的结合来看，仍然还停留在表面层次，需要学术界通过研究、调查、分析和争论，把这方面的研究工作推动起来。

借再版的机会，对原版中的旧资料进行了必要的修正和补充。衷心感谢中国人民大学出版社学术出版中心的杨宗元主任和符爱霞女士及其编辑团队，她们为本书的再版给予了充分的支持和真诚的帮助。

高宣扬

上海交通大学欧洲文化高等研究院

2016 年元旦

---

① Luhmann, *The Differentiation of Society*, New York, Columbia University Press, 1982, p. xii.

初版前言

尼克拉斯·鲁曼（Niklas Luhmann，1927—1998）已于1998年与世长辞。当代又一位伟大的社会理论家离开了我们。作为20世纪社会理论界的一颗巨星，他以其辉煌作品的灿烂光芒，照耀着整个20世纪下半叶西方当代社会理论的发展进程。从60年代起，他便不停顿地，甚至可以说极其执著地以其独特风格撰写大量著作，建构出当代社会理论史上一个最浩瀚、最深刻而又最丰富的**社会系统理论**，为研究和了解我们自己现在所生活的世界和社会，提供了一个最新的和“另类的”理论典范。他为我们留下的思想理论遗产将永世长存。

我本人有幸在1980年同鲁曼见面。他以非常谦虚的态度询问我对法国思想家埃德加·莫林（Edgar Morin，1921—　）的《论方法》(*La méthode*)的看法。当时，莫林的《论方法》第二卷刚刚出版，强调了当代生命科学的革命对人文社会科学的重要影响。实际上，莫林在他1977年出版的《论方法》第一卷中，就已经提出“不确定性”的重要概念，**把整个世界当成一个不确定的混沌系统**。由这种极不确定的混沌系统所产生的世界复杂性，要求人们建构一种具有选择性的“组织”概念。所以，在《论方法》第二卷中，莫林进一步综合了极端复杂的生命活动与极端复杂的周遭世界之间的整合、选择、适应、自我组织以及互动的关系。鲁曼对莫林研究成果的重视和肯定，使我永远不能忘记这位思想家的睿智风范。

鲁曼的社会系统理论实际上就是对现代社会进行分析的理论产物。鲁曼认为，当代社会不同于以往社会的地方，主要是它在功能方面的高度分化。如果说传统社会的区分化是体现在社会阶层的分化上的话，那么，当代社会的区分化主要表现在功能方面的高度分化、专业化和自律化。正如鲁曼自己所说："在最近几年，我环绕两个相互穿插和相互促进的理论计划而工作。一方面我探讨一种一般社会系统理论（a general theory of social system）。这个理论以帕森斯（Talcott Parsons，1902—1979）的双重偶然性（double contigency）概念为起点，而且从一般系统论（General Systems Theory）、自我参照关系理论（Theory of Self-Referential Relations）以及沟通理论（Communications Theory）中得到启发。在这里，'复杂性'（Complexity）和'意义'（Meaning）概念是进行功能分析的关键。另一方面，我集中研究一种关于当代社会的理论（a theory of modern society）。对于当代社会，我们再也不能把它描述成'市民社会'、'资本主义社会'或某种'科技贵族专制系统'（a scientific-technocratic system）。我们必须改之以一种指涉社会分化的社会定义。不同于一切早先社会的当代社会，它是一种功能上不断分化的系统（a functionally differentiated system）。因此，对于它的分析，要求对于它的每一个单一功能次系统进行详尽的研究。再也不能从一种单一的主导观点去把握社会。反之，要详细理解它的运作动力，必须充分地理解这样一个事实：它的政治、经济、科学、法律、教育、宗教、家庭等各个功能系统，已经更加相对地自律化了，而且现在这些功能系统也各自相互地成为其中任何一个系统的环境。"（Luhmann，N. 1982：xii）由此可见，**他的社会系统理论，可以不折不扣地被称为一种现代性理论**。正如我们在本书各章节将要进一步分析的那样，鲁曼对于社会系统的独特分析，主要是为了揭示当代社会不断区分化的机制及其各种可能趋势，指出当代社会分化的特征及其所引起的一切复杂后果。因此，在这个意义上说，**鲁曼社会系统理论所集中分析的问题，就是现代性的社会系统的特征**。

如同其他许多伟大的思想家和艺术家一样，他在生前也遭遇到可悲命运。他的作品在他生活的时代里，未能被多数人正确理解。近半个世纪以来，他的理论的深刻性和复杂性，使许多人未能深入其中而徘徊在它的外围，也使他的理论甚至在他在世时便已被冷落或被神秘化。有些社会学家，例如美国著名社会学家、马里兰大学教授乔治·李兹尔（George Ritzer, 1940— ），在其洋洋巨著《社会学理论》（*Sociological Theory*）中，竟然避而不谈鲁曼社会系统理论。（Ritzer，G. 1992）乔治·李兹尔对于“社会学系统理论”（sociological systems theory），只不过是按照巴克利（Buckley，W. 1967）、里连费尔特（Lilienfeld，R. 1978）和巴尔（Ball，R. A. 1978）等人的标准去谈论和评价。在乔治·李兹尔看来，鲁曼社会系统理论算不上“社会学理论”。其实，鲁曼的社会系统理论充其量也不过是高度抽象化的反思性精神产品。如果有什么难以理解的地方，至多也不过要求我们多加思索和反复细嚼慢咽罢了。

20世纪末各种繁杂而多元的思潮及其文化产品，以越来越短的高频率和越来越紧迫的周期而层出不穷，不但令人眼花缭乱，而且也在客观上助长了某些人的思想惰性。在这种情况下，像鲁曼社会系统理论那样的深刻理论，往往遭受冷遇也就不奇怪了。

“系统”本来并不神秘，也并不是深不可测。一方面正是人类社会的特征，决定了社会的系统性；另一方面又是人类观察和思考世界的方式及其模式，决定了系统的普遍性。先撇开鲁曼艰深的系统理论不说，单**从日常生活的观点来看**，在我们的实际生活中，在现实的世界中，人们实际上不知不觉地常用“系统”概念，并以“系统”概念作为观察、分析和处理各种问题的概念工具或手段。就是这样，“系统”成为人们观察和分析世界的手段或工具。也就是这样，“系统”随着人的生活及其活动而普遍出现。因此，“系统”无所不在。“系统”不但到处存在，而且，我们自己也无时无刻不生活在“系统”之中。“系统”的概念是人类从现实社会生活中逐渐认识到和体会到的。为了社会生活的需要，一般人就会从实际生活中学会使用“系统”概念；人类的实际生活和活动，特别是科学家的各种科学实验以及由实验中所总结出来的科学理论，又进一步使“系统”概念更深刻地影响着人类的社会生活。社会学家或其他理论家所提出的“系统”概念，正是建立在人类实际活动经验的基础上。所以，在鲁曼看来，人类社会的生命是同它的系统性分不开的；社会始终是作为社会系统而存在的（Gesellschaft als soziales System）。（Luhmann，1998：16-17）不但可以将社会、自然和我们的行动看做一个一个的系统，而且，我们的生命本身也是一个系统。如果说生命本身就是系统的话，那么，反过来，任何系统作为一个独立的统一体，也同样具有其自身的生命，因为任何系统作为一个自成体系的独立单位，都有其自身存在的原因和基础，也都是靠其自身内在诸多因素的相互关系而维持其存在的根基。我们不但身处于系统的环抱之中，而且还生活于系统之中。系统之中有系统，系统之外也有系统。同时，每个系统既是系统本身，又是一个独立于其自身之外而运作的其他系统；因为对于自身而言，每个系统固然就是系统本身，但对其他系统而言又是与之无关的独立的统一生命体。对于所有的系统而言，作为一种统一体，每个系统各内在因素之间的相互关系，使各个系统构成独具特色的**生命体**。

鲁曼所要强调的，是**每个系统的高度自律性、独立性及其不可化约性**。每个系统，在鲁曼看来，都有其自身的独立生命。这是由体系或系统的自律性所决定的。在这里，鲁曼创造性地应用和发展了当代生化科学、信息科学、控制论等最先进的科学技术成果。

系统的生命力及其独特性，决定于它的功能的自律运作。对于鲁曼来说，每个系统的自律性都是靠其独特功能来维持的。系统的自律性使它永远不会受到其系统本身之外的各种因素的直接影响，而是主要靠其内在各因素间的特有关系来决定。这一点是掌握各系统运作特有逻辑的关键。这也就是说，基于各系统内在因素特有关系而运作的系统，虽然要充分考量它同环境之间的关系，虽然受到环境的影响，但归根结底，系统只是将其环境的影响当成外在因素，当成其自身进行自我调整，以应付环境变化的次要因素。在这个意义上说，系统并不被环境及其变化所决定。换句话说，虽然环境对于系统来说是重要的，但环境的任何变化，只有通过系统自身内在因素相互之间的自我调整或协调，才能对系统发生有效影响。就此而言，系统同其环境的相互关系，一点也不遵循传统逻辑所规定的那种单线单向的因果关系规则。

系统到处存在，但系统又有简单和复杂之分，有多质和单质之别。系统与系统之间虽然也存在复杂的关联，但它们之间的相互关系，并不属于同质事物之间的相互关系，而是属于不同性质的事物之间的关系。因此，鲁曼把系统同其他系统之间的相互关系，看成与各个系统内各种关系完全不同的关系。鲁曼把任何一个系统与系统以外，包括其他各种系统在内的事物之间的关系，称为系统同它的**“环境”**之间的关系。系统同其环境的任何关系，在任何时候都不能化约为系统自身内部诸多因素间的关系。在这个意义上说，系统同环境间的关系，只能附属于系统内部各因素间的内在关系。系统的这种性质，使各个系统之间明显地具有各自的排他性。俗话说“隔行如隔山”，说的正是各系统之间的相互不可化约性和各系统意义的不可翻译性。

鲁曼在研究系统性质的基础上充分意识到：系统的各自独立性主要来自各系统内在生命的自律性，而这种系统自身的自律性，又是各系统生命存在的最基本条件。鲁曼认为：决定各系统生命独立性的基础力量，就是各系统生命的**自我生产**；而各系统生命的自我生产又是在其**自我参照**的过程中实现的。因此，**各系统的自我生产是各系统独立生命自律运作的根本表现**。自我生产是系统特有功能的运作结果，也是该系统特有功能继续维持和运作的基本条件。不同的系统，有不同的功能，也就有不同的自我生产方式。系统可以有许多重要的性质，诸如系统的整体与部分之间的相互关系，但是，决定系统能够长期稳定独立存在的基本条件，正是各系统生命本身的自我生产能力。各个系统的生命自我生产能力一旦停止或消失，各个系统也就不再存在，各个系统也就谈不上还会继续同其他系统发生关系。

系统的存在样态及其相互关系是非常复杂的。系统及其环境的复杂性是由现实世界的复杂性所决定的，并不是鲁曼一相情愿加以人为抽象的复杂化。当人类文化发展到20世纪下半叶的时候，人类的智能及其自由创造的程度，达到了前所未有的高度。因此，作为人类自由创造产物的文化，其中包括我们生活于其中的社会制度及各种文化形式，都已经实现了高度专业化和自律化。组成各个社会系统的各个分工领域也因其功能分化而高度自律。人类文化越发展，以各个行业和各个专业为其独特系统形式的各种文化，越渗透着人类创造精神的生命力，因而也就越具有创造性生命体的独立自由因素。当代人类文化的这种高度分化和自律的性质，使鲁曼极端重视以系统形态所表现出来的各种专业文化的自律性及其自我生产性。在这个意义上说，鲁曼的社会系统理论，无非就是当代社会文化高度分化，又具有高度自律性的实际状况的理论概括。所以，不但不能埋怨鲁曼社会系统理论的复杂性，而且相反，应该感谢鲁曼如实地以理论的方式表达了我们所生活的各种系统的“极端复杂性”和“过度复杂性”（Überkomplexität）。以艰苦的反思代价而掌握鲁曼的社会系统理论，不仅有助于我们及时跟上当代社会理论发展的脚步，而且也有助于我们实际地面对我们所生活的极端复杂的社会世界。

由于社会系统本身的高度复杂性，再加上鲁曼本人勤奋的创造性思考，并以敏捷的笔触撰写出大量的理论著作，使本书不得不采取高度浓缩的论述形式，集中围绕鲁曼具有代表性的基本著作及其中所论述的主要概念，对他的社会系统理论进行初步的探索。

当然，由于鲁曼社会系统理论的重要性，本书也不得不尽可能完备地重视围绕他的理论所展开的学术争论和研究。因此，本书在评述鲁曼社会系统理论的同时，也尽可能大量地引用和参考别的学者对他的理论的评论和研究成果，特别是20世纪90年代以后有关这方面的最新资料。

鲁曼社会系统理论虽然具有总结当代文化生产与再生产特征的性质，但他毕竟只是从一个方面，以一种思考取向进行总结和概括。当代文化的复杂性，使当代任何一个思想家和理论家，不管其思考深度和方法的灵活性如何，都无法全面把握当代文化生产的复杂性。因此，鲁曼社会系统理论也不可避免地带有严重的缺失。鲁曼在理论上和方法论上的缺失，不能怪罪鲁曼本人，相反，只能反过来证实当代文化的复杂性以及由此复杂性所产生的吊诡性。当代任何社会理论的吊诡性，不但不构成各种新理论之“非正当性”的根据，不但不构成这些理论自身的“异常性”，相反，却表现了当代理论生产与再生产自身的正常逻辑，表明当代任何社会理论的再生产活动所固有的游戏性和冒险性。

理论生产与再生产，作为人类精神创造自由活动的产物，其发展的结果，尤其是当发展到高级阶段的时候，越发呈现出其**风险性**和**游戏性**。以为理论创造只能显现为精神创造活动的顺利开展过程，是一种误解。同时，以为理论越创造，就会因知识的扩大而越使人更全面地掌握客观规律，可以使人更加自由，这种看法也只是看到了理论和知识发展的一个面向，只是看到了知识发展的积极层面，却看不到知识发展所不可避免引起的消极面。启蒙运动以来，理性主义的传统原则和路线，使人误解知识和技术的发展终将彻底地解放人类本身，可以使人实现从必然王国向自由王国的过渡。启蒙理性以为，知识越多，技术力量越强，人类生活于其中的社会秩序越理性化，秩序就越稳固，人类行为也就越标准化；而人类对于客观对象的掌握和支配能力越强，人类越处于主动和支配的地位，因而也越远离混乱的偶然性王国。所有这一切，已经被当代自然科学、人文社会科学的发展证明是不恰当的。启蒙理性决定了其历史观，也决定了启蒙理性主义者会将人类社会文化及其历史，当成一种线性**上升式进步**的发展模式，似乎文化越发展，就越远离原始社会时代的混乱无序状态，越采取有秩序的理性化结构的模式。但近现代知识和技术发展的结果，已经使启蒙时代的梦想完全破灭。知识和技术发展的结果，从事实上有力地证明了：知识和技术越发展，我们认知和掌握的事物越多，我们就越发现未知事物很多，越发现无从把握的偶然性很多，因而我们所面临的风险就越大。这样的事实不能单纯从消极的观点去看，而是需要从积极的观点去看待。对于真正具有自由创造精神的思想家来说，由自由创造所带来的风险性越大，其从事自由创造冒险活动的真正推动力量就越大。鲁曼社会系统理论自身的吊诡性，为我们从事社会理论研究的反思所带来的启发是无可估量的。

鲁曼社会系统理论虽然采取非常抽象的复杂理论形态，但它对于极其复杂和多变的当代社会文化总体来说，仍然具有“简单化”的功能。也就是说，它是以理论概括形式将当代社会文化的复杂结构简单化的结果。鲁曼自己说过，一切以往的经典社会理论，对我们的重要意义就在于**化约复杂性**（reduces complexity）。（Luhmann，N. 1979）我们现在也可以同样地以鲁曼对待经典理论的态度来对待鲁曼的社会系统理论。

本书主要由四大部分构成。第一部分是导论，凸显鲁曼社会系统理论的最一般基本特征。第二部分是对于鲁曼系统论的宏观分析，从它的理论背景、脉络及其与历史和当代系统论的关系，同时也就其整体架构论述其特征。第三部分是对其理论内容、基本范畴就其相互关系进行微观分析和探究。第四部分是将鲁曼社会系统理论同当代最具代表性的社会理论家的社会理论加以比较，特别是集中针对他们对“现代性”的看法进行分析。

鲁曼的去世虽然意味着他的理论创造活动的终止，但由他的深刻思想所引发出来的理论探讨和争论方兴未艾。因此，本书的出版，只是作为对他的理论的初探形式，仅作为抛砖引玉而期待学术界进一步深入地探讨。

人类社会和文化正经历着新旧世纪交接的关键时刻。西方现代性文化以其积极的成果及其吊诡性，一方面将人类历史推进到一个空前未有的繁荣和活跃的新时代，另一方面，又为人类社会和文化带来从未有过的新冒险局面，为人类文化重建开启了许多新思路。鲁曼社会系统理论和同时代的布尔迪厄反思性社会人类学理论（Bourdieu's Theory of Reflexive Social Anthropology）、哈贝马斯沟通行动理论（Habermas' Theory of Communicative Action）、伊莱亚斯文化过程理论（Elias' Culture Process Theory）、季登斯结构化理论（Giddens' Structuration Theory）以及其他各种新型多元化社会文化理论一起，成为世纪交接时期重构整个人类文化的反思出发点。在人类社会和文化进一步走向极端复杂化的今天，由一种超大型的理论论述体系化形式主导，甚至控制整个理论思考的方向，已经成为不可能的事。21 世纪的文化将是多元的、多极的、多边的和多变的，是更具活泼生命力的，因而也必定是不稳定的和不确定的。今后，任何论述理论体系的更新和再生产，将以越来越快的节奏进行。在这个意义上说，鲁曼社会系统理论为 21 世纪理论创造所提供的重要启示，就是鼓励这一代和下一代理论家，以更大的冒险的自由创造精神，从事理论和文化的反思活动。

高宣扬

2005年4月1日于上海同济大学

第一章　导　论

第一节　鲁曼的理论修养及其理论成果

德国社会理论家尼克拉斯·鲁曼是当代社会系统理论的创始人。在他的整个学术生涯中，鲁曼系统地总结了人类历史上一切有关“系统”的研究成果，并根据现代社会文化发展的特征加以改造，使他的社会系统理论，不仅包括近现代自然科学研究“系统”的最新成果，包括现代社会科学研究“系统”的理论成果，而且也包括自古希腊以来西方文化从哲学、人文社会科学角度对于“系统”的探索的理论观点，还包括人们从最广泛的日常生活经验中所总结的通俗“系统”概念。这一切，为他的社会系统理论奠定了最牢固和最坚实的基础。(参见拙著《当代社会理论》，第十四章)

鲁曼不仅从历史的角度研究了人类的系统概念，而且很注意从哲学和多学科整合的角度，从理论和实践相结合的观点，特别是从当代科学技术和管理系统的研究应用成果中，从语言和日常生活的角度，既从宏观方面，也从微观方面，重新全面地研究社会系统的性质和功能。

有的人只看到鲁曼社会理论庞杂和系统化的一面，因此片面地认为他的社会理论是某种“大型叙述式”或单纯宏观（巨视）社会理论。其实，他早在五十多年前，就已经明白地说明：预计将耗费三十年研究过程才能初步建构的理论体系，包括了总论、各论和总结三大部分。其中总论部分，显然是宏观地探讨当代社会的系统总体结构及其特征，各论部分就是微观分析当代社会各领域的功能特征及其独立自律性，而第三部分将在更高的层面，使宏观和微观两者结合在一起。所以，正确地说，鲁曼的社会理论也是当代各种社会理论试图将宏观与微观紧密结合的一种努力成果。在这一方面，美国社会学家亚历山大（Jeffrey C. Alexander，1947—　）等人倒给予了充分的注意，并给予了中肯的评价。（参见亚历山大等人所编 *The Micro-Macro Link*，1987：34）

鲁曼对于社会系统理论的研究，固然是建立在他的个人才能及其扎实而广阔的哲学、社会科学和人文科学的学识基础上，建立在他自己极其丰富的技术管理阅历和社会生活经验的基础上，但是，帕森斯对他的理论影响，确实是决定性的因素。（Luhmann，N. 1987a：235；Haferkamp，H. /Schmid，M. 1987：9）关于帕森斯对鲁曼思想的影响以及他们两者在理论思想上的异同点，本书将在以下相关章节作进一步的深入分析。在这里，首先值得注意的是，人们只注意到鲁曼社会系统理论同帕森斯结构功能论之间的某些渊源关系，但忽略了鲁曼对于帕森斯结构功能论的批判以及他的创造性贡献。实际上，他在研究和总结帕森斯结构功能论时，不但跳出了传统系统观点和社会结构理论的框架，而且也试图将宏观和微观的分析方法结合起来，卓有成效地论证了当代社会自我生产机制的重要基础，强调必须以严谨的方法和程序，微观地分析当代社会系统的自我生产复杂机制，揭示社会系统中各种不同的具体功能运作所隐含的微观过程，并把这一过程本身当成社会系统自我生存和不断再生产的基本条件，使他一方面宏观地将社会当成能自我生产的“系统”，另一方面又微观地深入分析社会系统内部那些面临周遭环境时做出的种种微观反应的过程。他在总结帕森斯结构功能论时，逐一地分析了帕森斯的失误之处，就其基本概念进行了重构，对“意义”、“沟通”、“演化”等关系到结构功能论根本问题的关键范畴，重新给予独创性的探讨，这使他能从帕森斯的失败中找到理论重整的出路，为结构功能论的新生摸索出可能的方案。

实际上，鲁曼在20世纪60年代初赴美国哈佛大学深造并集中学习研究帕森斯的结构功能论以前，已经对"系统"概念及其有关理论有深刻的认识。所以，有关帕森斯对鲁曼的影响，不应该过分夸大。鲁曼是在德国的实际生活中，在其对于社会的细致观察中，逐渐发现"系统"概念的重要性。他在现实生活中，在接受广泛的人文社会科学和自然科学教育的过程中意识到，不论是科学家、理论家、思想家或社会学家，还是普通老百姓，在观察和分析社会及自然现象时，都不知不觉地将"系统"当做认识和分析的工具。作为认识和观察"工具"的"系统"，已经在人类实际生活和科学研究活动中普遍地被应用。同时，他还意识到：社会的发展及演化，表现出越来越复杂的"系统"分化，同样也显示出越来越复杂的功能交错关系。这一切，才促使他下决心到美国对帕森斯的结构功能论探个究竟。

鲁曼的学术生涯本身也为我们生动地提供了社会学研究的某些原则。他并非毕业于标准大学的社会学系。从这个意义上说，他是从一位"外行"变成社会学家的。

从 1946 年到 1949 年，他在弗莱堡大学学习法律。在某些人看来，他当然并不是一位"科班出身"的专业社会学家。他只是到了成熟时期才转而研究社会学。但他的社会学研究成果却出乎与他同代的社会学家的意料。**他的社会学研究生涯给予我们的启示，首先就是洞察社会所必须具备的丰富的社会经验和敏锐的分析方法**。社会学理论和方法方面的严格而系统的训练固然重要，但像他那样经历丰富的社会生活，又从各个角度和各个学科的研究中吸取理论和方法论方面的养料，才有可能对社会学的重大理论问题有深刻的理解，从而才能为创造性的思考奠定基础。社会学理论的建构要求开放的思维，因为当代社会的发展越来越向我们显示：社会结构和社会行动的向度和运动规律，在其不断演化的过程中，总是一次又一次超越人们预想的极限和界限。非科班出身的鲁曼之所以能够取得理论上的重要成果，正是由于他的思路开阔、无所拘束。可以说，他冲破了一切传统社会学思考的框架。

鲁曼出生于吕讷堡（Lüneburg）。这座位于汉堡东南部五十多公里的小城市，以其著名的盐业生产成为中世纪汉萨同盟的重要成员。吕讷堡的曲折小道两旁，密密麻麻地耸立着中世纪商店房屋以及鲜红得像牛血般的砖墙，在鲁曼的记忆中留下了深刻的印象。建筑于14世纪的市政厅会议厅（Grosse Ratsstube）是全德国最华丽的建筑之一。当鲁曼来回慢踱在大厅欣赏这魅力无穷的古建筑时，他的社会学想象似乎又得到了创造的启示。

年轻的鲁曼，只有在第二次世界大战之后，即到1946年，才有机会升入大学法律系。鲁曼在大学时代深受德国法学和哲学传统的熏陶，接着他又从事极其复杂的教育行政工作，在德国下萨克森州教育部担任行政管理官员多年。法学的学术训练使他形成了体系式的思考模式。严谨的法律体系以及法律的专业化分工给予他深刻的印象，使他初步地养成了以“系统”的观察方式看待各种社会现象的习惯。哲学以及人文社会科学的熏陶又使他奠定了深厚的文化基础。根据他自己在接受访问时所说，他对哲学和人文社会科学的狂热喜爱，使他早在从事行政工作时期，就已经大量地搜集和分类相关研究资料，建构起他日后进行深入研究据以参考的私人学术研究“档案库”。（Luhmann，N. 1987f：53）他的学术“档案库”，储存了从哲学、人文社会科学到自然科学各个学科领域的一切可以搜集到的最新数据，特别注意到当代科学技术的最新成果。他的学术“档案库”的丰富性已经为他未来的复杂社会理论体系的建构，奠定了坚实的经验数据基础。他在搜集资料的过程中，已经注意到当代社会功能分化的高度复杂性及其严重影响，由此确定了他日后研究社会系统理论的决心。如前所述，鲁曼在1960年初前往美国哈佛大学对结构功能论进行学术研究并非偶然。他在50年代从事文化和社会事物的行政管理工作时，就已经广泛细致地收集和总结各种复杂的社会文化生活的经验，同时也注意到当时已经在自然科学和社会科学领域中取得重大成果的系统理论，从而奠定了他献身于社会系统理论研究生涯的基础。从美国返回德国之后，他在海德堡西南约三十公里的施派尔（Speyer；Spires）担任短期的行政管理工作。他虽然在这个坐落于莱茵河左岸并富有宗教传统的城市里只度过了短短的时间，但它在16世纪20年代抗拒罗马教会控制，从而成为新教路德宗教会基地的“光荣”历史，使鲁曼从此更加重视宗教活动在社会整体系统中的决定性地位。鲁曼经常在空闲时间，漫步在施派尔市具有悠久历史的大教堂周围。据说在1030年神圣罗马帝国皇帝康拉德二世亲自为大教堂奠立了第一块基石，并在其后数百年间接二连三地在此召开了五十多次宗教会议，使它成为基督教会史上非常著名的城市。在宗教改革时期，德国的六位支持路德宗的大公也在这里联合起来宣告对罗马教会宗教裁判所审判书的抗议，从此，路德宗获得了“抗议教会”（Protestanismus）的美名。鲁曼后来多次强调宗教在社会演化和分化过程中的重要意义，正是受到了施派尔独特历史的启发。

鲁曼连续地在行政管理部门从事各种组织管理工作，使他有机会广泛地收集组织管理方面的数据和积累实际经验。

法学家出身并具有丰富行政管理经验的鲁曼，在研究社会系统的初期，把研究重点集中放在**社会组织**的问题上，这主要表现在他于1964年所发表的重要论文《形式组织的功能与功效》（“Funktion und Folgen Formaler Organisation”）中。

“系统”对鲁曼来说，就是一种极其复杂的组织体系。换句话说，系统就是“组织起来的复杂性”，也就是“组织化的复杂性”。当代系统的特征，就在于它并不仅是一种复杂性，而且也是一种高度组织化的复杂性。所谓高度组织化的复杂性，无非就是强调它是社会文化发展中功能分化及人为组织能力复杂化的双重产物。因此，在当代各种社会系统中，既包含了组织化的系统本身的自我分化的结果，同时又隐含着人类社会文化发展所投注于其中的各种精神能力，隐含着它自身今后自我发展所需要的生命动力。鲁曼在这一时期从事行政管理工作的丰富经验，让他更深入地了解了当代社会组织系统的高度复杂性及其分化机制。在组织管理方面的各种制度及其对社会和人的活动的干预状况，为鲁曼思考当代系统进行自我参照的能力提供了丰富的数据。从此以后，关于系统和组织的相互关系，构成了鲁曼社会系统理论的关键概念。正是在“系统”、“组织”和“复杂性”三大概念之间，鲁曼试图纠正帕森斯结构功能论所处理的“系统”与“功能”之间的颠倒关系，即将原来帕森斯所强调的“系统”高于“功能”，颠倒成为“功能”优于“系统”。这就决定了此后鲁曼改造帕森斯结构功能论的基调，也隐含了鲁曼今后突现功能分化对系统发展产生决定性影响的基本思路。

从他在60年代所发表的早期著作中还可以看到，鲁曼已经在一定程度上脱离了传统西方方法论及认识论的约束，不再执著于传统分析、思考和推理方式。他宁愿从实际发现的问题出发，从他所面临的各种实际的复杂现象出发，探索解决当代社会复杂问题的可行方案。他的最重要的变化，就是在研究中试图将源生性逻辑（genetic logic）和一种整合性逻辑（integrative logic）协调起来，以便借助于前者深入探讨社会中各种不同角色所产生的各种结构的机制，而借助于后者深入研究一个社会系统引发其不同成员充分发挥其各自不同功能的机制。这是鲁曼社会系统理论在方法论和认识论方面的一个显著特征。由于社会文化组织的高度复杂性，对于系统的分析，不能局限于传统自然科学的逻辑，不能沿用从个别到一般或从一般到个别的归纳或演绎方法，更不能单纯地满足于应用单向逻辑推理的方式。这就是说，在极其复杂的系统运作中，往往出现多成分的变化因素，存在多方面的演变和发展的可能性。在系统的运作中，系统不只是作为一种现成的事物或单位而运动，不仅具有向上或向下的变化可能性，而且也作为一个具有自我生产和自我调节能力的生命统一体。鲁曼所强调的源生性逻辑，主要是显示系统自我生产和自我参照的特性，同时也是显示系统形成和发展的多重方向可能性及其交错性，显示其变化的极端复杂的性质。

此后，鲁曼一方面充分吸收和发扬帕森斯等人的系统功能论，另一方面深入研究和探讨20世纪以来自然科学中有关系统的最新研究成果。这使他在研究社会系统问题时，更集中地探讨系统及其组织与其环境之间的复杂关系。我们将在他成熟期间的著作中进一步看到，他的社会系统理论，始终贯穿着这样一种新的原则：任何组织的运作过程和任何系统的适应性，归根结底，都依赖于其环境中各种难以预见和无法控制的偶然性因素的活动以及该系统对于这些偶然性因素的“简单化”程序。系统环境所造成的各种复杂的偶然性因素，为系统本身的运作带来许多变量，同时也提供许多潜在的解决方案，提供可能的演变方向以及可能的风险前景。面对这些复杂状况，系统本身所主要考量的，是其自身的继续维持及其自我更新的可能性。这是系统从其自身的存在和运作的前景出发所做的考量。环境尽管对系统的继续存在和更新发生威胁或产生压力，但对于系统而言，系统始终并不把系统以外的环境当成其自身；所以，系统最终总是首先优先考量其内在的因素及其变动的可能性，总是考量从其自身的潜在能力出发，探索发展自身或更新自身的可能性。系统所采取的“简单化”程序，无非就是系统自身的自我调节和自我更新能力的展现。“简单化”是为了使系统得以继续存在和发展，是为了系统自身更好地维持其自身的独立性。所以，“简单化”表面看来是受到环境变化的结果，似乎是环境所逼而产生的，但实际上它是系统自身对于环境的主动反应，是系统优先考量自身的表现，也是系统自我调整和自我更新的表现，是系统为持续维持和加强其自律性所采取的措施。然而，系统面对环境所做的各种“简单化”程序，又意味着系统自身的任何自我调整和自我生产都同环境的偶然性因素保持密切的关系。

鲁曼的学术生涯首先受惠于谢尔斯基（Helmut Schelsky，1912—1984）。谢尔斯基在六七十年代，正好在明斯特大学社会学系主持工作。在这位社会学家兼法哲学家的精心管理下，明斯特大学社会学系不仅生气勃勃，吸收了大量年轻有为的教学和研究人员，而且贯彻了跨学科研究的路线，将理论探讨与实践调查相结合。在他的帮助下，鲁曼才有机会到威斯特伐利亚地区多特蒙德市（Dortmund）的社会研究机构工作。接着他到多特蒙德北部的明斯特大学社会研究中心工作。这是一所非常古老、具有丰富宗教人文传统的大学。1966 年，他在谢尔斯基及社会学家兼人类学家格列森（Dieter Claes-sens，1921—1997）的指导下，获得了博士学位，并取得了德国大学教授资格文凭，在明斯特大学担任社会学教授。谢尔斯基在 70 年代初被北莱茵-威斯特法伦州政府任命为文化部长兼高等学校发展规划顾问委员会主席，创建比勒菲尔德大学，并在那里设立“比勒菲尔德大学跨学科研究中心”。就在这样的情况下，鲁曼在同年转任至比勒菲尔德大学。从此以后，他获得珍贵机会，一方面同谢尔斯基及其他志同道合者一起——其中包括约阿吉姆·马特斯（Joachim Matthes，1930— ）、弗朗兹·克萨维尔·考夫曼（Franz-Xavier Kaufmann，1932— ）以及克里斯蒂安·冯·费贝尔（Christian von Ferber，1926— ）等人——从事社会研究工作，另一方面又能进行他自己的独立创作。

比勒菲尔德大学是新开创的年轻大学。因此，在这里，鲁曼获得了前所未有的自由创作的机会，得到了不受任何约束的良好研究环境。当他选择社会学系作为其任教单位时，他所考虑的主要理由，也正是寻求一种不受约束的条件。他幽默地说，就是因为考虑到社会学家不必将自己限定在某个特定研究领域，他才选择了社会学系的。

他来到比勒菲尔德大学社会学系之后，首先考虑的就是以他多年来的设想，从事一种多方面的研究。他在行政管理部门虽然工作了多年，也在美国受到一定的社会学训练，但他并不认为社会学必须遵循传统的所谓标准化的方法或模式。首先，他认为，经验研究固然重要，经验调查虽然可以为社会学研究提供丰富的原始资料，也同样有助于使研究更接近现实社会生活，但经验研究毕竟有很大的局限性，无助于建构深刻的社会研究理论，也无助于深入探索社会现实本身。他认为，社会本来就是极端复杂的。社会如同生命系统一样是无休止地进行着自我生产和自我更新活动。经验资料只能为研究现成的个别社会现象提供必要的参考数据，仅此而已。经验研究所解决的个别社会现象，仅仅是整个社会生活的一个非常小的部分，甚至是非常不重要的部分。社会的更广阔的领域及其内在奥秘，绝非经验数量方面的统计或换算就可以推算或决定出来的。社会生活及其环境的高度复杂性，使社会系统在其运作中不可能始终遵循固定不变的规则，而是受到多重变化的偶然因素的影响，产生多种可能性和偶然性。这种偶然性的交错性及变动性，又使社会系统不得不考虑到其自身的自律可能性。所有这一切导致社会研究的复杂性以及它的应变灵活性。社会科学研究必须使自己摆脱传统旧有规则或模式的约束，使社会科学本身也富有活力和生命力。其次，鲁曼在比勒菲尔德大学的研究也同样保持同传统社会理论的距离。他并不认为像马克思（Karl Marx，1818—1883）、韦伯（Max Weber，1864—1920）或涂尔干（Emile Durkheim，1858—1917）那样的古典社会科学家的理论真的具有超时代的魅力和有效性。他们的理论毕竟只是他们那个时代的思想和精神生产的产物。理论的生命力要求进行无止境的自我更新，需要不断创造。面对现代社会的高度分化和组织化，现代社会科学必须发展出一种特有的广阔的研究视野。

在谈到经验研究的特征时，鲁曼并不讳言它的优点及其对于现代科学发展所做出的贡献。但鲁曼尤其重视现代科学技术和现代社会功能分化的特殊性，强调这种变化给经验研究所带来的冲击。资料并不是如同经验主义者所设想的那样，似乎是一种没有生命的外在“实在”，或者，似乎就是某种“客观中立”的“死材料”。现代控制论和信息科学所面对的各种数据，其本身就是具有自我生产和自我参照能力的独特生命体。被观察和被处理的数据本身具有某种主动并有自律能力的“活”生命。这种特殊的生命固然不同于人的生命，但它确实可以靠其自身的自我参照而具有调整和应付潜力。数据一旦被处理，它便会以其独特的内在相互关系及复杂网络而活跃起来，甚至进行自我更新，脱离人的操作而自行发展。数据由此而可以膨胀或缩小，可以自我涂改和自我掩饰。把经验资料当成死的或客观中立的数据堆积的看法，现在已经过时了。所以，在鲁曼看来，即使是对待数据，也必须从自我生产和自我参照的系统概念出发。

从70年代起，近三十年对于社会系统理论的研究，使他成为当代社会系统理论最杰出的代表。

鲁曼的杰出才华和深厚的理论修养，使他在社会系统理论的论述方面有可能取得独领风骚的丰硕成果，著作等身。他的主要著作包括《通过程序的正当化》、《社会学启蒙》（第一、二卷）、《社会理论或者社会技术：系统研究做出了什么》、《法律社会学》、《法系统与法学理论》、《宗教的功能》、

《教育系统中的反思问题》、《社会结构与语义学：现代社会知识社会学研究》、《法律的区分化：法律社会学和法律理论论文集》、《社会学启蒙》第三卷《社会系统和社会组织》、《作为热情的爱：论亲昵性的密码化》、《系统理论的典范转换：在日本的演讲论文集》、《社会系统：一个一般性理论的纲要》、《对于法律的社会学观察》、《生态学的沟通：现代社会是否可以在生态危害的基础上建构?》、《社会学启蒙》第四卷《关于社会功能区分化的论文集》、《论社会的经济》、《作为建构的认知》、《社会结构与语义学：关于近代社会的知识社会学研究》、《言语与沉默》、《典范丧失：关于道德问题的伦理学思考》、《关于社会的科学》、《社会的法律》、《社会的艺术》以及《社会的社会》等。

从以上鲁曼本人的著作所发表的时间顺序及其探讨范围来看，可以清楚地看到鲁曼思想发展的阶段性。正如拙著《当代社会理论》所指出的：1984年他的《社会系统：一个一般性理论的纲要》的发表，是他的思想发展历程的重要分水岭。在1984年以前，他致力于研究法律、教育、知识、语义领域以及社会福利问题，先从他自己所熟悉的领域和相关专业开始，探讨社会系统中的某些部门和专业领域的功能特征，并在此基础上准备一个有关一般性系统的大型理论纲要。1984年之后，他进一步深入研究社会各专业领域的特殊功能运作原则。最后，他终于勉强地完成了他在进入比勒菲尔德大学时所做的承诺：建构一个有关当代社会整体功能分析的社会理论体系，即表现在他逝世前夕发表的《社会的社会》一书中的那套较为完整的当代社会理论体系。

他的思想发展和论述过程，显示了德国哲学、文化和历史对他的深刻影响。其中，人们首先可以看到黑格尔（Georg Wilhelm Friedrich Hegel，1770—1831）辩证法对他的重要影响。他的思路及其展现过程，似乎遵循着从“抽象”到“具体”，再从“具体”返回到“抽象”的辩证逻辑思维路径。黑格尔本人曾经在他的哲学论述中反复运用这种“从抽象到具体，再从具体到抽象”的辩证方法。（参见其主要著作《精神现象学》和《逻辑学》等）马克思在改造黑格尔上述辩证逻辑方法的基础上，在他的《资本论》

研究和表述中创造性地采用了“抽象—具体—抽象”的方法。(参见《马克思恩格斯全集》,中文1版,第46卷(上册),38页,北京,人民出版社,1979)鲁曼也是黑格尔的追随者,在他对于“系统”的论述中,同样也改造和应用了从抽象到具体再从具体到抽象的逻辑方法。正如我们在分析鲁曼思想发展及其著作内容的时候所看到的,他首先从整体,也就是从抽象出发研究世界和社会,然后再分别地分析研究世界和社会的各个组成部分,进入到对各个部分系统的具体分析,最后他又返回到对世界和社会的全面整体性研究,提出他的“社会的社会”的大型社会系统理论,从整体考察他所研究的社会,同时又将以往分别研究过的各个组成部分的系统理论,重新纳入这个超大型的关于“社会的社会”的系统理论中,使他总算能够在自己在世的时候基本上完成了他的社会系统理论研究计划。当然,任何人从事科学研究工作,不管采取什么方法,不管遵循什么逻辑,不可能达到绝对的顶峰。作为一种思想和逻辑方法,从抽象到具体再从具体到抽象的方法,不可能在一次循环中绝对完满地完成对于其研究对象的考察。它要求突破个人的范围,并在各个个体研究者的交错迂回和循环中,在多次的循环中,逐渐地使研究计划得到提升。鲁曼在其一生中,实现了他个人最大限度的研究循环,使他纵使没有达到绝对完满,也可以说获得了史无前例的成果。

第二节 鲁曼社会系统理论的基本特征

(1) 从规范性系统论中走出来

现代社会学中的系统理论实际上是从自然科学系统论搬用过来的。社会学系统理论的重点,总是强调社会系统中各个层面的关系和过程的重要性。正如系统论社会学家巴克利(Walter Buckley)所指出的:“我们所感兴趣的那种系统,就是可以一般地描述成由各因素或各组成部分所构成的复合体

(may be described generally as a complex of elements or components)。这些各因素或各组成部分，往往直接或间接地在一个因果性网络中相互关联起来。因此，每一个因素或组成部分，至少在一个特殊的时期内，以或多或少的稳定方式同其他的因素或组成部分相互关联。”（Buckley，1967：41）

显然，社会学中所使用的系统论及其相关的方法论，都是以自然科学中的逻辑理性原则，采用归纳和演绎推理的传统方法，应用从具体到一般又从一般到具体的化约抽象过程以及类推方式，试图寻找适用于相同领域的稳定的普遍法则。

面对当代社会在结构、行动和功能方面的重要变化，鲁曼的社会系统理论采用了与传统完全不同的**理论模式、思想模式和方法论**。鲁曼的社会系统理论包含极其深刻而丰富的内容，又采取了与传统理论和方法论根本不同的原则，所以，人们往往对它望而生畏，甚至加以神秘化。其实，只要抓住鲁曼社会系统理论的理论模式和方法论特征，了解其形成的社会历史脉络，把握其理论思想根源，弄清其理论主旨、认识论基础和基本方法，就可以由浅入深地逐步掌握它。

为了正确把握鲁曼社会系统理论在理论模式、思想模式和方法论方面的特征，就必须充分考虑到促使鲁曼系统理论产生和演变的**整个系统理论发展的历史背景**。在这方面，主要可以从三大层次加以考虑：其一，**自然科学界**从 19 世纪末以来对于系统的研究成果（参见拙著《当代社会理论》，第十四章），特别是 20 世纪 70 年代由马图拉纳（Humberto R. Maturana，1928—　）和瓦列拉（Francisco Javier Vareta，1946—2001）等生化学家对生命现象研究中有关“系统自我参照性”所取得的重要成果。其二，**社会科学界**吸收和应用自然科学系统观的最新成果，特别是帕森斯社会学及其后各种社会学派别对于社会功能性系统的研究成果。其三，在**思想模式和方法论方面**受到当代系统论影响所产生的各种变革和变化趋势。

如前所述，鲁曼社会系统理论是对当代社会复杂分化的最深刻诊断。他**首先**从当代社会基本结构以及当代社会行动者社会行为的基本特征出发，强调当代社会结构在功能上的高度分化以及当代行动者的社会行动逻辑的极端复杂性。**接着**，他深刻地指出了当代社会功能分化的自我参照性质，使他对于当代社会的分析，建立在崭新的功能结构论的基础上，以其独特的社会系统理论及其“微观/宏观”相结合的独具风格的方法，将当代社会功能分化的特征明显地衬托出来。他的社会系统理论的基本概念及其理论体系，都是环绕着当代社会的功能分化运动趋向及其机制，把现代性放在系统分化的逻辑中进行解剖。而在上述分析中，他继承并改造传统结构功能论，以新型系统论为基础，强调系统本身的高度自我生产性。

所以，要深入理解鲁曼的社会系统理论，必须对**现代社会的分化过程及其不断复杂化的运动机制**有足够的认识，把社会的功能分化当成现代社会的核心问题，并以各功能系统自我生产性和自我参照性为基点，探讨社会分化和演化同系统与环境的紧密关系。正如鲁曼本人所一再指出的，当代社会的基本特征是功能上的急速分化；如果说传统社会是以社会阶层的分化为基轴而发生区分化和演化的话，那么，当代社会是靠其功能方面的不断分化而演进的。问题正是在于：当代社会以其本身各个系统的功能发展及运作的结果，导致了社会本身的自我分身，即导致当代社会从最初刚刚由中世纪发展而来的近代大型社会结构，迅速地分化成多重结构和多种类型的各种社会系统。原有的大型社会的存在，已经随着近代社会功能分化的加速进行而成为不可能的事情。这就导致近代社会的各个系统分化过程的极度复杂化。这种系统的复杂化，一方面使各个系统渐行渐远，相互脱离关系，变成各个系统同它们的环境的关系；另一方面，每个独立的社会系统又演变成为新的功能分化的起点，导致社会系统越来越多和越来越层次化，以至于各个系统原有的自律性也越来越高，甚至达到各自只靠本身的自我参照来进行自我调整的结果。在这种情况下，各系统之外的各个系统，往往成为新的社会分化的基础。而且，分化层次越多，各社会系统越要从其本身的角度重新观察其他社会系统，也导致各系统相互观察层次的重叠化，造成观察多阶化与观察视野多元化和交叉化。各个系统功能的发展，往往越来越立足于各系统功能本身的自我生产和自我参照过程。

总之，传统社会的分化在其内容方面是以社会阶层的分化为主轴，而在其分化进程方面，则是基本上以时间单线先后顺序而朝着单向发展。但到了现代社会，它的分化就采取层层多向分离与各自自我生产和自我参照的基本方式进行。举例来说，当现代社会在 16 世纪诞生时，最明显的是发生了政治同宗教的分离。那时，政治作为一个刚刚独立出来的系统，如果要继续存在和发展下去，就必须面对整个大社会极端复杂化的全社会大系统，一方面维持其自身的独立性，另一方面从其本身的功能运作的需要出发，维持和处理它同外在整体社会的关系。这就要求它将政治这个自身系统之外的整个大社会，当成其生存和独立运作的“环境”，并将这个复杂而庞大的“环境”对政治系统的影响和干扰，尽可能减少到不根本影响政治系统的自律的程度。正是在这种情况下，政治这个从大社会整体分离出来的独立系统，就开始以其自身的功能运作为基础，进行自我参照、自我调整、自我协调，并将环境的影响减少，使之简单化。现代社会的分化进程和高速度及其复杂性，致使现代社会的分化进程及其逻辑，不可能只是在整体社会的大范围内加以笼统分析。

当代社会的这种功能分化的高度复杂性，使社会中的各个行动者，不管是单个的或集体的，都面临着各种极端复杂的双重偶然性。这就使行动者，不管是个人或集体，对于行动的复杂性，都抱着同样极端复杂的“期待”心理和态度。所以，在鲁曼的社会系统理论中，对于社会行动的探讨，是以“**期待**”（Erwartung）为核心，并在“期待”这个中心概念的带动下，对行动过程的可能性场域进行多面向的分析，特别是将行动的面向和维度放在超出传统因果关系的范围之外，建立一种适合当代社会具体环境中的新行动维度概念。

如果说以“系统与其环境的复杂关系”为主轴的功能分化研究是鲁曼社会系统理论的中心论题的话，那么，“期待”就是他的社会系统理论行动观的核心概念。**在极其复杂的社会系统运作中，面对系统与环境之间的各种可**

能状况，行动者始终都只能以“期待”的心态和态度从事其实际的行动过程，包括选择和决定其行动过程的程序、策略和方式。在“期待”的心态和态度面前，一切行动及其相关的问题，都只能是可能的。“期待”本来是由韦伯最早在其行动理论中提出来的。但是，在韦伯那里，这个概念仍然处于尚未充分开展的阶段。韦伯受到传统直线单向因果论的强烈影响，把“期待”看成行动者在其行动实行以前的主要心态。

鲁曼看到了韦伯的“期待”观点的局限性，从新的系统论的视野，给“期待”赋予新的意义。生活在社会系统中的行动者，其不同于一般动物和其他生命体的地方，就在于他的“期待”贯穿于行动的始终：在行动展开以前抱着期待，在行动展开过程中也同样抱着期待，而且，即使某一个行动完成以后，他也同样对已经实现了的行动抱着期待的心情。**抱着期待的心情，就意味着：期待不论是过去的、实际正在进行的，还是未来预定中的行动。也就是说，无论在行动前、行动过程中，还是行动之后，其行动永远都是属于一种“可能性”**。期待的心态，使社会系统中的行动者，随时随地都以复杂的心情策划其行动策略、方式、手段和程序，同样也以复杂的心情，对待其行动的开展过程及其结果。这种特殊状况，使行动者哪怕在行动完结之后，都时刻考虑重建其行动计划，同时也时刻对其行动进行反思。期待还导致行动者永远不满足其行动结果，永远追求新的行动可能性。期待把行动者的心理世界，连同他的实际活动场域，扩展到超一线性的多维度结构，导向非线性、非单向的复杂系统。

“期待”新概念将行动问题进一步纳入鲁曼社会系统理论的“微观/宏观”相结合的独具风格的方法中，使行动在宏观方面伸展到社会的历史长河中，出现更多的伸缩可能性，而在微观方面则将行动分割成更多层次，特别是增加了非常细腻的心理分析系统，使行动在心理层面的多种可能性进一步展现出来。

鲁曼是在60年代初受教于帕森斯的。帕森斯的系统功能论立足于自亚里士多德（Aristotle，公元前384—前322）以来传统“**局部/全体**”二元模式的基础上（Aristotle, *Metaphysics*），以自然界为模式，将社会系统理解为具有同样维度结构的**开放的同一性系统**。鲁曼看到了各种系统的相互独立性以及社会系统远比自然系统复杂的“极端复杂性”及其自我反思性，一方面凸显各个系统的高度独立性，强调各个系统诸多内在因素之间相互关系的极端复杂性及其和周遭环境各因素之间的紧密关联性，使各系统独立的本质特性不但仰赖于系统本身各内在因素的复杂自律性，而且也仰赖于内在因素和环境各因素之间的复杂关系；另一方面，凸显社会系统内维持自身发展的“自我指涉性”以及立足于其上的“自我分化性”，同时也强调社会系统重复一般系统特性的本质，从而使社会系统不再从个人间相互关系的观点进行观察，走上了超越传统人文主义观点的新型社会系统观的研究道路。在这个意义上说，鲁曼的社会系统论是一种超人文主义的社会系统论。总之，鲁曼新系统功能论的主要特征，便是完成了从“**局部/全体**”的模式到“**自我差异化**”的转折。

按照鲁曼的新系统观，任何系统在本质上都是“自我参照”的。也就是说，系统总是**依据其本身的需要去对待和处置其环境的复杂性**的。系统都是由特殊的组成因素及因素间的特殊相互关系所构成的；不同的系统，只根据其自身特殊的组成因素及其因素间的特殊相互关系的运作需要而自我调整和分化。为此，它们才试图尽量减少其自身和环境的复杂关系，避免系统外的环境的干扰。

鲁曼的系统论基本上仍然是属于一种系统功能论，因此也在很大程度上吸收了帕森斯的社会学理论的研究成果。在鲁曼的系统论中，鲁曼按照帕森斯系统功能论的基本观点，将对于**社会系统的研究分成三大层次：关于社会系统的理论、关于演化的理论以及关于沟通的理论。**（Luhmann, N. 1971: 75–77, 202–203, 305–306）但是，鲁曼进一步发展帕森斯的系统功能论，不但扩大和改造了帕森斯原有基本概念，而且从根本上颠倒系统与功能的相互关系，**从原来的“系统→功能”转变为“功能→系统”，**同时也结合当代社会的各种新变化，从超越传统理论和方法论的高度，将社会系统放在超社会和超个人的广阔维度内加以分析。

鲁曼显然看到了帕森斯系统功能论的弱点，并试图从克服其弱点出发，进一步充实系统理论的原有基础。当鲁曼到美国学习和研究帕森斯的系统功能论时，正值达兰多尔夫等人从冲突论角度狠批系统功能论的“保守主义”性质。达兰多尔夫的批判有一定的道理，因为在帕森斯那里，对于社会结构这个系统的探究，其出发点和最终目标，就是要论证：社会结构作为系统所具有的稳定性，是其主要功能持续有规律地运作的基本保障，而社会结构中的各个主要功能的持续规律性运作又反过来加强了社会结构系统的稳定性。在帕森斯的心目中，社会系统功能论的主要旨趣，就是首先设定社会结构这个系统应该成为一种稳定的“秩序”。在肯定这个前提之下，他的社会结构系统功能论就是要解决“社会秩序何以可能”的古老问题。从霍布斯（Thomas Hobbes，1588—1679）开始，传统社会理论就试图寻求达成稳定社会秩序的基本合理条件。帕森斯为此将他所探究的社会结构，设定为一系列由稳定关系所连接的因素所构成的系统，以便由此演绎出一个合理社会秩序运作的基本条件。帕森斯为了探究社会结构系统的稳定性基础，把重点转向那些促使社会系统稳定的规范体系。他认为，现代社会尽管是高度个人自由的社会，但每个人都志愿地意识到遵守大家所共识的社会统一规范的必要性。所以，他也把他的社会结构功能论称为行动者的志愿行动理论或意愿行动论（Voluntaristic Theory of Action）。

帕森斯显然吸收了他同一时代美国哲学和社会科学的经验主义、功利主义和实用主义的传统，在考察个人行为与社会的关系及其实际运作效果时，避免宏观地满足于模糊层面的抽象思考模式和思想方法，并尽可能把理论架构中的“理念”模式同实际而具体的状况既相区别又相互联系。他充分地估计到：在有相当高程度个人自由的现代社会中，一方面，个人行动是在个人意志自由、思考自由和抉择自由的条件下进行的，因此，个人行动是由个人在其所处的环境中及其考量利害关系后决定的。就此而言，个人行动是由个人随其所欲并尽其所能而随机应变的自由活动。为此，帕森斯把个人行动看做**“完全偶然性”**（utter contingency）。但另一方面，个人行动又不可避免地发生在深受社会环境限制的客观时空结构中。社会环境的高度复杂性意味着环境中也充满着偶然性因素。这种偶然性不同于上述由个人因素所产生的偶然性，但它们之间又有不可分割的联系。**由社会客观环境所决定的偶然性**，一方面是由社会结构中的相互关系网的组织和性质所影响，另一方面又是由不同结构及其组成因素的各种不同功能的运作所决定。当主观因素和客观因素所产生和影响的偶然性，平行地或交叉地对行动者的个人行动发生作用的时候，显然，像帕森斯那样，从个人行动者主观意向的高度灵活性和可变性以及从客观社会结构功能运作的复杂性的两个综合角度，去考察行动和结构的相互关系及其对行动的影响，是有一定道理的。

因此，帕森斯基本上继承和发展了英国社会学和社会人类学传统中有关社会结构功能论的理论观点，注重于处理个人行动和社会结构的相互关系，并在这种相互关系中研究人的社会行动的性质和基本问题。

帕森斯在设想社会结构系统同个人行动的相互关系时，强调在特定社会结构系统内，每个具体行动都势必包含文化、社会和个人三大层次；而在这三大层次中，由于他很重视社会结构系统的稳定性的基本条件，他又把重点集中到文化层次上，把人们共有的文化价值和规范当成各个行动运作的指导原则。文化价值和规范，在这里就成为社会结构系统内各个行动维持其同一性的基本条件，因而，价值规范系统也就成为社会结构系统各主要功能稳定运作的基本保证。

在这样的基本前提下，帕森斯才去探讨构成社会系统稳定运作的基本功能。所以，如前所述，他是从系统推演出功能的。因此，他虽然也很重视对于系统的基本功能的研究，但他所感兴趣的，是那些维持社会系统稳定的基本功能。在帕森斯那里，功能只是保证社会系统结构持续运作的某种社会过程和动力条件。（有关帕森斯社会结构功能论的具体和详细内容，可参看拙著《当代社会理论》，第十二章。）

许多帕森斯的重要概念，虽然在鲁曼的理论体系中也作为中心概念而加以使用，但已经完全改变了原有的内容和意义。作为鲁曼社会系统理论的中心概念的“沟通”，在某种意义上说，是从帕森斯关于互变的一般化媒介的概念（the concept of generalized media of interchange）演变而来的。帕森斯的上述概念是为了把 AGIL 系统中四大功能的四项次体系相互联结起来。但鲁曼不同于帕森斯，他反对像帕森斯那样，从一种“系统典范”（即 AGIL）出发去分析和限定系统的功能。鲁曼反对的是帕森斯所建构的抽象和一般性系统概念。他宁愿通过对于系统功能运作的复杂过程的经验性观察，也不愿意以先验的假定性系统概念去说明系统的性质及其功能。

鲁曼在深入研究社会结构系统的过程中，看到了它运作的复杂性及其自我生产性。在鲁曼看来，显然，系统之所以运作，不是因为它首先是系统，而是因为它内在的基本功能的相互自我参照。系统脱离开系统中的功能自我运作，就是抽象的、空洞的和无生命的系统。但是，反过来，社会系统中诸多基本功能的自我运作，也不是在它自身自我封闭条件下进行的，而是在与其环境的复杂关系中，通过系统内各功能之间的相互协调和自我参照，以某种“尽可能简单化”的程序，将系统与其环境的上述复杂关系对系统内各功能自我运作的影响和干扰尽可能地减少，以达到使本系统各功能的自我运作实现自我生产的目的。

此外，鲁曼还进一步看到社会系统本身的多重性及其各自的独立性。社会系统并不是一种单一的同质系统，而是由一系列不同层次和具有不同自律性的独立系统复杂地构成的。社会中有社会，社会外还有社会，就如同系统中有系统，系统外有系统一样。社会各系统的非同构型，使它们之间相互地和同时地成为“系统—环境”关系。

社会系统所面临的复杂环境，不同于自然各系统的地方，就是除“物质面向”外，又有“时间面向”和“符号面向”。在这方面，鲁曼也同样克服了帕森斯原有结构功能论的某些缺陷及不足之处。

在上述取向的观察下，鲁曼认为，社会结构系统内各功能的自我生产，会导致这些功能的不断分化和自我区别化，因而一方面使社会系统不断演化，同时又使任何社会系统内部，都不可能形成和维持共同的和统一的价值观念系统，从而也不可能造就一个具有统一指导价值的规范体系。在鲁曼看来，**社会系统并非是一种规范性的概念**。社会毋宁说是一种由相互指涉的诸多内在因素连接的网络，在其中，各个行动者的社会行动，都是相互参照和相互指涉的。只要是以一种特定意义作为指涉架构的诸多行动网络，就可以构成一个行动“系统”，同时也就把那些以其他意义为指涉点的别种类型的行动网络当成其“环境”。

在谈到社会系统的演化问题时，鲁曼所强调的，是系统本身由复杂的功能运作所产生的“可能性”。在鲁曼看来，任何系统转化为其他系统，并不是由于系统作为系统而产生出来的；也就是说，不是由于系统的稳定架构所决定的，而是系统内的自我生产和自我参照的功能分化的结果。因此，社会系统究竟将如何转化和演化，它究竟朝什么方向演化，以及它将演化成什么样的新系统，所有这些问题，都是取决于该社会系统内各相互自我参照的功能的运作的可能性。实际上，在谈到系统内各功能的分化时，鲁曼已经反复强调系统内各功能运作的极端复杂性。这种极端复杂性，使得任何社会系统所表现出来的“秩序”，带有相当大程度的不稳定性。他说：“任何一个具有较高价值的秩序，往往通过较少的可能性来维持其稳定性。”（Luhmann, N. 1970：76）也就是说，像社会系统那样的复杂系统，由于其高度自律的自我生产和自我参照性，使其功能运作呈现高度复杂和高度变化的状态。在这种情况下，其系统结构的稳定性是很少可能维持的。现代社会既然属于高度分化的功能运作系统，它的演化趋势，就只能采取越来越快的变化节奏；而且，其变化方向及其未来形式是越来越不可预测了。

（2）本体论和认识论基础的转换

鲁曼在总结传统系统论在自然科学、人文社会科学以及思想模式和方法论等三大方面的最新成果时，注意到观察社会系统的认识论和方法论改革的重要性。不仅如此，而且，鲁曼实际上建构了独具特色的社会本体论，使他对于他所观察和分析的社会现象及其他相关的问题，能够借用具有社会本体论意义的“体系”概念进行创造性的分析。

对于鲁曼的社会系统理论，有相当多的人只看到他的认识论和方法论方面的革新，而忽略了他在社会本体论方面也有独特贡献。他的整个系统理论明显地表明他把世界和社会当成具有不同层次的系统。而且，鲁曼对于世界和社会也不同意传统形而上学和认识论的基本原则，他强调世界和社会的多元性和差异性，反对将世界和社会看成某种以单质的“实体”为终极本体的、不可分割的统一体。

系统论的成果不仅为鲁曼带来新系统概念的丰富信息，而且也为他开辟新的思路，特别是启发他**采用新的认识论和方法论原则**。从60年代以来，整个人文社会科学界在批判旧的传统认识论的同时，试图以更多元的模式与方式开创认识论的未来发展道路，特别是尝试以新的建构主义认识论取代传统受意识哲学深刻影响的主客二元对立模式。这种建构主义认识论作为一种新的原则，既然正处于摸索的阶段，就难免会产生多种多样的方案。鲁曼所尝试贯彻的建构主义认识论（konstruktivistische Erkenntnistheorie）的基本原则，是当时多元化的认识论新模式的一种。它主张将人的认识过程和外在世界看做各自“封闭”的两大系统（Luhmann，N. 1987c；1990）；同时，它还强调认识过程的对象并不一定同认识的主体及其思想过程有直接的关联。这种“**建构主义认识论**”不但是同马图拉纳和瓦列拉等人的认知生物学（Biologie der Kognition）（Maturana，H. R. /Varela，F. 1982；1987）以及史宾瑟-布劳恩（G. Spencer-Brown，1923—　）的“三重同一性”（a triple identity）（Spencer-Brown，G. 1994［1969］）思想原则密切相关，而且也直接表现了鲁曼本人的系统观。

值得首先指出的是，鲁曼的认识论基础及其基本方法论，并没有脱离20世纪下半叶整个人文社会科学界的方法论论战背景。这一时期内，传统理性中心主义、语音中心主义和主体中心主义等思考模式，都遭遇到一次又一次严厉的批判。鲁曼所提出的上述建构主义认识论，只不过是四十多年来所出现的多元化建构主义认识论中的一种罢了。从20世纪60年代开始，生命科学在探讨人的认识、心理、意识和思想活动的规律方面实现了飞跃性的发展。这是生命科学同哲学、心理学、自然科学及社会科学各学科之间进行综合研究的结果。

鲁曼的这种建构主义认识论，和这一时期所出现的其他建构主义认识论一样，其基本特点就是否定认识过程的主客二元同一性。认识过程归根结底只能是发生在认识主体中。尽管它在发生前后及其整个过程中，都免不了同主体以外的客观外在世界诸多因素具有多种不同程度的关系，但它永远是属于主体意识、感情、意志、欲望及行为的范围之内，它永远是主体在其环境中所进行的认识行动系统。认识主体对于认识对象及其所处环境固然会产生各种影响及不同程度的改变效果，但认识过程本身永远只发生在主体的范围内。这是一个封闭的独立运作系统，它与外在世界的关系，就如同一个系统与其外在环境的关系那样。各种传统认识论的基本特征，就是夸大或混淆认识过程的主体及客体，不仅将两个独立的系统混淆在一起——特别是将这两大系统之间的各种关系，说成属于同一系统的因素，而且，也混淆**系统**及其环绕的**世界**。这是传统主体逻辑中心主义原则的结果。

鲁曼社会系统理论不仅明确说明系统及其环境的复杂关系，而且也阐明**社会系统**同其**世界**的区别。传统认识论总是把世界当成对象，当成与主体相对立的"客体"，而且，还强调主体可以通过认识过程把握作为对象客体的世界。鲁曼与此相反。在他的认识理论中，一方面强调主体认识过程中的心理活动，只能是一个具有自律性的系统，另一方面又强调进行认识活动时所环绕的"世界"，只能是一种比任何系统更复杂得多的复合体。这就提出了一种完全不同于传统理论中作为"对象"或"客体"的崭新的"世界"概念。**鲁曼所说的世界，是包括了所有系统及其环境的复杂复合体。**（Luhmann，N. 1970）世界的复杂性只能以其所涵盖的各种可能性来自我标示。换句话说，**"世界的高度复杂性"的外延和内涵，等同于"一切可能性的总**

和”。传统理论由于过高估计人的主体地位，甚至将人的主体提升到“中心”的高度，使传统理论几乎都在人本主体中心主义的自我陶醉中，夸大人的认识能力和意识能力，特别是夸大人的理性能力。鲁曼却清醒地估计到人同其世界相比所表现的那种渺小性。鲁曼认为，传统理论实际上犯了双重错误：一方面夸大人本身的意识能力，将人的意识规定为“中心”，另一方面又过低估计世界的高度复杂性。传统认识论就是在上述双重错误的基础上，混淆了认识中的意识活动系统与整个世界的界限。

如前所述，鲁曼系统观不同于传统系统观的认识论基础在于其“**建构主义的认识论**”。按照他的认识论原则，人的任何认识活动，不管怎样精细或强大，充其量也只能在人体神经系统范围内进行，永远采取“封闭”的形式。人的认识活动，在其操作过程中，始终是向内封闭的。外在世界的存在及其运作，是作为另一个“系统”，又作为认识活动系统的“环境”而独立，始终只能对认识活动发生干扰作用，而无法参与认识活动的操作过程本身。(Luhmann, N. 1984: 61, 244; 1990)

鲁曼的这种建构主义认识论是同他对传统本体论的批判紧密联系在一起的。如前所述，传统本体论总是将主体和客体对立起来，并以人本中心主义的立场，主张主客同一性的基本原则。(Ibid: 112) 鲁曼虽然并没有宣称过自己就是“后现代主义者”，但他的许多理论思考模式及其采用的方法论，都与同时期的后现代主义者有惊人的类似之处。

鲁曼同后现代主义者相类似，在其理论思考中，将重点从“统一”和“同一”转向“差异”。世界、自然、社会和文化，本来就充满着差异。差异才是世界和社会的基本状况。他在1985年接受访问时，强调**所有对于世界的观察是以差异为基础的**。系统理论所从事的各种观察之所以能够进行，系统及其环境之间的相互关联之所以能够保持，就是因为世界本身充满了差异，世界和自然以及社会是由多种多样的差异性所组成的。传统本体论将世界、自然和社会当成以某种“实体”为基础的统一体，不但强调观察世界的主体必须立足于主体同一性的基础上，而且还以寻求世界与主体的同一性作为基本目的。鲁曼与此相反，认为世界在实际上是多种系统相互交错的结果，世界并不是以某个单一的“终极实体”作为其“基质”，而是由多质和多中心的大小不同系统构成的。有多少个系统，就有多少世界；反之亦然。至于多质多种世界的运作原则，也是非同一的：各个世界系统各自以其独特的自律而运作。想要以一种同一的规则来概括所有的世界的运作状况，在鲁曼看来，正是传统各种社会理论最终失败的主要原因。

同时，鲁曼社会系统理论的认识论和方法论基础，在很大程度上是吸收了马图拉纳和瓦列拉等人的研究成果。（Maturana，H. R. 1970；1982）

以马图拉纳和瓦列拉（Varela F.）等人为代表的当代生化科学研究方法，特别重视生命系统的自我生产和自我参照能力。这种观点和方法，是以他们对于世界和自然的崭新本体论为基础的。传统自然科学以归纳和演绎逻辑为基础，以个别与一般的二元对立统一关系为原则，总是寻求各个研究领域的统一规范性法则。为此，各个传统领域的科学家将世界及其研究对象加以分类，人为地对其研究对象进行分割和归类，按照上下、左右、部分整体、主客等进行的对称式排列，试图将世界和自然纳入一种“合理”的秩序中。研究对象失去了其自身的存在基础和固有能力，似乎世界和自然就是按科学家所设计的秩序而分阶层或等级存在的。按照这个逻辑，只有有机界的较高层面的生存物才有其自身的生命。反过来，也只有最高级的人类才有意识和理性，才有可能对自己的生命进行自我调整和自我更新。但马图拉纳等人反对以机械论和目的论去说明和分析生命现象，认为复杂的生命活动不能单靠物理学理论所通用的“运动”、“演化”或“分割”等概念来研究，而是应该以某种自律、自我生产和自我参照的原则，将外部环境的各种因素的影响，转化为有利于巩固和更新生命自身生命力的力量。生命统一体根据其自身的生命维持和发展的需要，组成特定的关系网络，并在此基础上，不断地加强其内部各组成因素之间的互动关系，使生命得以在自我更新的范围内，尽可能地化环境的因素为积极的自我生产的动力。在这种情况下，环境的因素再复杂，充其量也只是生命系统自我生产的“条件”（Bedingung），而不是生命系统的组成因素。

鲁曼把马图拉纳等人的生命系统理论应用到社会理论研究中，一方面把“系统”概念一般化，强调整个社会各个组成部分都具有系统的特点，另一方面他又将系统进一步具体化和层次化，分析社会不同层次的不同系统的性质和特征。

鲁曼特别强调意识本身的自我生产性和自律性。（Luhmann，N. 1995：55－57）而且，意识的自我生产同其他系统的自我生产一样，并不是因为意识有一个“主体”，也并不是因为这个主体本身就是“人”。意识作为系统具有其自身独立的运作规则，执行着系统同其环境相互协调的简单化程序。

在方法论方面，鲁曼反对将传统自然科学的研究方法僵硬地搬用到社会科学领域。他认为，自然科学所通用的经验主义和理性主义的方法以及相应的逻辑归纳、演绎和推理，其有效性是很有限的。

经验主义固然可以为自然科学研究提供相当可靠的资料，在一定程度上有助于了解世界的实际状况，但是，经验主义并没有从根本上透彻说明世界的本来面目。况且，经验研究方法充其量也只能有助于分析局部的表面问题，它并不能从根本上揭示世界的各个系统的主要运作原则。更何况，在当代社会充满着人为科学技术干预的条件下，任何数据都可能具有自我生产和自我增殖的能力。面对这些自我生产和自我增殖的资料，经验主义是无能为力的。经验主义者看不到数据本身的局限性，更看不到现代社会中的资料所具有的自我生产能力，这使他们无法跳出狭隘经验的范围，或者满足于感性经验所提供的有限数据，或者津津乐道于人为创造的试验室和实验室所验证过的数据。同时，他们往往将数据理解为绝对固定的质和量两方面的规定性，殊不知这些规定性本身原本就是他们自己所公认的“标准”的具体化产物。其实，在鲁曼看来资料远不是那些以数字表达出来的统计产物，而是有自我生产能力的生命体，数据本身也是一种具有自身生命的系统单位。现代社会中的数据是隶属于整个社会大系统的次系统，它们由于相互之间建立了紧密的联系，并形成了它们内在的体系网络，致使它们产生独具特色的自我参照性，并在同周围环境的相互关系中，为了保持本身的生命再生产，能够在其自身范围内进行一种特有的沟通，实现它们内部的语义参照系统。在当代社会充满着符号、密码、象征的互动情况下，现代数据可以以其自身的自律而不断扩充和增殖，实现和其他社会系统的简单化程序。研究当代社会的社会学家如果看不到现代数据的上述复杂性质，将使自己迷失于数据迷宫之中而不能自拔。鲁曼认为，只有以社会系统理论的新观点分析当代社会的数据，并将数据的处理及其分析纳入社会系统的大范围内加以思考，才能正确理解现代性的许多关键性问题。

（3）反人本中心主义的系统理论

鲁曼研究社会系统的又一个明显特征，就是试图远离传统社会学中的人本中心主义（anthropocentrism）原则。这使他对于社会系统的兴趣远远超过了对于人的兴趣，并把每一个个人妥善地安置在复杂的社会系统之中，以便从社会系统运作的观点去分析人和行动者的问题。

世界上各种系统的存在及其运作是普遍的和客观的。所谓系统的普遍性和客观性，主要正是指它们并不是根据人的意志或思想而具有其规定性。系统的存在及其运作，完全根据系统自身内在因素间的相互关系及其网络的自我参照。人的思想和行动对于系统的存在及运作的影响，只是在人的因素参与系统运作的范围内才有意义。正是在这个重要思想的指导下，鲁曼认为有必要深入研究对于了解社会系统理论具有重要意义的“行动系统”和“心理系统”。“意义”和“沟通”也只是在这个前提下，在鲁曼的社会系统理论中被赋予了特殊的内容。总的说来，就一般系统理论而言，人的因素只是在涉入系统范围时才有意义；一般性的系统研究是不把人及其意识纳入核心范围的。换句话说，一般系统理论是超出人及其行动的范围而探讨问题的。但就特殊系统而言，只有涉及那些与人相关的系统，才有必要深入探讨人的问题，包括探讨人的意识、心理、意志以及人的行动的某些特点。在此情况下，鲁曼并不忽略对于人的意识、心理及行动的深入分析。正因为这样，鲁曼的社会行动理论中对于与人相关的“时间维度”、“期待”、“心理系统”及其他等等，都做了特殊深入的分析。

显然，鲁曼社会系统理论是反人本中心主义传统的。他根据当代社会系统不断分化和复杂化的趋势，同时应用当代科学技术所提供的科学管理方法，成功地论证了**社会生活是超出个人间的关系和直接互动性范围之外而组织起来的**。个人同环绕着他的环境世界之间的关系，就是一种特殊的系统同其环境的复杂关系。反过来，在鲁曼看来，作为“个人”（Individual）的人，始终都是作为社会系统的环境的一部分而存在。与个人的存在相反，社会系统始终都是通过沟通行动构成的。每一个作为个体的个人都是同社会系统相对立的；具有不同个性和人格的个人的存在及其与社会系统的对立性，正是各种社会系统存在的先决条件，而不是隶属于社会系统的随便任何一种“次系统”。各种社会系统靠其本身的独特沟通行动而独立存在，也通过这些沟通行动使社会中的每个个人被卷入到社会系统的运作中。在这里，明显地体现了**鲁曼社会系统理论的“非个人”（impersonal）性质**。鲁曼的这种社会系统观再次显露出其反人文主义传统性质，同时也显示出其“技术主义”特征。

在鲁曼以前，有相当多的社会理论家，特别是帕森斯的意志主义行动理论（Voluntaristic Theory of Action），把分析的重点放在行动者的个人意愿之上。帕森斯受到传统古典社会学理论的强烈影响，总是凸显人的意志及人的主体目的性在其行动中的决定性地位。在这个意义上说，帕森斯的意志主义行动理论实际上就是传统目的论行动理论的新变种。

在古典时代，马克思、韦伯或涂尔干等人，都很重视从古希腊以来占统治地位的主体中心主义逻辑，强调人作为世界和社会的主体，具有主观意志和目的。由于在他们看来人是世界和自然的中心，人的主体意志和目的就成为决定社会系统运作的基本力量。到了近代，由于资本主义对于个人自由的重视，上述主体中心主义就进一步变换成为个人意志或个人目的中心主义。在帕森斯的时代，受到美国资本主义经济和社会制度的强烈影响，经验主义、功利主义和实用主义更是泛滥成灾。经验主义、功利主义和实用主义就是传统主体中心主义在资本主义社会发展阶段的变种，因为它们都毫无例外地凸显个人的地位。不论是“经验”、“功利”，还是“实用”，指的是对于“个人”而言，指的是对于自由主体的个人是否有意义。

帕森斯针对美国等高度发达的资本主义社会的特征，深入分析了作为社会基本成员的个人，尤其作为具有高度自由的个人，究竟是如何处理其主观意志和行动同整个社会制度的关系的。帕森斯的个人意志主义行动理论就是在这种社会文化背景下产生，并在理论上获得正当化的。

所以，在深入研究鲁曼的社会系统理论的时候，必须充分考量他的理论同他的老师帕森斯的理论的原则区别。帕森斯把社会看做是具有不同基本功能的、多层面的次系统所形成的一个总系统，并把受个人意志决定的行动放置在这个社会系统的不同领域中加以分析。由此而言，帕森斯是把个人行动和社会结构系统作为基本问题和基本脉络加以考量的。这样一来，不论是从行动者个人，还是从社会环境而言，个人行动过程中以及社会系统运作过程中所出现的偶然性因素，就被纳入以“人”这个**行动者主体**为中心的网络中加以考量。不管帕森斯如何强调社会系统本身的复杂性，也不管他如何深入地微观分析社会结构系统层面的复杂性，他都不可避免地将其所分析的社会结构系统归属于个人的意志主义行动网络之中。在鲁曼看来，帕森斯的系统功能论的败笔，主要的原因就在这里。换句话说，帕森斯的结构功能论的失败就是他以人本中心主义为指导思想。

从帕森斯的系统论的失败，我们可以看到：当人们将社会系统归属于“人”的时候，当“人”的地位高于或优于社会系统的时候，社会系统本身的生命及其自律就被扼杀或窒息了。

美国传统的个人行动互动论者，为了克服观察社会宏观取向的片面性，只注意到个人间互动行动的重要性，在很大程度上忽视了社会系统及其环境的复杂性，忽视了系统本身的自我参照能力，从而只是简单地将社会行动看成单纯的“**原因—结果**”关系或“**理由—结果**”关系的系列网络。鲁曼的上述原则和方法，使他有可能跳出分析社会行动的上述“**原因—结果**”关系或“**理由—结果**”关系的模式，令人信服地证明了：任何一个社会行动，只要发生在社会组织范围内，并受到社会组织的自我参照性的影响，其发生、过程和结果就完全不一样了。总之，作为个体的个人始终都是社会系统的环境中的一个因素和一个组成部分。他反对从个人的任何一种观点去观察和分析社会系统。

为了深入清除人本中心主义在系统理论中的影响，鲁曼在1970年和1975年先后发表的《社会学启蒙》两卷本以及其他有关社会学的论文中，进一步考察了韦伯的社会行动理论的人本中心主义的实质，并指出了韦伯的“目的模式”（the ends-model）和“支配模式”（the command model）的局限性。他说：“‘目的模式’和‘支配模式’两者基本上都是以这样的假设为基础的，即：人作为一个完满的人格性而生活在社会系统之内，并且人是以其所表现的行动而实现其自身的自我同一性的。”（Luhmann，N. 1982：42）《社会的区分化》（*The Differentiation of Society*，1982）原为鲁曼1970年和1975年出版的德文著作《社会学启蒙》（*Soziologische Aufklaerung*：*Aufsaetze zur Theorie der Gesellschaft*，Bd. Ⅰ，1970；Bd. Ⅱ，1975）第一、二卷的英文选译本，其中也收集了此前发表的重要论文：《实证法和意识形态》（“Positives Recht und Ideologie”，1967）与《互动、组织和社会》（“Interaktion，Organisation，Gesellschaft”，1975）等。鲁曼在这里严厉地批评了韦伯的目的性和支配性行动论的封闭性。他在上述引言中，以黑体字突出显示韦伯理论将行动者设想成局限在社会系统之内的具有完满人格的主体。这样一来，韦伯就把不具完满人格的行动者，也就是缺少整合性的行动者当做应该克服的不完满性。但是，很显然，韦伯的这种设想违背实际的状况。正如鲁曼所指出的：“为共同目标所做出的努力，在实际上其动机始终是不完备的。古典社会学理论所做的假定，迫使科学的研究倒退而陷入到某种规范的或者有固定任务取向的理论形式中去，或者依赖于理念型。因此，它干脆放弃把握实际行为的条件和功能的尝试。传统的对于系统的内在取向，通过‘手段/目的’的图式和通过权威的支配模式的方式说明系统，将理论硬性钳制成规范式的理论或者以方法论加以限制（也就是以所谓手段/目的合理性的唯一模式限定理论），以及将社会各个成员的人格当做社会系统的‘部分’加以处理，所有这一切都是同以上所述那种偏见相一致的。能够颠覆这种偏见的一种组织理论到现在为止还不存在，尽管我们可以列出一系列批评性的文章。但是，我确信，这样一种组织理论可以在一个关于对于其环境开放的系统的概念的基础上全面展开。”（Luhmann，N. 1982：43）

在这段论述中，我们可以看到，鲁曼的系统理论所说的“系统”，是一种对于其所在的环境开放的系统（a system open to its environment）。鲁曼之所以强调系统的开放性，是因为：**第一**，任何系统在实际上都不可能是自我封闭和自我孤立的，它永远都是在环境中生存和发展。**第二**，任何系统所处的环境都不会是清一色的或单一性的，而是极其复杂的，具有不可预测和不可一目了然的高度复杂性。**第三**，环境同系统的关系也不可能是单一性的、单向性的和固定不变的。在这里所说的非单一性，指的是系统和它的环境之间的关系的多样可能性，包括多种在实质和形式上的可能性。在这一点上，鲁曼所反对的是传统社会理论对于系统及其环境的所谓本体论上的“同一基质论”和所谓的“同一关系论”。同一基质论总是强调系统与环境之间的基质性实体的稳定性，并以此为基础去说明系统本身的同一性和它的环境的同一性。所谓同一关系论，则总是假设系统和它的环境只能保持一种主要的关系，并以这种基本关系为基础去说明系统及其环境的变化。这里所说的单向性，指的是传统理论总是以系统本身作为出发点去确定系统同环境之间的关系，避而不谈系统同它的环境之间的关系的多种可能的方向，也不考虑这些多种可能的方向随着系统及其环境的复杂性所可能产生的新的多种可能方向。**第四**，鲁曼强调系统的开放性正是为了突出显示系统本身的高度复杂性及其高度自主和自决的走向。为此，鲁曼说：“开放的系统维持与其环境的实际运作关系，并且通过使得这些关系有组织地联结在一起的方式而维持系统自身。”（Luhmann，N. 1982：43）**第五**，鲁曼所强调的系统开放性，并不是以行动者主体为中心的行动网络的开放性，更不是以具有“完满人格”的主体为中心的“目的模式”或“支配模式”的结构。以韦伯为典型的传统行动理论，往往以行动主体的动机和所要达到的目的之间的网络作为行动系统的界限。这样一来，尽管韦伯反复强调行动网络的复杂性以及主客观因素的变化多样性，但永远限于行动系统的封闭性之中。而且，这种封闭的行动系统还以有限的中心和边界关系作为基础。其次，在韦伯的行动系统理论中，往往包含着对于行动主体的人格理想化的倾向。强调系统中心的理想化实际上是为了强调系统本身的封闭性及同一性。而且，为了把这种封闭的系统纳入目的模式和支配模式，也不可避免地将行动主体的人格完满化。韦伯的上述系统论当然同他的本体论和认知论基础密切相关。鲁曼的新系统论，反对系统结构的“中心/边界”模式，也反对目的模式和支配模式，主要是为了强调系统的开放性及复杂性。在鲁曼看来，系统的开放性和复杂性的一个重要表现，正是系统中行动者主体的不固定性和不稳定性，也表现为主体的人格非完满性。行动者本身人格的非完满性，是理解其行动在系统中的不确定性的基础和出发点。

（4）技术主义的“简单化”基本原则

推动鲁曼创立并采用最新系统论的根本原因，就是他所处的当代社会在科学技术方面的史无前例的伟大成果。当代社会可以说就是高科技占统治地位的新社会。科学技术的突飞猛进，不但改变了社会结构及其功能，而且也改造了人本身的思考模式及观察和认识世界的手段、方法和程序。我们将在第二章第一节探讨当代各种科学技术成果的重要意义时，进一步细致分析各种当代科学技术思考模式对于鲁曼社会系统理论的影响程度，特别是将在那里更具体地讨论当代科学技术所遵循的系统理论及其方法对鲁曼社会系统理论所造成的影响。在这一节，我们探讨的重点，是当代科学技术在应用“简单化”原则方面的决定性意义。

当代高科技在人为创造能力方面的惊人效果，不但使现代人有可能以比以往任何时候都无法想象的程度进行他的任意创造活动，而且，也使其创造物本身成为越来越复杂的特殊统一体，甚至成为具有自身新生命的自律系统。人的创造能力的高效率，一方面生产出前所未有的成果，另一方面又迫使现代人采取更有效的方法和手段，处理、解决、控制以及观察他们自己所创造的事物。这种后果具有两方面的意义。一方面，它使人们意识到本身创造能力的有效性，或更确切地说，高效率性，从而使人产生一种新的自信心，以为人具有创造、控制和改变世界的广阔可能性。这种新的信心的建构本身也具有两面性，因为它将推动人们更积极地进行其创造活动，同时又使人产生一种错觉，以为自己可以为所欲为。其结果，就是促使人们在面对自然界时，更加狂妄自大，在许多情况下无视自然界客观规律的存在及有效性。现代人的狂妄，使他们在分析自然事物及各种其他事物时，产生一种“简单化”的倾向。这就好像不懂事的小孩，面对各种危险事物，却仍然自以为是，把客观事物的复杂性置之不顾。小孩子的这种“简单化”原则，就是他们既不懂世界的复杂性，又要将其天真烂漫的想象强加于外界事物之上。现代人在许多方面似乎重复了不懂事的小孩子的这种“简单化”倾向，并将这种简单化模式普遍化和一般化。另一方面，科学技术的发展，使现代人产生另一种错觉，以为他们可以任意处理各种事物。现代化的高效率，给予人们在心理上、意识上以及行动方法上的影响，都有不可忽视的后果。

世界越复杂，人们所创造的事物越复杂，人们越试图使之简单化，因为事物的复杂化，有助于训练人们以简单化的方式处理事物。

这一切甚至也改变了人们的“生命”概念的性质和内容。“生命”在当代科学技术看来，具有双重的意义：一方面就其狭隘意义来说，它是传统生物科学所强调的那种具有新陈代谢能力的统一体。这样的狭义的生命，是指那些处于有机物高级发展阶段的生存物。但是，当代科学技术的发展，突破了原有的传统生命概念，使“生命”变成为超出有机物范围的普遍现象，成为一切具有单位统一体特征的“系统”所固有的活动模式。

在当代科学技术所创造的各种复杂系统中，几乎都包含了这些系统的创造者在创造过程中所发挥的智能结晶。这就是说，被创造出来的各种系统，并不只是如同几何学系统模式和物理学系统模式时代的那些系统产品，并不像它们那样呈现出纯静态的结构，而是具有自身的生命，并在不同程度上具有自身的“自律”，不但可以自行运作，按照其自身的规律发生作用，而且还甚至倒过来试图对其创造者进行“反控”，并超出其创造者的意料之外，作为一种独立的统一生命体进行自我生产。

这样一来，现代人所创造的自律系统反过来又给人类社会和文化生活增添了新的内容和新的风险，使人类进入一种前所未有的**风险社会**。风险社会的基本特征就是它的极度复杂性。这种极度复杂性是人为的有组织的复杂性，但它又吊诡地超出了人的控制能力，成为时时可能威胁人类本身的变量；而且它还增添了社会活动和文化生活的风险性及潜在发展能力。各种人为的新系统富有自身的独特生命力，具有一种只能由其自身自我操纵和自我调整的灵活生命。

不论是被创造物还是科学技术本身的运作逻辑，都显示某种被称为“优化原则”的操作规则。科学技术及其科技产品在其运作中的“优化原则”，指的是它们依据自身的生命运作逻辑而对付或处理其复杂的周围环境的基本手段。“优化原则”是以具有自律性质的系统的本身内在需要为出发点，当它面对环绕它的复杂环境因素时，为了维持和发挥其本身的生命威力，为了尽可能缩小或抵制环境的干扰，或者为了进一步使环境的干扰转换为有利于系统自身的力量，就不得不采取强化其自身的积极有效措施和程序，使得系统自身的生命力提升到最高限度，也使得系统与其环境的相互关系转换到有利于系统的地步。简单地说，优化原则就是系统对于环境复杂性所做的选择性反应，是系统所进行的一种有利于系统的选择原则。进行这种选择的结果导致系统强化自身的内在结构，使其内部各因素间的相互关系更紧密地协调起来，完成系统自身的再生产和更新。优化使系统在环境的刺激面前呈现优势状态。这种在技术上的优化原则实际上就是简单化程序。

任何现代技术产品，特别是生物化学和信息科学的运作过程及产品，都应用了优化原则，作为其维持自身生命和发挥威力的基本程序。这些产品应用各种偶然性、几率、可能性以及不确定性的原则，以最大限度的优化统计方法，试图尽可能地达到最大的有利效果。为此，它们进行了各种多样可能性中的冒险选择程序。这也就是处于当代高科技条件下所必须进行的简单化程序。这种简单化程序，作为一种优化选择，完全不同于传统的“合理选择”。所谓“合理选择”是以理性为最高指导原则，追求一种最确定和最稳定的绝对安全方案。与此相反，当代科学技术所提供的优化原则，即“简单化程序”，是以几率和偶然性为基础，以冒风险的精神，试图在可能性中找出有效几率最高的答案。显然，简单化程序所要达到的目的，不是唯一不变的，也不是确定精确的；而是随时等待转化和面对各种可能性。

面对这些当代科学技术的新成果和变化，鲁曼设计了一种与系统自我生产相对应的观察方法，也设计了同样复杂的理论模式，并赋予这种理论模式某种类似于系统自我生产能力的生命力。鲁曼的社会系统理论本身就是这样一种具有自我生产和自我参照能力的理论体系。这种理论的特点就是在处理与其周围环境的相互关系时使用“简单化”的原则。社会系统理论的简单化原则一方面是对付其研究对象的手段和方法，另一方面又是它自身进行自我参照和自我调整的过程。

更具体地说，鲁曼所采用的新方法论，就体现在他所总结的**“系统与环境的关系的复杂性”**以及**“将系统及其环境的复杂性尽可能地简化”**的**“技术主义”原则和方法**方面。称之为技术主义方法，不是指鲁曼遵循着“技术贵族”式的思考方式，如同哈贝马斯（Jüergen Habermas，1929—　）在70年代对于鲁曼所做的独断式指责那样。（Habermas，J./Luhmann，N. 1971）所谓技术主义原则和方法，指的是鲁曼充分重视当代科学技术发展及其对于社会系统分化所产生的影响。当代社会和文化各系统的复杂化本来就是当代科学技术发展的直接结果，但是，当代科学技术在促进社会分化和复杂化的同时，也带来了分析和处置各种复杂系统的基本原则，这就是鲁曼所说的“简单化”的原则。当代科学技术处理各种复杂系统及其与环境的复杂关系的主要方法，就是采用“简单化”的程序。

在科学技术的简单化程序中，一方面包含了前述“选择”过程，另一方面还包括“排除”过程，两者是相互补充和交错进行的。排除就是尽可能将系统以外一切不利于系统内部自我调整和自我生产的因素和过程缩减到最小范围，使其缩减或消失，达到增强系统本身自我维持和扩大其生命能力的目的。上述优化程序，实际上也是包含选择和排除两方面，而且两者总是并行推进，直到实现系统调整与环境的关系，而使自身得以生存和更新为止。

“使系统与其环境的复杂关系简单化”，是鲁曼社会系统功能论在分析社会系统与其各基本功能的相互关系所采用的基本原则。他认为一切社会系统都面临着极端复杂的多面向的“环境”，因此，社会环境为了生存和发展，总要发展其本身的“降低复杂性”的基本机制。所以，社会系统的基本功能始终围绕着“使系统与其环境的复杂关系简单化”的原则而旋转。**“使系统与其环境的复杂关系简单化”**，其宗旨就在于保障系统本身各主要功能，尽可能地在不受环境干扰的情况下，持续地稳定贯彻下去。因此，它是系统自我生产和自我参照的主要标志。但从根本上说，这个基本原则又是实际的社会系统同其环境相遭遇时所遵循的基本原则。鲁曼的上述基本原则无非是实际的社会系统运作基本原则的理论反思产物。

(5) 自我生产性和自我参照系统

自我参照（或自我指涉［Selbstreferenz；self-reference］）**和自我生产**（Autopoiesis）**概念是鲁曼社会系统理论的核心**。鲁曼社会系统理论不再使用传统西方社会科学的“实体”概念，而是代之以**“时间的视阈”**和**“功能的分析”**的相互比较方法，以便灵活处理社会系统的高度复杂性，并使社会系统的运作及运作中之自我参照和自我生产性质清楚地展现出来。自我生产和自我参照的概念是为了使时间的视阈贯彻到系统的功能分析之中。环绕着自我生产和自我参照概念，鲁曼才有可能在其新的系统理论中，提出了几个相互联系又相互区别的关键概念：“**系统**”、“**环境**”（Umwelt；Environment）、“**功能**”（Funktion；Function）、“**区分化**”（Differenzierung；Differentiation）、“**意义**”、“**双重偶然性**”（Doppelte Kontingenz；Double Contingencies）和“**沟通**”。

理解鲁曼系统论的上述主要范畴及相关概念，必须充分掌握鲁曼的系统理论中关于“**意义**”（Sinn；signification）、“**沟通**”（Kommunikation；Communication）、“**合理性**”（Rationalität）以及“**现代性**”（Moderne）等基本概念的特殊意义。如前所述，鲁曼之所以能改造帕森斯的结构功能论，就在于他全面地重构了结构功能论的基本概念，诸如意义、沟通、合理性以及现代性，等等。上述各个重要概念虽然都在字面上似乎沿用传统的同类概念，但在鲁曼的社会系统理论中，这些概念已经被赋予全新的内容。这些基本概念具有特殊的内容和论述方式，不能按照传统或帕森斯的旧有概念方式去理解。

所有的自我生产的系统，都是靠其自身而不断生产出组成其单元统一体的各个构成部分。对鲁曼影响极深的当代生化学家马图拉纳和瓦列拉曾经对系统的自我生产做出下述说明：任何自我生产的系统都是不断重新生产其组成部分的网络体系；这种网络之所以能够自我生产其组成部分，就是因为它是具有生命力的独立单位。如同计算机是由其各个组件（Komponente；Bestandteil）所构成一样，凡是能够自我生产的系统，都是由具有一定相互关系的组件所组成的。组件的相互关系及其网络是系统的生命基础。因此，系统的自我生产离不开其组件的自我更新，离不开这些组件之间的相互关系的重组和再结合。组件之间的互动和相互关系，使系统持续地生产出新的生产过程。系统的生产过程是在系统组件的再生产中维持的。计算机的各个组件之间相互发生作用，造成了生产各个组件的生产过程本身也不断更新。一切具有生命力的系统，都是以自我生产的方式而组织起来，形成一个自成一格的单元统一体。就生命体具有自成一格统一体的性质而言，它就是一个封闭的系统。说它是封闭系统，不是指它与外界毫无关系，而是指它全靠它的系统内部各组成部分的相互关系来建构统一的生命网络。

这种封闭的生命网络如果要生存下去，就必须在面对环境的复杂影响时能够进行自我生产和自我参照。所谓**自我参照**，主要是指系统的各个组件之间在其相互关联与同其环境的交往中进行自我区分和相互区分，而在这种自我区分和相互区分中，系统中的各个因素以及整个系统本身，实现经过中介而环环相扣的自我确认、相互区隔和相互作用，同时又完成同其他组件之间的新关联。显然，**自我参照并不仅仅是因素之间的相互比较和相互关联，而且还是一种不停的运作过程，也是一种区分过程、辨认过程、变动过程和生产过程**。

鲁曼自己反复强调：自我参照系统并不单纯是自我组织或自我调整系统。当代理论上的发明还将自我参照的观念应用到一个系统中的组成因素或构成要素的层面上。（Luhmann，N. 1984）这就意味着自我参照和自我生产系统生产出它们相互关联所依据的各种要素。所有这些系统都能够生产出它们自身所必须仰赖的各种组成要素，而且，它们还是在一种封闭系统的范围内生产出这些与系统本身的存在紧密相关的组成要素。**要使得一个系统能够进行自我生产和自我参照，在鲁曼看来，首先必须使该系统不仅能够自我生产出它本身所必须具备的各种组成要素，而且还必须能够保证使这些组成要素自身也能够进行自我生产**。这就是说，系统的自我生产固然仰赖于系统本身能够不断在其自身的范围内生产出特色需要的组成要素，而且，更重要的，是这些组成要素也必须具备在系统内进行自我生产的能力。系统是靠其所构成的组成要素的存在而存在和运作的。所以，归根结底，系统的自我生产和自我参照，最后都要决定于组成系统的组成要素的自我生产能力。鲁曼自己承认，他的这些关于系统自我生产和自我参照的观念，主要是受到了马图拉纳的研究成果的启示。（Luhmann，N. 1985b）

参照活动过程本身，本来就关联到三项主要因素：指涉者、被指涉的对象以及作为指涉中介的某物。指涉活动永远是一种关联过程的实现。**参照**（Referenz；Reference）的动词原义就是“关联活动”，来自拉丁语词 referre，意思就是“关联”或“关系到”。这是一种建构相互关系的活动，是以某因素为“中介”或“关联手段”，某个进行参照（指涉）活动的因素，把自身同另一因素关联起来。任何关联都必须要被关联的要素自身首先具有与他者关联的诉求，然后，还需要被关联的各要素具有相互关联的能力和可能性。但是，这还不够。更重要的，是在相互关联的要素之间，必须存在一种“中介”，以此中介作为媒介或中间环节，使得相互关联的各要素能够通过这个中介而协调起来。所以，上述组成参照过程的三大因素（指涉者、被指涉的对象以及作为指涉中介的某物）实际上就是自我关联者、被关联者以及作为关联活动的中介的因素。以上三大因素缺一不可。这样一来，参照活动过程也是一种“在关联中进行关联”和“在关联中产生关联”的活动，是关系到重叠进行程序的自我关联过程，从而也是一种双重的自我关联活动。通过参照过程中的关联活动，参照者建构了标示自身的必要数据和条件，也在自我标示中进行了自我确认和相互区分的双重程序。正是在完成了上述指涉和关联活动后，系统实现自我生产，并由此表现出其自身的自我创造生命力。

总之，任何参照活动必定是双重的区分过程：一方面它以其运作标示出与自身相区分的另一面，另一方面它又通过这个与自身相关联的另一面对自己完成自我标示。不仅如此，而且，这种包含双重过程的同一参照过程，又自然地隐含着未来多重的区分过程的必要性和可能性。正因为这样，鲁曼将自我参照过程看成循环的连续过程。这些过程是封闭的，正是因为它们都不需要实现“输入”或“输出”，不存在自系统之外的其他系统引进或排除其自身运作所需要的能量的问题。

自我生产和自我参照的系统又是开放的，但同其封闭性相比，生命系统的开放性是从属性的、次要的、受决定的。换句话说，生命系统的开放性是为了其封闭性服务的。系统的开放性之所以决定于其封闭性，就是因为这种开放性是而且仅仅是为了实现生命系统自身在其封闭的系统中的自我维持和自我生产。生命系统的封闭性和开放性是具有吊诡性质的双重过程，是生命系统为了维持其生命特征，并将外部环境的复杂因素列为本系统内部各组件间相互关系网络获得新生的基本条件。在任何时候，生命系统与其环境之间的交换，都是决定于系统内部各因素相互关系网络的自我生产的。

鲁曼将生化科学关于系统自我生产和自我参照的理论和方法，普遍地应用到社会研究中，并认为自我生产和自我参照不仅是生命系统所特有，而且也是存在于社会系统的各个领域，存在于人的意识系统和心理系统之中。这样一来，鲁曼将生化科学的自我生产和自我参照概念一般地扩展到社会科学领域，并以此为工具分析社会整体及其各个组成部分。只要存在系统与其环境的复杂关系，就会产生自我生产和自我参照的运作过程。鲁曼所说的“简单化”程序实际上就是系统面对其环境时所产生的自我生产和自我参照过程。

在鲁曼那里，系统的自我生产和自我参照是经过适当的加工和改造之后被应用于社会系统的分析的。他认为，系统的自我生产和自我参照必须首先作为一种可以普遍应用的一般概念而确立。如前所述，鲁曼将系统与其环境的简单化过程看做是自我生产和自我参照的普遍范例。

由此可见，鲁曼的自我生产一般概念就是要强调：一切系统都可能发生以其组成因素的再生产来维持其系统整体生命活动的过程。撇开各个系统的区别性和差异性不言，凡是同其环境保持复杂关系的系统，都是要靠其构成因素及其相互关系的再生产来维持生命，以对抗、抗拒、阻止、遏制和抵消环境对于系统生命运动的各种干扰。就一般的意义来说，系统的自我生产和自我参照是自律的，它并不需要外在力量或因素的介入，也无须向外输出其构成部分。但是，如前所述，系统的自我输出和自我参照都离不开环境。在这里，它指的是系统的自我生产和自我参照的运作，只是需要将环境当成一种“条件”，而不是当成其决定性因素。而且，正如前面一再强调的，系统的自我生产和自我参照是为了其运作的需要才考量到环境，才与环境打交道，相互发生关系。因此，系统在其自我生产和自我参照中同环境的一切来往，都是为了强化其生命本身，都是为了使系统能在下一轮与环境的交往中变得更具自律性。

在上述将自我生产和自我参照概念加以一般化的同时，鲁曼又进一步针对各个系统的差异性和区别性，探讨各个系统的自我生产和自我参照的特殊性，更加微观地分析各个系统的特殊自我生产和自我参照特征。正如大家所看到的，鲁曼在分析心理系统、意识系统、宗教系统、法律系统、语义系统等系统的特征时，总是针对这些特殊系统的功能、运作过程及其不同组成因素的相互关系，描画出它们的自我生产和自我参照过程的细节和不同程序。

鲁曼认为，社会是一种更加复杂的自我生产和自我参照系统。社会是一种大系统，它包含着社会中的各种社会系统。他指出："社会是自我参照系统的一种特殊案例。社会系统是以各种沟通的网络的存在作为前提的，这种沟通网络包含了以往的、将来的以及到处存在和发生的沟通。当然，沟通只能是在沟通的系统内发生，而且，这个沟通系统无法避免重复循环的形式。"(Luhmann，N. 1985b：5—6）社会系统之所以能够进行沟通，就是因为它本身就是一种沟通系统。正因为这样，鲁曼在论述社会系统的功能及其运作时，首先高度重视社会系统的沟通过程及其意义的特殊性。

正是在上述对于系统自我生产和自我参照功能的全面分析的基础上，鲁曼进一步说明了他的"沟通"、"意义"、"区别"及"演化"等重要概念群。鲁曼就是这样建构了他的自我生产和自我参照系统社会理论。

（6）多学科整合与比较研究方法

对于鲁曼的这些新的概念群，不只是要正确理解这些概念的特殊内容，而且还要从多学科，即从哲学、人文社会科学和自然科学综合分析比较的观点和方法去理解。单纯限定在传统社会学的范围内不仅不能正确理解它们，而且还会导致各种误解和扭曲。

多学科**整合**与多学科**相互比较**是相辅相成的，实现其中的任何一个面向，都意味着同时地和相应地进行另一个面向。鲁曼社会系统理论的整个架构以及它的各个重要概念，都是在哲学、社会科学和人文科学各学科的视野交叉场域中加以观察和展开的。

他的社会理论，在某种意义上说，充分表现了德国社会理论和哲学理论的传统特征——集中地围绕着“意义”和“沟通”而创建新的社会系统理论。但他是在吸收和发展现代生物科学及物理科学中的系统理论和演化理论的基础上，以新的观点和方法，特别是关于系统“**自我生产**”的基本观点，将社会的沟通系统纳入到系统性的信息处理程序过程中去。因此，要深入把握鲁曼的系统理论，不能不回顾和分析包括生物科学在内的整个自然科学有关系统论的研究过程，同时又要考虑到他的特殊概念的高度抽象性。鲁曼成功地将生物科学、物理科学和化学等自然科学领域中的现代系统论研究成果，运用到社会和人类历史发展的研究中去。在鲁曼看来，由于所谓的“社会实在”都是组织在社会系统之中，就好像各个社会系统都在整个世界之中一样，所以有关社会系统的理论，构成整个世界和其中的各社会系统的“一般系统理论”的一个组成部分，只是在循环、段落和社会互动过程等各个方面，社会系统理论要集中地分析社会系统所特有的性质。

在鲁曼社会系统理论之前及其形成过程中，德国及整个欧洲反复展开了有关自然科学、人文社会科学和哲学方法论的激烈争论。鲁曼对于其中所争论的各个重要问题，都给予了高度重视。这场漫长的争论涉及鲁曼社会系统理论所采用的许多关键概念，例如“时间”、“主体”、“客体”、“历史”、“意识”，等等。其中，以“时间”为例，它是鲁曼社会系统理论的关键概念，在理解鲁曼社会系统、行动及其相关基本性质方面，具有决定性意义。但它涉及物理学、心理学、历史学、哲学等多学科领域。以牛顿力学为支柱的近代物理学和传统社会学，都只看到时间的直线单向性，并由此导出一系列相关的时间观念，包括“连续性”、“不可逆转性”、“前后延续性”等等。在近半个多世纪的争论中，量子力学、相对论、生命科学、哲学、人类学等多学科，都提出了崭新的“时间”概念，替代了原有的传统时间概念。鲁曼将最新的时间概念运用于社会系统理论，才呈现出鲁曼社会系统理论的特色。

鲁曼的许多关键概念及其整个系统理论，都以广阔的视野和多面向的理论基础作为根基，包含和浓缩了历史、文化和思想的沉淀结晶。就以他的“自我生产”概念而言，如果没有或缺乏人文社会科学基础，缺乏历史和文化视野，就很难把握其深邃意蕴。“生产”的意义是双关性的：一方面是普通所说的“生产”（Production），另一方面又是“制作”或“制做”，来自古希腊和拉丁文 poïein，强调创造产品（oeuvre）的活动，特别是**创造精神产品的制作活动**。因此，诗歌作为人类精神创造活动的最优秀产品，才有资格被称为 poesie。就是因为这样，“诗歌”就成为文学创作中唯一以“精神创作”（poein）为词根的特殊“创造活动”（Creation）。法国思想家和作家瓦莱里（Paul Valéry，1871—1945）在谈到诗歌和“创作”时，深有感触地说：“你们知道，在‘诗歌’这个词底下可以辨认出两个完全不同，然而又在一定程度上相互关联的东西：它的第一个意义，是指一种建立在语言基础上的特殊艺术；但诗歌也包含一种更一般、更广泛及更难以界定的意义，因为它更加含糊不清，标示某种既承受，又生产的状态。”（Valéry，P. 1986：1387）鲁曼的自我生产就是指社会系统的生命创造活动，隐含了非常复杂、然而又具有自我区别和相互关联的循环性和重叠性的过程。对于这一切，只有在思想上装备着丰富而又广阔的知识基础以及经验能力，才能有所理解。

鲁曼自己一再强调，他的社会系统理论是为那些具有类似理解和反省能力的人们而创作的。他的创作风格和环绕着这一切的精神氛围或“光环”，只有具备相当丰富的人文社会科学基础和多学科视野的人，才能体会和把握。广泛的人文社会科学基础和多学科整合的态度，不仅有助于深入理解鲁曼的社会系统理论，而且也将引导人们在阅读和反省的过程中，继续进行再生产和再创造，以便从鲁曼的著作中重新出发。人文社会科学基础和多学科整合提供了最大的潜在能力和发展前景，创造了可以供人们反复迂回、重叠反思和多面向创造的空间和场域。

(7) 系统理论语言的反思性

在理解鲁曼社会系统理论各主要概念时，还要学会**反思地阅读与再生产**鲁曼的理论**语言**和**概念**。如同当代其他许多社会理论家一样，鲁曼不但创造了一系列新的语言论述系统，创造了许多新的概念，同传统语言论述有根本的区别，而且，鲁曼也通过语言本身的独特特征，在严格地区分语言系统同心理系统、个人系统、沟通系统、逻辑思考系统以及社会系统的基础上，反复强调他的社会系统论中所使用的语言的反思性，并强调**语言与语义**（Semantik；Semantics）在社会系统运作中的重要意义。

在鲁曼看来，语言本身就构成一个复杂的自我生产的符号系统。没有沟通，社会系统就不会存在和运作。社会系统内的沟通，是社会系统本身为了处理其与环境的复杂关系，为了更好地进行社会系统内自我参照和自我生产的目的不断发生的。由于沟通也是在自我参照中进行的，所以，社会系统内的任何沟通也都具有自我生产性质。正如鲁曼所说，沟通是在沟通中不断产生和不断更新的。社会沟通所采用的各种符号和密码，随着沟通的不同目的和过程而发生变化。这种变化又是随着社会系统同其环境的复杂关系，随着它的简单化程序而显示出自身的特征。而语言是在特定时间内具有固定结构的意义储存器。语言的存在及运作使整个社会以及社会的各个层面、各个次系统，都得以在沟通中不断地自我生产。人就是通过所使用的语义来形成他们之间沟通中所要传达的意义。**语义在这个层面上就是意义的运作形式**。所以，**通过语言而保留或储存的社会系统内所进行的交互关联形式，就是语义**。因此，当任何一个人，不得不使用语言去分析各种复杂的系统的时候，就免不了发生一种以语言系统替代或化约其他系统的通病。

由于各个社会系统内的交互关联过程就是对于各种可能性的选择，所以，语义的产生、使用和继承过程，实际上又是整个社会系统以及其各个次系统相互观照的结果，也是这些社会系统进行自我生产和自我参照的记录，同时还是事物、社会和时间形式中所呈现的社会演化过程的缩影。语义在鲁曼的社会系统理论中所表现的上述特征，表明鲁曼也把语义的选择、使用、演变、再生产等过程，紧密地同社会系统演化过程中所发生的各种事件和可能性联系在一起。

语义同社会系统演化在社会系统理论叙述中的紧密关系，表明鲁曼很重视语言及其语义的反思性和潜在变动性。语义是在社会系统的沟通中被交换、使用、观照和对比的，因此，它始终具有可变动性，是一种在时间多面向展现中具有多维度结构的形式。时间是语义延伸及转变的条件，也是其暂时稳定的居所。由于时间在鲁曼的社会系统理论中也呈现多向变动可能性，所以，**语义成为社会系统演化向多面向发展的渠道**。

为此，鲁曼一方面以他所创造的特殊概念语词而设法使语言使用所产生的各种复杂问题简单化，另一方面他又反复提醒读者对社会系统理论的任何语言论述进行反思。

其实，任何一种语言系统都具有自我生产的性质。但是，各种语言系统的自我生产性又有所不同。语言系统的自我生产性决定于该系统内各因素间的相互关系和沟通状况，在这点上，即使是语言的使用者也难以有能力完全控制。所以，各种语言论述一旦作为系统而存在，就会发生由该系统所决定的自我生产过程。在这个意义上说，任何语言论述系统都具有自我反思性。显然，在这里，所谓语言的反思性，指的是，一方面，这些语言概念具有自我生产和自我参照性质，通过其各个构成因素之间相互关系的变化，语言系统本身也发生了一系列变化；另一方面，读者在阅读和思考它们时，还要进行反复的和必要的反思，不但要反思其内容，还要反思其与所指涉的意义之间的关系。鲁曼不同于其他社会理论家的地方，就在于他自己已经意识到其本身所使用的特殊语言论述系统，将会以其自身的自我生产性、自我参照性和自律性而不断再生产，构成一种具有其独立系统生命的语言论述而存在，并在社会沟通中发生其特有的效果。正是考虑到这一点，鲁曼使用了独特的概念语词，使他的社会系统理论能借助于其独特语言系统的自我生产性而在读者中产生必要的反响。使用“一看就懂”的语词，并不是鲁曼建构社会系统理论的目的。他所期望的，是通过其所使用的特殊语词和论述系统，能够在读者的沟通中产生一种不断自我生产的效果，就如同进行一种沟通中的选择程序那样，使读者在收到的语言结构系统中，理解其中隐含的意义，并使这些意义产生自我更新和增殖。通过语言本身的自我生产性，鲁曼试图使读者理解同语言系统一样极端复杂的社会系统的特征，尤其理解社会系统和语言系统一样具有复杂的自我参照性。

鲁曼特别注意到语义学（semantics）和社会结构之间的区别及其吊诡性。所以，在鲁曼所进行的现代性的社会学分析中，他首先将社会结构同语义学因素加以区别。他说：“我在现代社会中所进行的现代性分析，是从将社会结构同语义学因素相区别开始着手的。”（Luhmann，N. 1998：1）任何一位社会学家，当他在一个特定的社会内对于该社会结构进行描述、分析和探索时，他所采用的语言实际上已经是该社会结构的一部分。所以，社会学家所使用的语言及其特定意义，本是该社会结构对于该社会学家施展影响的产物。反过来，社会学家所采用的语言及其意义，又是社会学家试图跳出社会结构约束而从事“客观”观察的语言表现。对于社会学家来说，要清醒地意识到自身使用语言意义的多层次性。这意思是说，社会学家的语言意义，容纳着多层次的社会结构和同样多层次的社会学家观察位阶。社会学家同社会结构的相互关系的复杂性，使他无法完全清醒地区别出其自身所使用的语言意义的层次性及其位阶。同时，在语言使用中，社会结构系统及其环境的极端复杂性势必导致多种吊诡性。既然社会学家本身已经有可能在其语言运用中失去方向，甚至有可能在其反思时也出现缺陷，那么，对于社会理论的读者来说，这种语言反思过程就更具有一定程度的冒险性。

传统理性主义总是将吊诡性当成异常。随着现代科学技术的发展，吊诡性已经越来越成为科学界注意研究的主要课题。在哲学领域内，英国哲学家罗素早在20世纪初就观察到语言吊诡性的重要性，并对它进行了独具特色的研究。后来，语言哲学承续罗素的研究方向和方法，对语言吊诡性问题做出了深刻的分析。

鲁曼社会系统理论的许多基本概念，诸如系统、功能、反思、意义、选择、复杂性、世界、偶然性、演化和沟通等等，虽然相互之间具有特定的理论和逻辑上的关系，但又同时各自具有明显的独立性，甚至在他的整个社会系统理论论述的各个部分中，这些概念的内容和性质都有可能发生重大变化。由此看来，鲁曼的系统论中各种基本概念，原则上都是相互独立的，而他们之间的相互联系依据在不同系统中的状况而有所区别。鲁曼的基本概念所表现的上述基本特征，要求读者清醒地估计到概念使用的领域和环境。他的每一个概念，都有一个主要的运用和发挥的领域，在这个领域中所表现的概念基本特征是主要的；当他的概念在其主要领域之外被运用而同其他领域中的主要概念发生关系时，这些概念的意义和性质就要随着该领域主要概念的意义来确定。

鲁曼的各种基本概念在很大程度上表现出“相对性”（relativity）和“相关性”（relationality）的特征。这些性质必须同鲁曼社会系统理论的反思性联系在一起加以分析。鲁曼的社会系统理论同他同时代的其他创新性社会理论一样，具有特别明显的反思性质。本书后一部分将专门探讨鲁曼社会系统理论与他同时代其他社会理论的比较关系，并将在那里更深入分析他的理论的反思性质。反思性不仅表现为该理论体系各概念之间的相互关联性，而且还表现为理论本身的自我参照与自我生产，表现为理论内部各概念间的关系的灵活性和伸缩性。反思性体现了现代社会理论和它所研究的社会对象之间保持着一定的距离，并在这种距离中使理论有可能进行迂回和循环论证，避免传统理论那种逻辑封闭性和自我满足性，让理论不仅同其研究对象保持互动的源生关系，而且产生互为启发的效果。这样的新型社会理论并不追求理论体系的完满性或绝对性，也不打算声称自身的绝对真理性。它所在乎的，是理论的不断自我批判和自我翻转，并在翻转中重新检验原有理论及其概念的正当性，使理论及其概念在实际应用中，一方面继续保持同实际社会的距离，另一方面又加深理论本身的深度和广度，不断翻新理论的内容与架构。因此，具有反思性的社会系统理论并不打算建构完满的体系，也不打算寻求最终的“终极真理”，更不打算建构自我同一或与其对象相同一的逻辑架构。它所在乎的反倒是永远在一定距离中进行对于社会的观察，并时时警惕使自身从观察的各种层阶中跳脱出来，沿着观察的不同层阶，清理出符合各个系统的观察成果。

在鲁曼的社会系统理论中的各种概念，其意义就是在其相应的概念系统中保持着。这种维持在一定概念系统中的概念意义，在与其他概念的互动和沟通中，会不断产生新的意义，从而实现概念之间的“沟通中的沟通”，也实现在沟通中生产新的意义的功能。正如鲁曼自己所说，每个概念都有其“时段性”。也就是说，它们的意义或在整个理论体系中的地位随不同的状况而改变：在一些情况下，功能概念是重要的；在另一些时候，“系统—环境”概念是重要的；还有的时候，运作和观察的差异是很重要的。（Luhmann, N. 1987g：128）在一定理论体系中的概念沟通与互动，使这些概念具有自身的生命力，并在自我参照中适当变更或增殖其意义。

所谓相对性，指的是鲁曼语词概念从不以达到最高完满性为目标。既然他的社会系统理论是反思的，它就不仅表现为自身的反思性，而且对于任何读者来说，都容许具有其独特的自我指涉的含义，在对于不同社会现象的分析和观察中表现出不同的理论效果。在这方面，鲁曼的**观察**概念所呈现的特殊意义，对于我们正确理解他的概念及其理论的相对性是很重要的。观察的差异性使任何一个概念的意义都会有所差异。鲁曼并不要求所有的读者都从他的社会系统理论中得出相同的意义理解，也不要求所有的读者都以同等程度掌握和应用他的理论。**相对性**在这种意义下**就是差异性**，就是一方面容许理论及其读者有自身的陈述方式和理解模式，另一方面根据不同理论叙述和应用环境而容许理论自身具有不同的被理解含义及被应用维度。

所谓相关性指的是他的概念语词与他的其他概念语词的关联性。相关性本身再次体现了社会系统理论有其独特的体系，并要求其概念意义及应用范围各自具有严谨的相互关联性。在这种情况下，鲁曼的任何一个概念的意义以及对于它们的理解，都必须放在它和其他概念的相互关联的网络之中。孤立地观察或理解他的任何一个概念，都会产生片面性。

鲁曼理论及其概念的相对性和相关性，是建立在他对于传统本体论、方法论和认识论的批判的基础上。他与同时代其他的社会理论家相类似，不愿意重蹈传统理论的覆辙，更不愿意满足于依赖任何一种“终极原理”，也不愿意在有限的二元对立中使每个概念都“同一”到一个“逻辑原则”之中。相关性为鲁曼的理论及其概念提供了活动的空间，也为它们开辟了再生产的可能性。

第二章　鲁曼社会系统理论宏观分析

对于鲁曼社会系统理论的宏观分析，指的是两方面的探讨：**首先**，将鲁曼社会系统理论放在西方文化历史发展的时空脉络中进行考察，将它同以往传统系统论加以比较，研究它与传统系统论的理论关系，同时指明它在哪一方面超越了传统系统论，以便更深刻地抓住它的理论和方法论上的特点；**其次**，对鲁曼社会系统理论的整体理论架构及其特征进行总的分析，就整体结构探讨其基本范畴、概念及它们的相互关系，抓住关键所在。所有这些，为的是从一开始便清楚地把握鲁曼系统论的基本内容。

对于像鲁曼系统论这样复杂而抽象的理论体系，在深入掌握其详细内容以前，必须首先大体上了解其整体特征，在此基础上才不至于被其种种标新立异的概念及其相应的论述方式所迷惑。同时，只有先从整体宏观方面去分析，才有可能进一步对它进行微观的个别分析。最后，又有必要再从整体角度总结和概括已经被分析的各个具体环节，在更高的程度上总的把握鲁曼社会系统理论的要旨。这就是上文已经提出过的“从抽象到具体再到抽象”的分析方法，这是马克思在《资本论》中分析极其复杂的资本主义社会时所采用的基本方法，是我们分析极其复杂的鲁曼社会系统理论时值得作为参考的科学方法。

鲁曼的社会系统理论虽然与以往的任何系统理论有本质的区别，但其中有关系统的某些因素以及对于系统的分析，仍然包含着传统系统理论的一些特点。对于鲁曼的社会系统理论的研究显示：关于**系统**与其**环境**的相互关系以及系统内各因素的相互关系，鲁曼是吸收了许多历史研究成果，特别是近五十年来的学术研究成果。这些理论成果，不仅包括传统社会学理论对于系统的研究，也包括政治学、经济学、心理学、语言学、人类学、哲学、历史学以及其他人文社会科学领域的各种研究，同时也包括近半个世纪以来发生于人文社会科学界的方法论争论及其影响。有些人在强调鲁曼社会系统理论的特殊性时，片面地忽视了它同传统系统理论的关系，也忽视了对于鲁曼系统观点的历史考察，以为孤立地研究鲁曼系统理论就可以直接地了解它的性质和特征。同时，还有许多人并不重视从人文社会科学各学科整合的观点去了解鲁曼系统论，其结果，或者是将鲁曼系统论同它的科际整合观点相脱离，或者是只单纯从社会学的角度去观察。殊不知，脱离了它与传统系统观的历史比较，就等于堵塞了它的逻辑根源，无从了解其理论特性。须知鲁曼是在反复消化历史上各种系统观之后，才有可能创造性地总结现代科学的系统观而提出其颇有特色的系统论。如前所述，鲁曼不论在从事其社会学研究时，还是在全面探讨社会文化问题时，都非常重视历代人文社会科学和自然科学的研究成果；他有着极其广泛而扎实的知识基础，对于人类社会和文化的各种历史经验，都设法给予重视。如果把鲁曼单纯看做一位传统的社会学家的话，那就大错特错了。

第一节　系统理论的典范转换

鲁曼系统论和传统系统论的关系是非常复杂的。他对于传统系统论进行了根本的改造，抛弃了传统系统论的许多重要观点和方法，但他的这种做法本身，又是他吸收了传统系统论历史研究成果的直接结果。传统系统论在其发展中所遇到的问题和困境，也直接对鲁曼系统论产生了催产的效果。有关鲁曼社会系统理论和传统各种系统理论之间的关系，拙著《当代社会理论》第四篇第十四章已经较为详细而系统地加以论述，此处不再赘述。

作为鲁曼社会系统理论前身的**传统一般系统理论**，可以从**自然科学和人文社会科学两个层面**加以分类。

总的来讲，当代整个系统理论当然首先是从自然科学的系统理论发展而来的。所以，最早研究社会系统理论发展史的巴克利（Walter Buckley，1922—2006）认为，社会科学中的系统理论都是搬用“硬”科学（hard science），也就是自然科学的系统理论。（Buckley，W. 1967）但是，巴克利忽略了整个人类文化发展史上系统观的全面形成和演变过程，至少他忽略了哲学的和形而上学的系统观从一开始对于整体系统理论发展所做出的决定性贡献。因此，本书除了概略地探讨鲁曼社会系统理论与自然科学系统论的关系以外，更试图集中地从人文社会科学中的系统观演变史的角度，考察鲁曼社会系统论的历史渊源，以便更全面地分析和评论鲁曼的社会系统理论。

西方传统系统论的演变，从历史发展的宏观过程来看，基本上经历了三大阶段：**几何学系统模式、物理学系统模式以及生物学系统模式**。而这些系统模式的提出，是同西方思想模式的转换密切相关的。在西方思想发展史上，从古希腊到中世纪，人们所采用的思想模式基本上是“几何学式”。只有到了文艺复兴、宗教改革和启蒙运动以后，人们才随着自然科学的兴起与传播而逐步采用物理学模式。物理学的系统模式在西方思想和认识史上大约统治了近五百年，一直到20世纪中叶当代生化科学兴起和发展，才被生物学系统模式所取代。拙著《当代社会理论》所分析的各种传统系统理论，也可以概括成以上三大模式。所谓几何学系统模式，指的是从最早的古希腊时期到中世纪为止的系统理论。这种**几何学系统模式，主要是将被观察和分析的世界及各种对象，理解成某种由相互的、对称的或可逆的关系所构成的均质的和对称的空间结构。所谓物理学系统模式，指的是以数学演绎为基础，将被观察的世界或对象理解成某种可以靠准确的数学方法描述或分析的静态稳定结构**。这是从文艺复兴和启蒙运动以来各近现代科学所通用的系统模式，其最典型的代表是牛顿（Isaac Newton，1642—1727）古典物理学的系统模式。直到20世纪上半叶，上述物理学系统模式基本上统治着整个自然科学领域，也严重地影响了当代社会科学的系统思考模式。只是到了20世纪中叶，随着自然科学的许多最新发现的催促，特别是最新生物化学关于生命的研究成果，一种生物学系统模式才逐渐显露出理论威力。**按照这种生物学系统模式，生命现象的运作和更新是无法靠普遍有效的物理化学过程的稳定性规则加以说明的。生物学系统模式所强调的，是事物和整个世界结构中的内在因素之间的相互关系。这种关系的形成及其运作，不是由系统之外的其他因素决定的，而是以系统内部各因素间的相互关系作为基础。**这样一来，系统就不是单纯以统一体内部的整体关系网络作为其活动根据，而是以系统内生命维持及更新的需要为主要考虑因素，将系统内各因素相互关系的运作当成最重要的生命动力，而将系统外部的各种环境及其变化当成一系列推动系统统一体生命再生产和自我更新的参照基础。

对于鲁曼社会系统理论发生重大影响的当代自然科学系统论：（1）宏观天体系统模式，（2）基本粒子微观系统模式，（3）机械系统模式，（4）生命系统模式，以及（5）信息系统模式。在上述五大方面，当代系统理论都有突出的成果，而其成果的基本点，就是肯定一切系统，不管是宏观天体系统，还是基本粒子微观系统或普通时空结构中的系统，都具有不同程度的自我生产性和自我参照能力。所有这一切，都强调了系统的生命特征。也就是说，系统归根结底就是某种生命统一体，是具有自我生产和自我参照能力的统一整体单位。鲁曼的社会系统理论的形成，正是将当代系统论的这个最根本的成果加以集中的一个理论结果。

（1）宏观天体系统模式

早在1798年，法国天文学家拉普拉斯（Pierre Simon de Laplace，1749—1827）就已经根据牛顿引力理论做出预言：一个直径比太阳大二百五十倍、密度与地球相当的恒星，其“引力场”就足以吸引它自身发出的光，从而使它自身成为看不见的天体。1939年，美国物理学家奥本海默（Robert Jacob Oppenheimer，1904—1967）等人，根据广义相对论推断：一个大质量天体，当它向外的辐射压力抵抗不住向内的引力时，会产生“塌缩”现象。当它塌缩至某一临界大小，便会形成一个封闭的边界，称之为“视界”（Horizon），这就是黑洞的边界。物理学家认为，在视界之外的物质和辐射可以进入视界之内，但视界之内的物质和辐射却不能跑到外面。这样的天体就是黑洞。但是由于黑洞的探测十分困难，这个预言后来几乎被遗忘。只是到了1967年发现脉冲星，并被天文学家确认为三十多年前预言的中子星之后，人们才开始认识到原来不可思议的超密度物质是可能存在的。至80年代末，已经找到的几个最有可能的黑洞，是天鹅座X－1（X射线源）、天琴座β和御夫座ε等。

现代天体演化学认为，恒星演化的晚期将形成致密的中子星。如果星体质量是太阳质量的三点二倍，它就将继续收缩成密度比中子星更大的黑洞。

黑洞不是绝对的“黑”。1974年英国理论物理学家霍金（Stephen W. Hawking，1942—　）认为，黑洞周围空间中的量子涨落，将产生正反粒子对，其中负能粒子可能穿过视界被黑洞吸收，而正能粒子将逸出，形成黑洞的自发辐射。它将以“热辐射”的形式“蒸发”，甚至出现激烈的爆发。黑洞的形成过程和恒星、星系以及宇宙的演化密切相关，因此其研究成果将直接促进天文学和宇宙学的发展。由于黑洞不再是物质演化的终点，它有可能转化为其他的物质形式，这就有可能进一步论证吸引和排斥的对立统一以及物质在不断转换中发展的科学辩证思想。

由此可见，**在宏观天体系统模式方面，当代天文学和宇宙科学主要是发现了宇宙无限时空中具有超质量的中子星和黑洞的新结构，并从中看到，超高密度的中子星所具有的超高质量，由于远远地超出通常时空中的物质质量，有可能形成无限强大的吸力，以至将“光”这样在通常情况下具有最高速度的物质也全部地吸收进去，造成通常时空中所没有的“黑洞”（Black Hole）的存在现象。黑洞作为广义相对论所预言的一种特殊天体，具有极强的引力，以至于任何物质和辐射都不能外逸**。当代天体物理学在研究黑洞方面所取得的成果，大大地推进了有关系统的研究理论，以至于科学家由此普遍地认为，像黑洞那样具有极密质量的超大型的宏观天体，有可能就是一种新型的自我生产和自我参照系统。它的自我生产和自我参照性质，无疑是决定于它的系统内部所固有的特殊组织，决定于它的独特生命组织。

“黑洞”实际上表现为超高质量和超高密度的结构，但它却可以在一定条件下，转化成与通常状况完全相反的存在形式，即表现为一种“虚无”、一种像黑洞那样的“非存在”。有趣的是，科学界同样也发现：正是在黑洞存在的超密度时空中，一种被称为“白洞”（White Hole）的超高亮度和超高质量的奇怪“物质”也可能共时地并存和出现。这就说明，在“黑洞”存在的时空中，往往可以同时存在“白洞”。物质从有到无，又从无到有，其中最重要的条件，是其质量和密度两方面朝向两极的变化；当其两极化的间隔达到无限大的时候，物质可以转化为“非物质”，转化为无限大质量的新物质。接着，它却又因其具有无限大质量而达到所谓“临界点”，因此而又迅速转化成为“虚无”；只是这个虚无并非通常情况下的“虚无”，而是一种具有超高质量和超高密度的“过量”物质。这种宏观天体系统模式及其各种复杂的转化形式向我们表明：即使在宏观超时空结构中，也存在系统的自我生产性和自我参照性；而且，其自我生产性和自我参照性保证了宏观无限大系统的自我生产和不断更新。

自从20世纪60年代中期苏联科学家诺维柯夫（I. D. Nowikof，1935—　）和尼曼（Y. Néeman，1925—2006）各自独立提出白洞理论之后，广义相对论又有新的发展。根据广义相对论的说法，**白洞与黑洞之间有着明显的联系，它甚至可以看成是黑洞的时间反演**。当一个球形天体半径收缩到引力半径以内，就要一直收缩下去，最后落到中心奇点上，这就是黑洞；而如果半径小于其引力半径的球形天体，开始时向外膨胀，中心奇点周围的高密度物质向外喷射，这种反塌缩过程就是白洞。白洞内中心奇点的物质中，可能包含各种基本粒子，甚至引力子。起初，这些粒子处于某种平衡中。随着膨胀的进行，物质密度不断减少，当达到某一阶段时，就可能引起“核子—反核子对”的复合以及超子和介子的衰变等，并将各种高能粒子、光子、中微子发射出来。这些粒子连续地注入白洞周围的介质中，又将引起次级发射。由于白洞周围具有很强的引力场，它把附近的尘埃、气体和辐射吸引到边界上来，产生很高的加速度，从而与从白洞内高速向外喷射的物质微粒相碰撞，产生巨大的能量辐射。X 射线、宇宙射线、射电爆发及双射电源等高能现象，都可看成是白洞与其周围吸积物质相互作用的结果。用白洞模型解释宇宙背景 X 射线和 γ 射线的来源，也得到了与观测结果相近的能谱。白洞内膨胀物质所发出的辐射具有紫移特征，尤其在最初膨胀阶段，这种紫移表现得特别明显。对于白洞的起源问题，天文学家尚在讨论中。有人认为，白洞内的超密物质由引力塌缩形成黑洞时获得，它们经过某种内部的矛盾运动转变成膨胀状态，而又从中心奇点向外抛射出来。另外更流行的看法，是认为白洞来源于整个宇宙的大爆炸。当宇宙由超高密度爆炸时，由于爆炸的不均匀性，有些超密度物质在抛出后仍处于奇点状态，它们可以等待一定的时间以后才开始膨胀和爆发，而成为新的局部膨胀核心。有些核心的爆发时间已经延迟了 10^{10}年左右，它们一旦爆发就形成了今天所能观察到的类星体或其他高能天体，故白洞也被称为“延迟核”。白洞和黑洞等宇宙洞表现了宇宙物质运动的复杂性和多样性。同时，上述黑洞和白洞理论，进一步验证了有关生命系统理论的普遍性。不论是黑洞还是白洞，其基本活动及其生命维持和更新，都是以系统单位统一体内在因素相互关系的自我参照作为出发点。

当代天体物理学在宏观天体系统的观察和研究方面，并不局限于上述黑洞和白洞理论，它还直接关系到宏观天体体系的不断生产、自我扩展以及自我更新的过程。这是超大型系统的生命运动过程，也是系统实现自我生产和自我参照的重要典范。

2000 年 8 月在英国曼彻斯特举办的国际天文学研讨会，展现了天体物理学家研究超大型宏观天体运动的最新成果。在这场研讨会上，瑞士天文学家迈约尔（Michel Mayor，1942—　）发表了他和他的同事格洛（Didier Queloz，1966—　）观察太阳系外行星（Extrasolar Planets）系统生命现象的研究报告。这是近几年来研究生命起源及其演化过程的一个重要组成部分，将有助于证实和验证有关生命系统论的有效性及其普遍性的程度和范围。整个宇宙大系统大约存在着成万亿的类似银河系的星体系统，而太阳系又不过是银河系中成千亿恒星中的一个罢了。由此可见，太阳系之外的恒星及其行星系统的存在是非常可能的。迈约尔和格洛于 1995 年发现了太阳系外 Pegase 星团中的一个恒星 Pegasi 51 的射线辐射速度有重大变化。根据测量的结果，造成这个变化的主要原因是该恒星外环绕着相当于太阳系的木星的一个特殊行星。

上述对于太阳系外行星系统的研究是同对于宇宙宏观系统中生命现象的研究紧密地结合在一起的。对于宏观天体系统的研究同对于生命的研究的高度结合，清楚地表明了当代系统研究所表现的基本特征。任何宏观天体系统研究都脱离不开对于生命系统的研究。换句话说，在宏观天体系统的研究中，必须同时进行生命系统的研究；反过来，只有开展对于生命系统的研究，只有以生命系统作为基本模式，才能深入进行对于宏观天体系统的研究。生命系统模式中所显示的自我生产和自我参照特征，也是宏观天体系统的一个重要特征。如上所述，当代系统论的重大成果，就是实现了从物理学系统模式向生物学系统模式的转化。对于像天体系统那样的宏观体系的观察和研究，如果要有所突破的话，就必须脱离传统物理学系统模式的约束，不满足于原有物理学系统模式的框架及其描述逻辑，而把宏观天体系统当成具有自我生产和自我参照能力的生命统一体。只不过，宏观天体系统既不同于通常生命单位，也不同于微观生命系统；它具有其特殊的宏观系统运作逻辑，同时又具有独特的宏观系统的自我生产和自我参照程序。当代天体物理学家在这方面的一系列重大发现，有助于揭示宏观天体系统的生命统一体的自我生产和自我参照特征。

(2) 基本粒子微观系统模式

凡是在宏观天体存在形式中所发生的各种事情，也同样可以在量子等基本粒子的微观存在时空结构中重演，只是采取了另一种表现形式，并具有其独特的特征罢了。丹麦物理学家玻尔（Niels Henrik David Bohr，1885—

1962）早在1913年便指出：在微观世界中，在物体大、运动范围广（相当于量子数很大）的极限情况下，微观运动规律应该趋近于宏观运动规律。因此，两种运动规律之间应当具有相互对应的关系。量子力学近半个多世纪的长足进展，揭示了许多属于微观世界的鲜为人知的事实，彻底改变了人们对于世界的总看法。值得玩味的是，这些新成果在很大程度上都同对于微观世界中系统功能的新发现有密切关系。

如果说宏观系统的某些基本原则也适用于微观系统的话，那么，反过来，量子力学的规律运用于宏观物体以及质量和能量相当大的粒子时，也能得出经典力学的类似结论。在解决原子核和基本粒子的某些问题时，必须将量子力学同狭义相对论结合起来。1928年狄拉克（Paul Adrien Maurice Dirac，1902—1984）推广了量子力学的原理，使之适合相对论，建立了相对论量子力学，然后又逐步发展成为量子场论。这一成就有助于将微观系统同宏观系统结合起来，并从中观察出许多有关新的生命系统运作逻辑的特征。

从现代的量子论观点来看，一切物质实际上就是能量的某种形式。世界上存在的一切，无非是各种各样的能量状态。量子力学奠基人德国物理学家普朗克（Max Planck，1858—1947）早在1900年12月4日做出的有关辐射定律的推导报告中就指出：**所谓“量子”就是微观世界中不连续变化的物理量所取的相邻两个分立值之差**。普朗克认为，自然界存在着不连续的量子现象，原子振子仅按一定分量（量子）发射能量，而每个能量量子的大小为hv，其中h为普朗克常数，v为辐射的频率。普朗克所提出的**能量不连续概念**，是20世纪物理学最具有革命性的新观念，对于更深入和全面地理解世界上各种不同系统的物质现象，特别是对于极其复杂的生命系统，具有重要意义。

过去，在很长的时期内，哲学家和科学家都认为一切自然过程都是连续的。因此，一切经典科学研究都以此作为其基本理论的思想基础。德国哲学家和科学家、微积分的发明者之一莱布尼兹（Gottfried Wilhelm Leibniz，1646—1716）曾经说过：“自然界没有飞跃。”这也就是说，自然界是由各种各样连续地存在的系统而构成的统一世界。他认为任何一个给定状态，只能以紧接在它之前的那个状态来解释。如果对这一点都要提出疑问的话，那么世界将会出现许多间隙，那就会迫使我们去乞求奇迹或机遇来解释自然现象了。莱布尼兹的这条“连续性原理”自提出以来，一直被学者们所推崇，并以各种方式重复，似乎间断性是同科学格格不入的。普朗克的发现打破了这个不全面的预设，同时也给爱因斯坦（Albert Einstein，1879—1955）提供了深刻的启示。爱因斯坦在他的《关于光产生和转化的一个启示性观点》（1905 年）一文中认为，**要使物理学和整个自然科学实现一场新的革命，关键就是处理连续性和间断性的关系**。爱因斯坦认为，量子假设的发现“成为 20 世纪整个物理学研究的基础”（《爱因斯坦文集》）。能量分化为量子（所谓量子化）的现象，只是一个例子而已。其他物理量，如动量矩等也是量子化的。此外，有时也将同某种场连续在一起的基本粒子称为这一场的量子，例如电子场的量子是光子。每种量子的数值都很小，它在较大物体的运动中量子化不发生显著影响，各量子犹如能连续变化一样。但对电子、原子等的微观运动来说，这种量子化效应则不能忽略。

量子力学的上述成果，为世界上存在的各种各样不同系统之间的复杂关系，做出了最生动的描述。量子力学这门学科本身的发展过程，生动地体现了微观世界各种系统复杂存在形式的多样性。对于像生命系统这样极其复杂的系统性单位统一体，不应该僵化地搬用几何学系统模式和物理学系统模式，因为上述两种系统模式把系统运作的规则简单地化约为稳定的直线式因果关系。任何生命系统都不会是简单的统一有机体，也不会遵循着简单的物理化学规则，同样也不会简单地重复着单线因果逻辑关系的化约规律。

20 世纪 20 年代，量子力学是通过两条途径发展起来的。这对后来新的系统论的发展也是一个重要的参考。第一条途径就是在爱因斯坦思想影响下发展出来的，从光量子假说到物质波理论，致使薛定谔（Erwin Schrödinger，1887—1961）在 1926 年提出波动力学（Wave Mechanics）；另一条途径是在玻尔影响下由海森伯（Werner Karl Heisenberg，1901—1976）等人所提出的矩阵力学（Metrix Mechanics）。这两方面表明微观世界的波粒二象性，其中的任何一方面都不能加以夸大，而是应该相互补充，以说明微观世界的复杂性及其自我生产性和自我参照性。实际上，薛定谔和狄拉克（Paul Dirac，1902—1984）也先后证明了上述两者的等价性及其普遍相互转换的可能性。德国物理学家玻恩（Max Born，1882—1970）正确地指出：电子的形状具有颗粒性，但电子没有固定的轨道，因此它们的分布具有波动性。他指出，在光的衍射图样中，光在各处的强度是不同的。量子的波粒二象性，并不简单地意味着量子的基本结构就是波状和粒子的简单机械的组合。玻恩认为，电子的形状具有颗粒性，但电子没有固定的轨道，它们的分布呈现为波动性。所以，入射到空间某一点的光子数，与同一点上的光振动的振幅的平方成正比。电子衍射图样与光衍射图样是相类似的；所以，物质波的强度同波函数的平方成正比，电子的数目同波函数的平方成正比，这也意味着电子在某一处出现的几率同波函数的平方成正比。由此可见，**微观世界遵守着一种统计规律，人们不能说某个电子一定在什么地方出现，而只能说它在某处出现的几率有多大**。

微粒是不连续的，但微粒出现的**几率**却按波的方式连续传播。这个波不是什么实在的波，而是法国理论物理学家德布罗意（Louis-Victor，Duc de Broglie，1892—1987）的物质波。他说："粒子不能简单地取消。必须发现使粒子和波一致起来的途径。我在几率概念中发现了衔接的环节。"在经典物理学中，牛顿式的决定论占统治地位，认为当系统完全不受外界影响时，当初始条件能精确确定时，完全可以准确地预言质点在某时刻的状态。然而量子力学却认为，即使在这种情况下，我们也不能达到这个目的。他用一个故事来通俗地说明这个道理。假如让一个人用手枪射击他儿子头上的苹果，只要他有足够的技巧并认真地瞄准，他是能够达到目的的；但如果让他用 α 粒子去射击放在他儿子头上的一个氢原子，那么，即使他的技艺再高，瞄得再准，也无济于事，我们只能说命中目标的几率比较大，但究竟能否命中，最后决定于机遇。于是，他宣布：**在量子力学中，机遇是基本概念，统计规**

律是基本规律。物理学原理的方向发生了质的变化；**统计描述代替了严格的因果描述，非决定论的统治代替了决定论的统治**。从不连续概念到几率概念，表明生命系统运动及其运作逻辑的极端复杂性和不确定性，也表明生命系统运动的多向、多维度、多面向变化的多元可能性。生命系统的这种极度复杂性，不是随便任何一种机械运动、物理化学运动和单向因果系列逻辑所能说明和分析的。

机遇和几率概念在量子世界中具有决定性的意义。量子力学所提出的机遇和几率概念，也有助于全面正确理解各种各样系统的运作原则。**鲁曼高度重视微观世界的统计规律及其机遇和几率概念的重要意义。他认为这些新的概念有助于我们更正确理解世界上各种系统及其环境的复杂关系；而其中的机遇和几率概念更是我们全面理解系统及其环境相互关系的关键，因为由此可以看到：系统及其环境之间的复杂关系，是以其本身进行自我参照的调整原则作为基础的。机遇和几率概念构成微观系统内部自我参照运作原则的核心**。

但是，量子世界系统的机遇和几率概念，如同其他科学概念一样，并未穷尽微观世界系统的基本运作原则，尤其没有最后限定微观世界系统及其环境之间的复杂关系处理原则。1952 年美国理论物理学家玻姆（David Joseph Bohm，1917—1992）重新提出量子隐参数理论，有助于改进并补充上述哥本哈根学派关于机遇和几率的量子理论，对于多粒子系统量子理论的发展做出了重要贡献。玻姆认为，哥本哈根学派在发现了量子微观世界系统的不连续性及其运作几率性之后，过于仓促地绝对否定宏观世界系统的连续性和因果论。他强调薛定谔的波函数不仅是便于计算某些几率的数学符号，而且它代表一种实在的场。他指出，**几率波不能穷尽物质的波动性**。因此，仅就量子力学这一层级来讨论是不完备的。玻姆建议从两方面探讨和研究微观世界系统中各种运作原则及其复杂性。首先，他当然认为可以从某一个确定的微观世界层次，探讨该层次内系统及其环境的复杂关系，就如哥本哈根学派就量子世界系统所做的上述研究一样；但是，另一方面，玻姆还认为必须进入新的次量子层次，因为确定单个量子力学测量的新因素，在量子理论的范围内是找不到的。这就是说，既要从微观单个封闭系统内部的基本结构及其运作原则，又要从该系统及其周围环境的复杂相互关系来全面探讨，特别是要充分考虑到与该系统紧挨着相连接的次级层次系统的特点，把这一次级层次系统当成前一系统的环境，并详尽考察它们之间的复杂互动关系。玻姆指出："迄今为止，至少就物理学领域的研究而言，已经发现自然界中存在着各种事物所构成的一层层的层级系统。每一层级与较高各级的次级结构有关。反过来，每一层级的特征又依赖于背景中的一般条件；这个背景，部分由其他层级（包括较高的和较低的）决定，部分是由同一层级所决定。"（玻姆：《现代物理学的因果性与机遇》）

20 世纪 30 年代以前，人们知道的基本粒子只有**电子、质子、中子和光子**。但随着量子力学等微观物理学和化学的发展，目前已经发现的基本粒子已达三十多种；如果连同共振态粒子加在一起，就有三百多种。所谓**共振态粒子**，指的是那些半衰期短到 10^{-23} 秒的基本粒子。每一种基本粒子都有其确定的质量、电荷、自旋及平均寿命等性质。除了少数几个不会自动衰变外，大多数是不稳定的。它们往往在经历一定平均寿命后就转化为别种基本粒子。这种转化过程包含着最新系统论所论述的一系列有关自我生产和自我参照的复杂性质。

通常按基本粒子质量及其互动方式，将**基本粒子分为四大类：光子、轻子、介子和重子（重子又包含核子和超子）**。在微观世界中，值得注意的是，每种基本粒子都有其相应的**反粒子**，而基本粒子之间的互动方式，除了**万有引力**和**电磁互动**外，还有**弱互动**和**强互动**。在实际研究中，由于引力互动在微观世界中表现得非常微弱，因此几乎可以将它忽略不计。传递这四种互动方式的媒介分别是**引力子、光子、中间矢量玻色子**和 **π 介子**。基本粒子在互动中可以相互转化，如正负电子可转化为两个或三个光子。这些基本粒子在互动时，不仅遵守宏观物理学的某些**守恒定律（能量守恒、动量守恒、电荷守恒**以及**角动量守恒**定律等），而且还遵守新的定律，如**重子数守恒、轻子**

数守恒、同位旋守恒、奇异数守恒定律等。这些新的守恒定律，并不是在所有场合下都影响着一切基本粒子的互动，只是在不同的互动中，基本粒子的运动及其相互转化遵循着不同的守恒定律。例如，在弱互动时，同位旋、奇异数、宇称等就不守恒。

如同宏观系统一样，**守恒定律在某种程度上表现微观系统及其环境之间的复杂而相互牵制的关系**。它一方面表现各个微观系统本身具有其独特的性质及自律性，另一方面它们又同其环境之间存在着紧密不可分的能量转化关系。

从60年代末到70年代初，科学界在高能电子和高能中微子对质子的非弹性散射实验中，又发现质子内部还存在着彼此间几乎没有互动的**点状物**。这一发现说明强子内部还存在更基本的结构。此后，科学界相继假设"坂田模式"、"夸克模式"及"层子模式"等，试图对基本粒子做更深入的探索。自从1964年美国物理学家盖耳-曼（Murray Gell-Mann，1929—）提出强子是由夸克组成，并认为共有上夸克（u）、下夸克（d）和奇夸克（s）三种夸克以后，大量实验证明**夸克**是确实存在的。许多物理学家也接受关于基本粒子是由夸克组成的假设。70年代以后，共振态粒子的连续发现，以三夸克模型来解释复杂的强子状况已显得越来越不能成立，于是，夸克模式有了新的发展。夸克的种类除了上述u、d、s及其反夸克之外，又增加了粲夸克（c）、底夸克（b）、顶夸克（t）及其反夸克。此外，为了符合费密—狄拉克统计规律和泡利不兼容原理，人们又引入了"颜色"这个量子数，即红（R）、绿（G）、蓝（B）及其"反颜色"。根据高能物现象的理论分析，夸克的种类是有限的，最多不超过十六种。夸克模式推进了对于夸克的深入研究，也否定了基本粒子无结构和电荷e是最小单位等传统观点，说明基本粒子还可以再分割，还存在比基本粒子更基础的构成单位。

从基本粒子的上述状况，可以看出，世界上的物质及其存在形式是多种多样的，甚至是无限的。随着物质及其形式的变化，各个物质系统中所表现的性质以及系统与其环境的相互关系，也发生多种变化。但大量的观察和实验证明，基本粒子也不是物质分割的最后极限，它们并不是构成物质的最小单位。

总结以上量子力学的发展史以及微观系统与宏观系统的各种可能的复杂关系，我们可以看出：世界上的各种各样的系统，既有共同性，也有其各自的特殊性。鲁曼把微观和宏观系统的同一性和差异性加以全面考察，提出了系统与其环境之间的复杂关系**简单化原则**，并认为世界上各种各样的系统及其环境都按其层次具有自身的独特性质。同时，针对微观系统的上述特殊复杂性，我们又进一步看到系统在微观世界中的自我生产和自我参照特性。微观系统世界充满着不稳定性、不确定性、几率性、不连续性，同样也存在着具有其自身特色的规律性、连续性和相互关系网络。这对于深入了解鲁曼社会系统理论是非常有益的。

（3）机械系统模式

当代科学技术的革命将传统机械改造成为**自动控制系统**。**实际上，从控制论**（Cybernetics）**的角度来看，一切活动都可以化约成自动控制系统**。不管是机械运动，还是生物的生命活动，都可以看做是其各个组成部分之间的信息传送、相互平衡及相互协调的过程。自从控制论取得卓越的成果之后，几乎一切活动都可以以控制论的数学公式加以计算、化约、简化和调整。任何活动在实际上都是一个统一单位内的各个组成部分间的信息传递、调整和协调的过程及结果。现代控制论是建立在信息论、计算机理论、现代数学以及对于有机生命体神经系统的科学分析的基础上。现代控制论的成果，证实了任何一种活动都在实质上具有生命系统活动的性质。

同时，随着控制机械系统的产生和发展，也产生了对被控制设备进行控制的执行组件，即所谓**伺服机械**（servomechanism）。伺服机械的特点是可以将输入信号、密码和指令转换成各种位移运动形式，如直线位移、角位移等，借此改变被控制设备调节机构的开启程度及运作方式。同时，使用伺服机械可以使自动控制系统的各个组件迅速定位和跟踪。这一切，同当代科学技术中迅速发展起来的**控制论**有密切关系。我们将会看到，对于系统的研究也随着机械系统控制论的进一步深入探索而取得新成果。

鲁曼对于控制论方面有深入的研究。控制论最初是美国数学家和通信学家维纳（Nobert Wiener，1894—1964）首先提出的，它专门研究动物和机械中的控制和通信系统。维纳早在1943年发表的《行为、目的及目的论》中，就主张将动物的目的性行为加以机械模式化，并设法论证**目的性就是一种负反馈活动**。他将控制与通信系统同动物有机体系统、神经系统以及社会系统和经济系统等相模拟，将生物系统的自我组织和自我适应等概念引入机械系统，并以统计观点研究了自动控制系统的运作原则。

后来，计算机的发明及蓬勃发展，使科学家有可能发现：不仅是机械系统，而且连机械的伺服机械系统（例如进行温度控制的中央空调系统）、生命系统和社会系统，都可以发生类似的过程。**所有这些系统的共同特点，就是它们都经由一个反馈回路（feedback loop）的中介而调节它们与外部环境的关系**。在反馈回路中，环境的变化以某种方式传达给系统，使这个系统做出相应的调整，以便维持其稳定状态或其他适合该系统有效运转和存在的状态。显然，以**负反馈**机制解释生物系统的目的性行为以及通过信息过程说明人的认识活动，是具有重大意义的。

其实，在鲁曼之前，帕森斯也早在50年代尝试将控制论对于系统的研究成果运用于社会学之中。他认为社会系统也像动物有机体系统和其他任何复杂系统一样，是由分层次的联系网络和调节机制进行运作的。不同的是，在社会系统中，帕森斯认为，文化价值和国家的力量，对于维持社会系统的稳定和持续运作，发生决定性的影响。所以，帕森斯曾经论证：政治次系统在社会系统实现“目标达成”方面是关键的中介力量。为此，**帕森斯认为，社会生活是靠两个相互关联的双层次系统组织起来的：**

（A）文化系统—社会系统—人格系统→生物机体

↓

（B）价值　规范　群体　角色

在（A）系统中包含了文化系统、社会系统、人格系统和生物机体四大层次的层级系统，而在（B）系统中包含从价值、规范到群体和角色的各种层级系统。当然，帕森斯的上述系统论很快就受到冲突论和科学主义等各种派别的批判。鲁曼看到了帕森斯系统论的缺点，但也肯定他的优点。鲁曼利用控制论的最新成果，克服了帕森斯系统论中的缺点，而又发扬了它的优点。在这里，最关键的是，鲁曼采纳了当代控制论和其他领域系统研究的成果，引入了自我生产和自我参照的观点。

在鲁曼所引用的上述机械系统控制论研究成果中，最重要的，首先是所谓“**黑箱方法**”（Black-Box Method）。这种方法来自维纳所提出的“**闭盒**”（Closed Box，有时也译为“黑盒”、“黑匣”、“暗箱”、“暗匣”）概念。这是一种封闭的系统，类似于一个不透明和封闭的箱盒，其内部结构、功能及其机制，人们无法直接观察，但有可能通过外部观测和实验进行探测。

黑箱方法的优点，就是暂时保持黑箱作为一个封闭系统的结构和形式，不去改变黑箱原有系统本身的特征，而是通过从外部输入信息以及设法使其内部原有信息向外输出的基本方法，即采用“信息输入”和“信息输出”的方式，探索黑箱独立系统的运作机制。这种方法无异于探索该系统与其外部环境的复杂关系的基本模式，并通过反复输入信息和输出信息的实验方式，试图勾画出该系统内部自律的运作原则。这种方法的设立及运用，表明其设计者已经存有关于系统自律以及系统与其环境互动关系的基本概念。所谓信息输入无非就是考虑到外界环境对于系统的影响，至于信息输出则是系统本身对于外界环境的反应。显然，这种黑箱方法的优点，首先就在于注重从整体和功能的角度考察事物和系统。世界上存在着许多整体性和综合性很强的极端复杂的物质系统、生命系统、心理系统和社会系统。对于它们的分析和研究，不能简单地采取拆解和分解的“化整为零”的操作程序，因为有时它会整体地破坏该系统的原有复杂性质，尤其无法看到该系统的实际复杂运作原则。既然不能在分解系统的情况下去探索它的性质，唯一最直观而又使其运作机制保持原样的途径，就是上述黑箱方法。人的生命系统就是最典型的复杂系统。对于人的生命系统的考察，为了不破坏其原有完整性和统一性，不应该简单地诉诸拆解和分解方式。其次，黑箱方法也兼有抽象方法和模型方法的特征，有利于采用观测和实验所取得的系统输入和系统输出的信息数据，建立起相应于该系统的“黑箱模型”。这种黑箱模型可以表现为各种各样的数学模型和框图模型等。然后，又可以依据对这些模型的研究，对系统的功能特征及运作机制进行定量和定性、静态和动态的分析评估，从而对该系统的实际运作状况以及未来走向做出必要的预测。当人们可以对系统内部结构及运作机制进行预测或必要评估时，就可以化繁为简（即鲁曼所说的“简单化”原则），便于捕捉系统内部的关键问题。这种黑箱方法，对于研究规模庞大、结构复杂、组成因素繁多、功能错综的各种高级系统，例如社会系统、生命系统、心理系统等等，无疑是极其有效的方法。而且，这种方法还兼有认识论、本体论和方法论的意义，尤其有利于反过来正确理解各种复杂系统的功能运作及其与外在环境的复杂关系。鲁曼显然是运用了这种黑箱方法深入探索各种系统的功能机制及其与环境的复杂关系。

由于机械系统控制论的思想观念同信息系统的基本概念存在着许多相互交错的密切关系，因此，如果要深入探讨它们对于鲁曼社会系统理论的意义和影响，就必须进一步同以下的有关信息系统模式的研究结合起来。

（4）生命系统模式

当代科学对于生命现象的研究，由于分子生物学以及其他生命研究专门学科的发展，特别是由于整体自然科学和当代技术的发展，从 20 世纪中叶开始，已经取得了飞跃的进展。鲁曼幸运的是能够生活在这样的新时代，及时地吸收了当代生命科学的最新成果，加速了他对于系统理论的深入研究。

以往的生物化学也曾经研究过组成生命的生物大分子，但它对于生命系统结构的研究，往往同对于生命系统功能的研究相脱节。后来，由于英国科学家阿斯特伯利在 1945 年提出了分子生物学，并把核酸结构与其功能的研究结合起来，才推动了对于生命大分子的深入研究，导致分子生物学这门新学科的诞生，也引起了生命科学的革命。

要探索生命的奥秘，必须探索组成生命的大分子的结构与功能。它们是细胞中的高分子聚合物，包括蛋白质、核酸、糖、脂肪等。这些生命大分子以大分子系统为单位，体现了遗传、新陈代谢等各种极端重要的生命现象。当代分子生物学的主要成果体现在染色体、基因、DNA 遗传物质等研究方面。在这些领域的新发现，直接地推动了鲁曼社会系统理论的诞生。

如果说，19 世纪生物学只是证明了细胞构成为生命的基本单位的话，那么，20 世纪分子生物学就揭示了一切生命都有其共同的遗传物质和遗传密码，而且，还进一步指明了核酸和蛋白酶在生命系统中的关键意义。

当代自然科学的最新研究成果是鲁曼社会系统理论形成的理论前提之一。最新物理科学中的量子力学、热力学、控制论、信息科学和天体物理学，生物化学和生命科学中的基因遗传工程等学科，走在整个科学发展的最前列，为人类思想创造提供了最富有启发性的推动力量。

近半个多世纪以来，从**自然科学的系统论到社会科学对于"系统"**（system）的**多学科探讨**，特别是在社会学理论领域中以帕森斯为代表的系统功能论的基本成果以及现代生物科学的系统理论和演化理论，是鲁曼社会系统论建构和发展的重要理论基础。

自 20 世纪 70 年代以来，自然科学中的生化科学、信息科学以及控制论，给整个科学研究提供了最新的思考模式和方法论，这主要体现为将"自我参照系统"（Auto-Referential System）的概念引入科学界。在这种自我参照系统理论的指引下，同鲁曼一样，在法国、英国和美国等最发达的西方国家中，一批又一批的社会科学家，将自我参照系统概念运用于社会研究中。和鲁曼几乎同时代的法国社会学家巴列尔（Yves Barel，1930—），从 70 年代起，就全面运用当代系统论研究社会变迁和再生产的问题。他的主要著作《系统的景观和分析》（*Prospective et analyse de systèmes*，1971）、《社会的再生产》（*La reproduction sociale*，1973）、《吊诡与系统》（*Le paradoxe et le* système，1979)、《社会的边沿性》（*La marginalité sociale*，1982）以及《虚空的社会》（*la société du vide*，1984）等，早已对社会系统的自我生产性和自我参照性进行了深刻的分析。

生物学对于生命奥秘的探索，导致生物学对于物理学理论典范的挑战，其结果主要表现为反对像物理学那样，只是将科学归结为以数学演绎方式描述其所观察的客观世界。生物学在其对于生命现象的观察中，意识到被观察的对象本身的高度复杂性，主要表现为生命所包含的极其复杂的过程，其中包括一系列由生命本身所引起的大量“自我生产”和“自我参照”过程。生物学家由此得出结论，认为生命不可能被简化为有机体的单纯物理化学过程。生命现象的特征就在于它的内在自我生产性及其自我参照系统的自律运作。拙著《当代社会理论》有关鲁曼社会系统理论部分，已就生物科学新系统观的演进过程做了简略而系统的说明，此处将不再赘述。但值得强调的是，以贝塔朗菲为代表的现代生物学系统论，其本质特点就是强调要从对于个别现象的“客观观察和描述”转向系统网络的运作机制的研究。贝塔朗菲所提出的生物科学新型系统观，无非突出地强调了两点：系统是一个相互关联的整体性网络；在系统与其环境之间存在着一条明确的界限。生命活动网络的特点就是一种“组织化的复杂性”（organisierte Lomplexität)。它不同于“非组织化的复杂性”的地方，就在于它的自我生产性和自我参照系统性。这种区别之所以产生，主要是因为其中的因素间的相互关系，从原来的单线先后因果联系，变成多元化、多面向和多层次的立体互动关系网络，变成整体性的组织化统一单元。其次，由于组织化复杂性表现了系统与其环境之间的相互影响的极端复杂性和高度不可预测性，所以，对于系统与其环境之间的相互关系，不能再采用传统物理学的单向直线性因果关系的规律。系统为了调整其与环境的关系，会在其内部进行高度自律的自我参照活动，以决定如何对待环境的变化。在这个时候，系统内部的自我参照几乎相当于一种“黑箱作业”，是一系列高难度运作过程的总和，简直是无法预测和高度未知的事物。搬用传统自然科学因果律和归纳演绎方法，是无法揭示系统与其环境的复杂关系的。

这种新系统论的特点，就在于强调系统与其环境的不可分割的紧密关系以及系统的自我生产性。正如马图拉纳和瓦列拉在其生命研究中所发现的，**自我参照系统的自我生产性，与其说依据其系统内在关系的转变，不如说更决定于系统与其环境的复杂关系**。（Maturana，H. R. 1982，1986，1986a；Maturana，H. R. /Varela，F. 1987）环境对于系统的复杂干扰，是系统进行自我参照和自我生产的基础。

鲁曼曾经强调马图拉纳与瓦列拉生命系统模式的重要意义。首先，这种生命系统模式把系统看做是其组成要素自我生产所构成的基本单位。其次，它强调系统的内在组成要素的循环重复的互动性质。第三，生命系统模式强调系统自我生产其边界的可能性，以及系统各组成要素参与此种系统边界界定的互动活动。第四，生命系统模式强调：它的自我生产性质，主要表现在它是一种由其构成因素的生产来维持的关系网络。系统是一种通过形式的关系所构成的单位统一体。也就是说，系统是一种关系的关系（Relations of relations）。所以，最后，生命系统模式还强调：系统必须是通过特定的中介（specific medium）而形成具有自律性质的单位。（Luhmann，N. 1985b）

鲁曼自己在谈到他的社会系统理论时指出，它所指涉的，是当代有关自我参照系统、封闭的自我生产系统、观察系统的第二层次控制论和建构主义认识论以及信息处理程序的多学科的争论。正是从这些当代的争论中，可以将社会理解为一个“自我观察的系统”（society as a self-observing system）。也就是说，这个系统在它界定其自身同一性的同时，又把一个“不加标志的空间”（unmarked space）留存下来，以便有可能以非常不同的方式描述社会。（参见鲁曼的退职演说英译本“What is the Case? And What Lies Behind It? The Two Sociologies and The Theory of Society”［《“什么是实际个案”和“在它背后实际存在的是什么”两种社会学和社会理论》］，1994）当我们强调鲁曼社会系统理论同生物学和生化科学最新成果的相互关系时，不仅是要凸显鲁曼系统观本身的特殊性，而且也是为了强调生化科学的革命在认识论和方法论方面对于鲁曼的决定性影响。我们将在以下有关章节中看到，鲁曼社会系统理论的特殊性也在很大程度上受到马图拉纳等人的新认识论和方法论的影响。

（5）信息系统模式

现代信息论实际上向科学界提供了一种新的思想方法，主张把事物看做一个信息流通系统，而通过对于信息流程的分析和处理，可以达到对事物复杂运动规律的深刻认识，从而不仅为控制论、自动化技术、现代通信技术奠定理论基础，而且也为研究大脑结构、遗传密码、生命系统和科学管理系统开辟新的研究方向。

所谓信息，指的是“两次不定性之差”。（Shannon，C. E. /Weaver，W. 1949）这个信息定义克服了原有的传统信息定义的狭隘性，因为传统信息定义只把一切有意义的符号当成信息，强调信息只是消息、指令、情报、密码、数据和知识等所有那些对消息接受者来说预先未知的通信内容或符号系统。但是，“两次不定性之差”却意味着：只要存在两个具有一定差别的因素，就有可能产生信息以及信息传递。两个因素之间的差异构成了一切信息产生和传递的基础。这就表明，在任何一个系统中，只要存在两个以上的因素，只要它们之间存在着一定的差异，就有可能产生并传递信息。构成单位系统统一体的因素越复杂，其差异越交错重叠，内部的信息形成及传递过程就越复杂。信息可以有两种形式。一种是客观事物中的各个相互差异的构成因素之间所造成的；另一种是现代人凭借着现代科学技术而创造的各种符号、密码、标志及象征等等所构成的人为信息系统。

信息论也称为讯息论，是研究信息和讯息的基本性质和度量方法，研究它们的传输、储存、处理和变换的一般规律的科学。信息论的创始人是美国贝尔电话研究所的应用数学家**申农**（Claude Elwood Shannon，1916—2001）。他在1949年同韦弗（Warren Weaver，1894—1978）联合发表的著作《通信的数学理论》（*The Mathematical Theory of Communication*，1949），宣告了现代信息论的诞生。他们认为，**通信是一个广义的系统**，在这个系统中，某一端的信息处理和产生机制，可以影响另一端的信息处理和产生机制。因此，他们撇开具体的通信系统的内容，而**只考虑通信中的信息的表达形式和传送形态，把通信中的语意方面的因素同技术方面的因素区分开来，提出了一个一般通信过程的系统模式**。在这个系统模式中，最中心的因素是信息或讯息，整个通信系统模式表现了信息或讯息的发出源泉、传送渠道以及接受重点，其间随着传送信息的过程，信息本身的不确定性被不断地减弱和排除。这是一个发自“信源”的消息，进入“编码”的过程，变成了“信号”。“信号”再进一步通过传输道，并在传输道所构成的“信道”中，遭受各种各样的噪音的干扰。这样一来，“信道”中的信号就同噪音混杂在一起，需要再经过一道“译码”的程序而变成信息，最后传送到“信宿”。（Shannon，C. E. /Weaver，W. 1949）在信息和讯息产生、处理和传送的过程中，它们的运动和变化，以及在运动变化过程中所遭遇到的各种因素的干扰，使信息或讯息的产生、处理和传送过程变成一个紧密相互联系，并不断有所消长的过程。在通信过程中，最大的干扰因素是**噪音**。所以，在通信过程中，通信处理和传送不同阶段而产生的不同质量和程度的噪音，以及这些噪音同被处理和传送中的信息的相互影响，造成了通信系统本身整个传送质量和能量消长的决定性因素。（Ibid）申农曾集中研究通信中的噪音问题，发表了《在噪音出现中的通信》（“Communication in the Presence of Noice”，1949）的论文。他认为，由于通信过程始终伴随着信息和讯息的各种偶然性变化因素，包含着大量的随机性的变化，因此可以运用统计热力学的数学统计方法，把通信过程中一定总和中的偶然事件或一系列事件的“**熵**”（Entropie；entropy）当做信息不确定性的量度。

实际上，熵的数量表现各个分离系统的不确定“混沌”状态。孤立系统内实际发生的过程，总是导致系统的熵的增殖。所以，**熵是系统无序程度的量度**。申农将德国物理学家克劳修斯（Rudolf Julius Emmanuel Clausius，

1822—1888）在1865年研究热循环时所提出的“熵”的概念引入信息论，作为信息论的一个基本量，用以描写不确定性的大小。从此，熵的概念被广泛运用于概率论、数论、信息论及语言科学中，对科学的发展发生了重大影响。普里果金说：“从此以后，我们的兴趣正从‘实体’转向‘关系’，转向‘信息’，转向‘时间’。”（Prigogine，I. 1979）现代自然科学的最新成果使社会科学的研究及其方法发生了一场革命。现代物理学，特别是热力学和量子力学方面关于熵的研究，更进一步促使社会科学深入地探讨了各种不确定性和偶然性的因素。**熵的研究表明，在任何系统中，都有可能产生各种不同程度的不可预测的偶然因素。熵就是描写不确定性大小的；熵越大，不确定性越大。将熵的概念运用到系统研究中去，就为系统理论的进一步科学化奠定了基础**。申农等人关于通信系统的上述研究，对鲁曼的系统论的创立有很大的影响。

鲁曼的系统论就是围绕着“意义”和“通信”（“沟通”）这两个核心概念而展开的。在鲁曼系统论中的“系统”、“复杂性”（Komplexität）、“双重偶然性”以及“意义”等概念，在某种意义上说，就是将通信系统中所总结的信息系统论运用于社会系统的一种尝试。

但是，由申农和韦弗等人所建构的信息系统论，并不是一个高度完善的系统理论。在50年代以后，法国著名科学家**布理雍**（Leon Brillouin，1889—1969），将信息的传输过程和物理过程联系在一起，成功地将信息系统改造成一个物理模式，得出了“广义增熵原理”和“信息负熵原理”，确认“信息与负熵等价”，从而也成功地将**海森伯**（Werner Karl Heisenberg，1901—1976）所提出的“测不准原理”应用于信息论系统。（Brillouin，L. 1956）将通信信息论和物理学的最新科学原理结合在一起的结果，虽然促进了信息通信系统论的发展，但也进一步揭示了信息论的许多缺陷和局限性，要求科学家进一步从多学科整合的角度，特别是从数学、物理学等自然科学和社会科学以及人文科学的综合角度去研究系统论。这是系统论研究中的一个重大突破，而其转折点就是关于计算机和人工智能的一系列新科学的诞生和发展。

从50年代到70年代，在信息系统论发展的同时，在物理学、天文学、宇宙学、生物学、心理学、经济学和社会学等领域中，各种各样的系统论也相应地发展起来。这些本来分属于不同学科领域中的系统理论，在发展和运用过程中，都呈现出多学科交叉渗透和相互促进的倾向。例如，1972年**贝肯斯坦**等人成功地利用熵的信息论，诠释和探讨“黑洞的热力学佯谬”，在某种程度上证实了信息系统论的某些模式不但在有限的自然界和社会现象的研究中，而且也在宏观的甚至是超时空的抽象结构研究中有效。这一点，为科学家和哲学家运用系统论中的某些模式思考人类社会和自然现象问题提供了深刻的启示。1979年科学家卡克（Kak）也运用信息系统论，对于人的肾脏的化学自稳态功能效率进行了研究，也再一次证实了信息系统论应用于研究人和社会问题的可能性。

控制论几乎是和信息论同时产生和发展的多学科综合性边缘科学。如前所述，控制论更紧密地将自动控制、电子技术、计算技术、神经生理学、心理学、社会学和数学等学科结合在一起，对于自然界、人造机器、生物生命体以及社会共同体的系统构造的一般特性进行研究，运用“信息”和“控制”的概念来研究这些一般系统构造中各个部分的综合控制的规律。所以，控制论的产生和发展，为科学家将不同领域当做一般的系统进行宏观和微观相结合的综合研究，提供了一个最好的有效的科学思维模式。

控制论是在自然科学中的最抽象和最一般的数学领域中首先提出来的。这一事实也证明，将自然界的各种现象和各个领域，排除它们各自的特殊性能和功能，作为一个一个相对独立的系统加以研究，用最抽象的数学模式探讨出各个系统中的各个部分以及各个系统之间的相互控制关系的规律，是完全可能的，而且也将是非常有效的。

美国数学家维纳最早提出了控制论的基本概念和基本原理。这位美国麻省理工学院的教授，早在1914年就成功地研究了关系逻辑简单化程序的计算问题和“群论”问题。维纳和他的同事罗森布鲁兹（Rosenblueth，1900—

1970）、比奇洛（Bigelow，1890—1968）和麦克秋罗（W. S. McCulloch，1898—1969）等人深入地研究了控制论的问题。维纳说，控制论就是通过多学科综合研究的途径，研究对于各种可能的运作系统的控制的科学理论，它将信息和通信的理论应用于自动化科学、人工智能科学、神经生理学和心理病态治疗学，并对一切人工和自然的可能机器的控制和信息处理进行科学的研究。简言之，控制论就是关于一切可能的机器和生物的通信和控制的科学。（Wiener，N. 1948）维纳在《控制论：在动物和机器中的控制和通信》（*Cybernetics, or Control and Communication in the Animal and the Machine*，1948）的奠基性著作中，对于控制论的基本概念“**信息**”、“**反馈**”、“**通信**”、“**制**”、“**稳定**”和“**系统**”等进行了界定，探讨了将各种机械原件组成为稳定并具一定特性的自动控制系统的可能性条件，并用统计方法研究系统中的信息传递和加工，模拟人的神经和大脑系统的活动模式以及生物有机体适应环境和不断增殖的机制，以多学科综合的方式深入探讨系统中各组成元素之间的总控制问题。（Wiener，N. 1950；1964）

在维纳的推动下，控制论从最初的**经典控制论**，经过**现代控制论**的形式，发展成为目前**大系统控制理论**和**人工智能**研究的新历史阶段。

发展到大系统控制理论和人工智能阶段的控制论，已经将信息系统论与其他最先进的科学研究成果高度地综合起来，使它有可能研究大系统的多层级的递阶控制以及系统中**自我参照**和**自我生产**的问题。这一切，为现代控制论更深入地运用于社会系统、经济系统、管理系统、生态系统、宇宙系统以及各个层面的宏观微观系统的研究，打下了坚实的基础。

维纳从建立控制论开始，就肯定控制论运用于**社会系统**研究的可能性。他认为，一切机器，都无一例外地按照热力学的原则而运作，因此，任何机器作为一个独立系统，其运作过程和生存方式，一定是采取熵值不断增加和信息不断减少的基本形态。因此，包括社会在内的各种系统，都可以看做按照热力学原理运作的机械。控制论的基本任务，显然就是要研究在某些恒定可能性不断分布和扩散的特定时间内所形成的同质结构，作为某种系统，是如何通过在其中不断传播和增殖信息的过程，来维持这些系统本身的运作动力。

鲁曼所提出的社会系统理论，显然就是在维纳的上述控制论思想和观念的启发下形成的。维纳的控制论从来没有脱离对人类社会和人本身的系统控制的研究。维纳本人在 1950 年发表的《人类的人类运用》（*The Human Use of Human Beings*，1950）一书，深入探讨了将控制论应用于不同类型的人类、人与自然之间、个人与个人之间的相互关系的可能性。在这里，维纳直接将控制论同研究人类社会的最重要的学科政治学、伦理学和社会学联系在一起。他的研究向我们表明，个人、人类整体、社会、自然和机器，基本上是不同性质的，然而又是相互平行的通信系统。**他认为，不论在个人、人类整体、社会、自然，还是机器中，作为一个一个通信系统，都存在着控制、熵、失序和偶然性的控制论基本问题**。在这个基本前提下，**我们可以将社会看做一个由通信网络所构成的复合体**。社会这个复合体，同个人生命体和机械统一体具有类似的系统性质；作为信息传递的有机体，在运作过程中同样会出现控制论所要解决的最基本的问题。（Wiener，N. 1950）

更有趣的是，维纳还运用控制论问题探讨了人和神的关系。他在《控制论：在动物和机器中的控制和通信》发表十六年之后，出版了《神与机器人：关于涉及宗教的某些控制论问题的说明》（*God and Golem. A Comment on Certain Points Where Cybernetics Impinges on Religion*，1964）一书。在这本书中，维纳探讨的是人和机器的地位和功能以及角色等问题。同时，维纳也研究了人的创造性的能力及其局限性，并把人的创造性同神加以比较。维纳显然提出了围绕着机器人的出现而产生的宗教的新问题。（Wiener，N. 1964）

这一切表明，信息论和系统论的转折，不但改变了人的思考模式，也改变了社会生活方式、社会制度以及社会组织的各种传统规则，使人与社会发生了根本的变化。鲁曼社会系统理论的产生及发展就是这种变化的理论产物。

(6) 哲学形而上学系统思考模式的转换

文化史证明，各种各样的系统观的最早启蒙性思考模式是来自哲学的和形而上学的思考。对于鲁曼社会系统理论来说，**哲学形而上学系统观同现代自然科学系统观一样重要**。

鲁曼在研究系统理论时所依据的系统模式，其实是多方面和多学科的。他自己在谈到这一问题时说："我所参照的主要研究是跨学科的。因此，它们是非常异质的（heterogeneous）。它们包括罗伯特·布拉（Robert Pula，1929—2004）的基于科日布斯基（Korzybski）研究成果所写出的《作为一般系统的一般语义学》（*General Semantics as General System which Explicitly Includes the System Maker*，1974），戈达·贡特尔（Gotthard Günther，1900—1984）的《控制论本体论及跨交合的操作》（*Cybernetics Ontology and Transjunctional Operations*，1976），埃德加·莫林的《论方法》（*La Méthode*，1980），伊夫·巴列尔（Yves Barel）的《吊诡与系统》（*Le paradox et le système：Essai sur le fantastique social*，1979），瓦列拉的《生物解剖学的原则》（*Principles of Biological Anatomy*，1979），马图拉纳与瓦列拉合著的《自我生产与认知》（*Autopoiesis and Cognition：The Realization of Living*，1980），埃利克·扬池（Erich Jantsch，1929—1980）的《自我组织的宇宙》（*The Self-Organizing Universe：Scintific and Human Implication of the Emerging Paradigm of Evolution*，1980），车列尼（Milan Zeleny）的《自我生产：关于生命组织的一种理论》（*Autopoiesis：A Thoery of Living Orgazation*，1981）以及冯·福斯特（Heinz von Foerster，1911—2002）的《观察的系统》（*Observing Systems*，1981）。"（Luhmann，N. 1985）所有这一切科学理论研究成果，都为鲁曼在哲学和形而上学层次上的系统思考提供了最广泛的启示。他认为，社会学家只有超出社会学的传统狭隘范围，从更广泛的多学科视野进行系统模式的考察，才能创造出新的系统理论。

但是，对于我们来说，重要的是，还要具体分析鲁曼社会系统理论同哲学的、形而上学的和自然科学的各种系统观之间的具体关系，尤其要弄清其系统观和社会学中的各种系统观和帕森斯的密切关系。巴克利及其后的里连费尔特都没有全面地估价系统理论对社会研究的重要意义，这使他们过早地否定了系统理论对于发展社会学理论的重要意义。（Buckley，W. 1967；Lilienfeld，R. 1978）

实际上，对于鲁曼发生深刻和直接影响的马图拉纳有关生命系统的理论及其思考模式，也是深受上述宏观天体系统模式、基本粒子微观系统模式、机械系统模式以及哲学本体论系统模式的各种影响。

在鲁曼成熟期所提出的极其重要的“自我生产”概念，正是受到现代生化科学研究最新观点的深刻启发。但对于鲁曼来说，重要的问题，并不在于单纯将最新自然科学的系统概念搬用到社会科学领域，而是要从根本上首先改变对于世界、社会、人和文化的总看法及其基本研究方法论，以便在吸取新的系统研究成果的时候，以创造性的独特系统概念重新建构关于社会的系统理论。在这种情况下，鲁曼所努力建构的社会系统理论，一方面是在对于世界和社会的最一般的系统观的指导下，另一方面又要深入区分存在于大型社会系统总体内各自独立的社会系统、文化系统、心态和心理活动系统，并在此基础上再次提升到大型的一般系统总体的高度，总结出关于系统的最一般性理论。为此，就必须从哲学和形而上学的层次进行思考，将系统模式的问题，不仅看成社会理论的基本问题，而且也当成对于整个世界和整个宇宙的基本看法，也就是当成一种新的世界观和宇宙观。

正因为这样，鲁曼在1980年的重要文章《一种社会系统理论的绪言》中指出，建构和理解社会系统理论的首要出发点，就是弄清什么是理论，并区分各种不同类型的理论的意义。为此目的，鲁曼系统而细致地探讨了西方关于理论的各种传统论述，显示出鲁曼建构社会系统理论过程中对于传统理论所进行的多学科探讨过程，再次凸显出他的社会系统理论的广泛而深刻的哲学、人文社会科学以及自然科学基础。他在探讨各种传统理论的一般特征之后，明确地指出他的“理论”观点的特殊性。他说：“根本就不存在作为一种理论的独立承受基础的社会实在；根本就不存在任何一种由理论所生产出来的社会实在，也不存在能够利用和使用理论的社会实在。如果人们以为，可以通过像社会系统理论那样的理论去把握这种社会实在，同时这种社会实在又能够产生出理论，并利用这些理论，那么，这种理论就只能预设其存在形式是预先给予的。理论只有在它真正的目的中自我发现，才能够对其自身表现得清晰明白。换句话说，这种类型的理论对其目的具有一种自我参照的关系，这不仅是因为这些理论都不可避免地陷入到构成其对象的各个面向的选择之中，而且更重要的，是因为这些理论显示出其自身不过是其自身研究对象的一个组成部分罢了。”（Luhmann，N. 1980）显然，鲁曼社会系统理论本身就是一种自我参照的理论。鲁曼社会系统理论的自我参照性，一方面表现为它自身参与到对其研究对象各组成部分的选择活动中去，另一方面它又是构成其研究对象的一个重要组成部分。这样一来，社会系统理论的研究活动不是自外于其所研究的对象，也就是说，不自外于社会系统，也不置身于其所研究的社会系统的生命运作活动之外；社会系统理论的任何一种反思活动，都是在其研究对象的范围之内，作为社会系统一个组成部分而对社会系统进行自我参照。我们可以看到受到最新自然科学系统理论深刻启发的鲁曼社会系统理论，已经完全脱离传统自然科学所追求的“客观中立”理论模式，也完全不同于将理论提升到理念高度，并以其自身所设定的理念标准不断地从外面对社会进行批判的各种社会批判理论。

鲁曼系统论是对于传统系统论的一场革命性变革的产物。系统概念早在古希腊就已经出现。从那以后，系统观念就一直伴随着西方整个科学的发展历程，不论对自然科学还是人文社会科学来说，都构成其理论和方法的重要组成部分。

“系统”一词，本来源自古希腊字 sunístemi，**意指某个实在各部分各因素的集合体**；这些因素之间既保持一定的相互关系，又在整体中各自占据自己特定的位置。这里，明显地表现出古代系统观的“局部/整体”二元思考模式。

亚里士多德总结古希腊哲学和科学对于系统概念的研究成果，最早奠定上述“局部/整体”的实体系统观的哲学论述基调。他在界定“部分”（part）时，首先从“量”（quantum）谈起，认为**“部分”就是“量”以任何方式分割出来的东西；从量作为量中分割出来的，永远被称为“部分”**。例如，2有时就是在这个意义上被称为3的“部分”。但从另一方面来说，**作为“部分”，只有那些可度量“整体”**（whole）**的，才可称为“部分”**。正因为这样，2尽管在一种意义上说是3的“部分”，但它又不是3的“部分”。接着，他从非量的观点来说明“部分”，认为有些因素尽管不是以“量”而被分割，但**凡是从一种因素中分割出来的东西，也仍然可以称为“部分”**。例如，“种”是由“属”构成的，前者可以分割成后者，所以，后者是前者的部分。再次，他从部分同整体的相互关系说明“部分”。他认为，**凡是从整体中分割出来的东西就是部分；反过来说，构成整体的那些东西也就是部分**。在这里，“整体”意味着“形式”或“具有形式”。最后，在定义中，凡是可以说明一件事物的因素，也就是整体的部分。

在论述部分的基础上，亚里士多德进一步界定“整体”。他认为，**整体首先意味着整体的自然构成部分一个不缺**。其次，他又指出，**整体是使其所包含之包含物成为一个统一体的东西。普遍和一般意义上的东西，也是某种整体**。普遍之所以被称为整体，是由于它包含了许多个体，并对其中的每一个做出规定。而且，它们中的每一个也是单一事物，例如，人、马、神全是生命体。**连续的东西和被限制的东西，当它们由许多含蕴物构成某种单一事物时，也被称为整体**。这些东西如果以自然方式连续和被限制，比以人工的方式更是整体。这种情况正如同上述统一体，因为作为某种整体而存在，也就是作为某种统一体而存在。此外，量有始点、中点和终点，如位置对其并无差别，就被称为“总体”（total）；如位置造成差别，就称“整体”。如果两者都可，就既称总体，又称整体。（Aristotle，*Metaphysics*：1021b，14－1022a，14；1023b，14－1024a，12）

从上述亚里士多德的论述可以明显看出，传统系统论立足于其上的“整体/部分”二元对立统一模式，总是将系统放在系统与其本身各构成部分的相互关系中加以考察，似乎系统的性质及其运作或转换，都与其外在的环境毫无关系。传统系统论的最大缺点，就是忽视了系统与其环境的复杂关系。

鲁曼认为，传统社会理论的各种观念危机和方法论危机，正是集中在传统的系统概念的片面性之上。鲁曼说：“简单的因果关系在掌握复杂的过程中所显示的不充分性，导致对于系统概念的兴趣的增加。实际上，它导致了对于系统概念的重构。当然，一般地说，系统概念仍然是被传统地界定为将部分整合到一个整体中的一种关系网络。但是，在这样一种单纯把‘部分’内在地整合到一个‘整体’中的观念之下，还隐含着另外一种引起我们注意的、不同的系统概念。根据这种新的系统概念，进行系统建构的重要意义，并不仅仅是将‘部分’内在地整理成一个‘整体’，而是在于系统与它的环境之间的协调。”（Luhmann，N. 1980：37）显然，在这里鲁曼不是仅限于系统之内，仅从系统本身的自我协调性的角度来考虑系统，就像传统理论所做的那样。相反地，鲁曼是超出系统本身的范围，从系统及其环境的复杂而广阔的格局，从系统及其环境两者的动态和变动的关系去考察系统的问题。

所以，鲁曼说：“从系统与它的环境之间的协调的角度来看，重要的问题是，面对着由环境所产生的各种威胁，系统的内在秩序是否能够成功地维持，并因而使得系统自身维持下来。”（Ibid）

鲁曼反复强调系统与它的环境的复杂关系，是为了冲破传统系统理论局限于系统结构领域内探讨系统的功能问题。同时，更重要的，是为了取代传统的后设理论关于实质同一性的观念。如前所述，这种实体的同一性观念，不能正确地和如实地说明系统及其环境的同一性本身及其变动性。在前引的1993年退职演说中，鲁曼明确地指出社会理论陷入长期无法解脱的自我吊诡的困境，这就是所谓批判的取向和实证主义的取向的矛盾性。其实，鲁曼认为传统社会理论之所以陷入这种困境，正是因为本体论上的实质同一性在作怪。他认为不管是批判的取向还是实证的取向都是以本体论的实质同一性为基础。他说："所有的重要理论，例如马克思的或涂尔干的理论，总是强调实证的和批判的两种观点中的一种，但又不能完全地忽视其中的另一种。因此，建立在批判的和实证的区分基础上所做的一切建构一种统一的社会理论的努力，都最终导致将现象与实际，或者，将潜在的和明显的结构，看做同样的一件事情。"（Luhmann，N. 1994：126）

为了在社会学的研究中引入新的系统理论，鲁曼几乎批判了所有传统的本体论和方法论。在方法论部分，他所批判的重点是各种各样的**化约论**（reductionism），尤其是**因果化约论**（causal reductionism）。在他看来，任何行动系统中各个因素间的关系，或者是系统和它的环境的关系，都不是简单地可以归结为因果对应关系的。也就是说，在鲁曼看来，任何两个因素之间不会存在一个特定的固定因果关系。任何一个因素，既不能看做某个其他因素的一个"因"，也不能看做某个其他因素的一个"果"。一个"因"，可以是许多"果"的"因"，也可以是许多"因"的"果"，这主要取决于系统面对环境时所进行的自我选择的可能性，也就是说，决定于系统究竟如何实现自我参照。所以，对于传统方法论的批判的结果，使鲁曼也在方法论上完成了典范的转换，这也就是他所说的"自我参照系统的典范的转换"。

在鲁曼看来，只有将系统理解成为对于环境开放的结构，才能够恰当地说明，为什么在一个变动着的和无法控制的环境中，一个特殊的、不变的系统结构能够维持下来，并同时维持其自身的同一性。鲁曼进一步指出，他对于系统的新的看法，完全是出自一种实际的利益，也就是说，是考虑到现实的社会本身的复杂性及其运作的多样性。正如前面所一再指出的，鲁曼对于当代高度分化和高度自由化的复杂性，有充分的和足够的认识，而这是他提出新社会系统论的一个重要基础。

同时，鲁曼的上述新的系统理论，也是考虑到人的实际行动网络的自主性和自生系统性。他说："一个系统的结构，也就是说，一个系统所关联的各种内在区分化的类型，可以看做一系列活动的一种网络（is conceived as a network of activities），这种网络之所以如此有秩序，是为了维持其不变性，而不去考虑它对于或多或少无法考虑到的和制造麻烦的环境的依赖性。一个系统就是对于其环境开放和敏感的一群活动，而且这些活动是为了补偿环境的压力而运作的。”（Luhmann，N. 1982：37－38）鲁曼在这里强调系统所表现的“**敏感**”性质。系统本身既然被复杂的环境所包围，而它对环境的复杂性的控制又不能达到完满的程度，那么，它只能依据其本身力所能及的范围，对环境因素进行“敏感”的选择。这个选择的程度及其效果，对系统的存在是“生死攸关”的。传统系统理论不但过低估计环境的复杂性，也过低估计系统本身对环境的反应能力的“敏感性”。美国社会学家特纳（Jonathan H. Turner）正确地指出：“鲁曼的这样一种系统理论取向所强调的，是这样一种事实，即人的行动是在系统中变得组织化和结构化的。当几个人的行动变得相互关联的时候，就可以说存在着一个社会系统。使得行动变得相互关联，以至建构起社会系统的基本机制，是通过象征性的密码，诸如文字和媒介等所构成的沟通。所有的社会系统都是在多面向的环境中存在，而这些环境往往产生出系统必须加以处理的潜在和无限的复杂性。因此，由于存在于一种复杂的环境中，任何一个社会系统都必须发展动力性的机制，以便化约复杂性。这一类选择性建构起一个系统与它的环境的界限，并由此使得系统能够维持相互关联的行为模式。这种选择当然关涉到如何化约环境的复杂性的选择过程。”（Turner，J. H. 1986：103）

鲁曼也强调：“一旦几个人的行动是有意义地相互关联的时候，而且也因为如此，一旦在它们的相互关联中显示出来自环境的某种影响，我们就可以说存在一个‘社会系统’。一旦在个人之间发生任何一种沟通，社会系统就出现。从一开始，每一个沟通过程都具有一段特殊的历史，而这些历史之所以相互区别，是因为以某一个单一的相互关联的选择为基础，从一个更为广阔的可能性系列中，只有其中的一小部分可以现实化。所以，环境始终都是比任何一个系统提供更多的可能性，以便系统能成功地加以开发。在这个意义上说，环境一定是比系统自身更加复杂。作为一个结果，社会系统是通过自我选择的过程来建构其自身，就好像任何生物通过自我催化的过程而构成其自身一样。换句话说，不管是其开始形成还是其结果，系统都假定把一切可能的事物加以化约或减少。”（Luhmann，N. 1982：70）

鲁曼在论述社会系统的时候，总是强调系统与它的环境之间的复杂关系，同时又把环境看做由各种系统所无法预测的可能性所构成的复杂复合体。在这点上，鲁曼是要强调系统的开放性及其同环境之间相互协调的可能性。但是另一方面，也是为了强调各个系统本身对于环境的独立性和自主性，强调系统为了维持自身生命和统一性，而尽可能简化环境的复杂性的努力。

鲁曼在《社会系统：一个一般性理论的纲要》（*Soziale Systeme. Grundriss einer allgemeinen Theorie*，1984）中，以导论的形式，系统地论述到他为止的各种系统论所经历的“**典范转换**”（Paradigmawechsel）。鲁曼特别指出，只有对于“系统”进行多学科的探讨，才有可能克服社会学理论中的极其狭隘的传统系统概念。1993 年，鲁曼从比勒菲尔德大学退休的时候所发表的退职演说《“什么是实际个案”和“在它背后实际存在的是什么”两种社会学和社会理论》（“Was ist der Fall? und Was steckt dahinter? Die zwei Soziologien und die Gesellschaftstheorie”，1993）中，再次强调说：“我所指涉的，是当代有关自我参照系统、封闭的自我生产系统、观察系统的第二层次控制论和建构主义认识论以及信息处理程序的多学科的争论。我们可以由这些当代的争论中去理解社会是一个自我观察的系统（society as a self-observing system）。也就是说，这个系统在它界定其自身的同一性的同时，把一个‘不加标志的空间’（unmarked space）留存下来，以便有可能以非常不同的方式描述社会。”（转引自上述鲁曼退职演说英译本）。鲁曼指出：“系统理论现在适用于非常不同意义和非常不同分析层面上的总体概念。系统理论这个词不能够单纯地只是表达单一的意义。”（Luhmann，N. 1987a：15）鲁曼认为，作为总体概念的系统理论，经历了相当长的演化和发展过程之后，实际上包含三个层面不同领域的总体科学。鲁曼将作为总体的系统理论的三层面复杂结构图标如下（Ibid：16）：

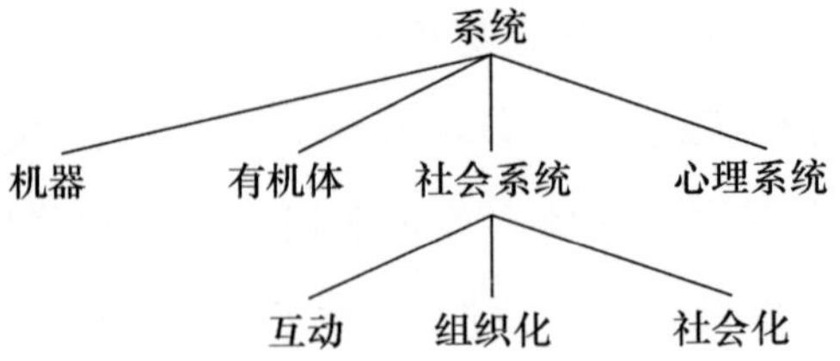

从20世纪30年代到60年代，在社会科学和自然科学各个领域中蓬勃发展的一般系统理论，特别是控制论和信息科学方面的研究成果，给予了鲁曼很大的启发。（Luhmann，N. 1964；1967a；1967b；1967c）鲁曼说："一般系统理论和控制论，在传统古典系统理论把部分和整体的关系当做基本概念之外，又附加上一个新的模式去强调系统与它的环境的区分。这个新的典范使得系统的结构，包括区分化的形式，连同系统的过程一起，都同时地同环境相关。"（Luhmann，N. 1982：229）

在非平衡耗散结构系统理论、协同学、超循环理论、突变理论、混沌理论和分形理论中，给予鲁曼社会系统理论最深刻启示的是有关"自我组织"和"自我参照"的系统概念。鲁曼说："自我参照系统理论（Die Theorie selbstreferen tieller Systeme）断言，一个系统的区分化只能通过自我参照系统。也就是说，系统只能是依据其自身，而不断地建构其组成要素及其基本运作程序。为了使系统成为可能，系统必须显示和利用其自身的自我产生过程。系统必须至少能够进行系统的分化，并同环境构成系统交换过程，同时也把系统的分化和同环境的交换当做系统的信息的产生原则。这样一来，**自我参照的封闭性**（Selbstreferentielle Geschlossenheit）只能是在一个环境之中，只能是作为生态条件来发生。环境就成为自我参照的程序的必要参照系统（Die Umwelt ist ein notwendiges Korrelat selbstreferentieller Oprationen）。"（Luhmann，N. 1984：25）鲁曼还指出，其自身包含着"系统/环境"理论的自我参照的系统理论，开辟了系统理论新典范的发展通路。（Ibid：26）鲁曼实际上揭示了当代社会系统理论中的一个核心问题，这就是，在高度复杂的自我参照和自我生产的社会系统中，必须包含着能够说明系统统一性和区分化机制的相关论述体系，同时也必须包含充分考虑到系统内外不可预测的双重随机性因素的理论说明。在鲁曼看来，只要系统是属于自我参照的性质，它的自我生产一定同系统的区分化复杂过程相关联。

在总结当代系统理论发展过程及其成果的过程中，鲁曼越来越意识到社会学采用社会系统理论的必要性和重要性，同时也由此意识到社会学必须超出传统的狭隘领域，而进一步扩大成为多学科的综合理论。（Luhmann，N. 1984：27—28）

由此可见，鲁曼自始至终都是以社会科学、人文科学和自然科学近三十年对于系统的多学科研究成果为基础，去改造帕森斯的社会结构系统功能论，批判传统的社会理论，重建一个新型的社会系统理论。

1970 年以前，他一直同贝克尔（F. Becker）一起研究社会学。他们从法律社会学和政治社会学入手，逐步地研究了社会系统及其功能的问题。（Luhmann，N. 1964；1965；1967b；1972）鲁曼根据他本人的行政管理经验以及对于现代社会组织的观察，强调现代社会组织越来越采取“匿名式”或“非个人化”形式（anonymous or depersonalized forms）。（Luhmann，N. 1964）在一个高度分化的现代社会中，个人再也不能单纯地活动在单一社会系统中。现代社会的这个特征明显地表现为当代社会组织的高度抽象性和象征性，它已经完全独立于参与其中的各个组织成员的人格和个性。鲁曼指出，次系统和各级组织，包括政治系统在内，已经不再把个人当成一个具体的心理有机单位（as concrete psycho-organie units）。在这些次系统和各级组织中，已经不存在“人”了。现代社会的特征是只存在一个类型的“全控系统”（total system）。在其中，所有的成年个人都被完全关闭起来——这是地道的“收容所”（asylum）。（Ibid）鲁曼从探讨社会系统的第一天起，就意识到社会系统的高度复杂性。同时，他也从社会系统的高度复杂性，意识到帕森斯原有结构功能主义系统理论的缺陷和不足之处。他试图跳出“个人/社会”的二元对立模式，不再认为个人行动的意愿和自由具有决定社会结构的优先意义。他从帕森斯的社会理论的缺陷之中，看到了社会理论的危机及其症结所在。鲁曼认为，帕森斯过高估计了现代西方社会共同价值体系的功能和实际效果。在鲁曼看来，现代社会的高度复杂性和自我分化，已经不能单靠共同的道德信念来维持，不能单独指望全社会范围内个人间的“共识”或“至善”之类的抽象符号体系。帕森斯的结构功能论对于象征性价值体系的关注，其根源就在于忽略当代社会系统的复杂性及其运作程序的多元性和多变性。鲁曼超越帕森斯的地方就在于，他分析和处理社会系统复杂性的理论探讨，从一开始就超出社会学这一门学科的范围，从一般理论建构的哲学和多学科基础出发，强调“任何一种理论必须开辟进行相互比较的可能性”（Luhmann，N，1964）。同时，他又看到当代社会**自我生产、自我参照**和**自我分化**的**高度复杂性**带给社会的**风险性**。

1970 年发表的《社会学启蒙》第一卷（*Soziologische Aufklaerung: Aufsaetze zur Theorie sozialer Systeme*. Bd. I. 1970）是他同贝克尔在这一时期研究社会系统的最初成果，也是鲁曼的社会系统理论最初的纲领性著作。就是在这本书中，他明确地说，社会学就是“关于各社会系统的科学”。因此，很明显，社会学所要达到的基本目标，就是以一种普遍性的系统理论去探讨整个社会学的所有对象和领域。

从 70 年代初开始，鲁曼同哈贝马斯一起研究了科学技术、沟通和社会系统的问题，1971 年发表了《社会理论或者社会技术：系统研究做出了什么》（*Theorie der Gesellschaft oder Sozialtechnologie. Was leitet die Systemforschung*, 1971）。为了深入探索社会系统理论的各个部分，鲁曼首先从他最熟悉的法律社会学开始进行深入的研究。他同哈贝马斯合著的《法律社会学》（*Rechtssoziologie. Mit Habermas*，1972）以及他和迈恩兹（Renate Mayntz, 1929— ）合著的《法系统与法学理论》（*Rechtssystem und Rechtsdogmatik*, 1974）为他深入研究法律社会学，并通过法律社会学揭开社会系统复杂性奠定了基础。接着鲁曼研究了宗教的功能，同迈恩兹一起发表了《宗教的功能》（*Funktion der Religion*，1977）。鲁曼在这本书中，论述了他的系统理论的特殊性，强调他的系统概念包含着限定个人自由和赋予个人自由灵活行动的可能性这两个方面。（Luhmann，N. 1977）鲁曼的这种新的系统概念，一方面具有行动参照系统的含义，也就是对行动有某种限定的作用；另一方面它又具有自我调整和自我更新的能力，具有独立发挥功能的性质。在这本书中，鲁曼的系统概念，成为他后期社会系统理论的重要支柱。

鲁曼在《法律社会学》第二版序言中，特别强调在整个60年代系统理论研究的最重要成果就是关于“自我参照的系统”的概念的提出。他说，通过这样一个自我参照的系统的概念，**系统理论发生了典范的转换，也就是用自我参照概念取代环境开放性的概念**，因而也就使得社会学家有可能更全面地考虑到一个系统的开放性和封闭性。正是这个成果，使得鲁曼有可能在分析法律系统时，将它同时地看做一个**在规范上封闭和在认知上开放的系统**。由此可见，鲁曼的《法律社会学》是他的系统理论发展史上的重要里程碑。

与此同时，鲁曼也很重视教育系统、知识社会学和文化社会学的问题。在70年代下半期到80年代初之间，他集中地发表了论述法律、教育、知识和语义系统以及社会福利的社会学著作，其中包括：《教育系统中的反思问题》（*Reflexionsprobleme im Erziehungsystem*，1979）、《社会结构与语义学：现代社会知识社会学研究》第一卷（*Gesellschaftstruktur und Semantik. Studien zur Wissensoziologie der modernen Gesellschaft.* Band I. 1980）、《福利国家的政治理论》（*Politische Theorie in Wohlfahrstaat*，1981）、《社会结构与语义学：现代社会知识社会学研究》第二卷（1981）、《法律的区分化：法律社会学和法律理论论文集》（*Aufdifferenzierung des Rechts*：*Beitraege zur rechtssoziologie und Rechtstheorie*，Band Ⅱ. 1981）、《社会学启蒙》第三卷《社会系统和社会组织》（*Soziologische Aufklaerung.* Band Ⅲ. *Soziales System*，*Gesellschaft Organization*，1981）、《社会的区分化》（*The Differentiation of Society*，1982）、《作为热情的爱：论亲昵性的密码化》（*Liebe als Passion*：*Zur Codierung von Intimitaet*，1982）、《系统理论的典范转换：在日本的演讲论文集》（*Paradigmawechsel in der Systemtheorie*：*Vortraege in Japan*，1983）。为了总结此前他对于社会系统的研究成果，他在1984年发表了《社会系统：一个一般性理论的纲要》。因此，**可以把鲁曼的系统理论的发展过程，以1984年为分水岭划分为两大阶段，此前是第一阶段，此后是第二阶段**。

在第二阶段中，鲁曼更深入地研究**社会区分化**问题，研究经济和知识社会学以及道德的问题，同时也研究了有关语言、思想、宗教和艺术等问题，同时也提出“**风险**”（Risiko）、“**不保险性**”（Unsicherheit）和“**信任**”（Vertrauen）的概念（Luhmann，N. 1984：47，252，179），并进一步论证了**风险社会**（Risikogesellscahft）的概念。他明确地说：“复杂性在一定意义上说，就是选择强制。选择强制又称为偶然性，而偶然性则称为风险（Komplexität in dem angegeben Sinne heiβt Selektionszwang，Selektionszwang heiβt Kontingenz，und Kontingenz heiβt Risiko）。”（Ibid：47）乌尔利斯·贝克（Ulrich Beck，1944— ）要到苏联的切尔诺贝利核电站灾祸发生后才在1986年正式提出“风险社会”的问题。（Beck，U. 1986）但鲁曼根据他的系统理论研究，已经充分意识到当代社会科学技术的自我生产全球化发展的严重后果。在这一阶段，鲁曼分别发表了《对于法律的社会学观察》（*Die soziologische Beobachtung des Rechts*，1986）、《生态学的沟通：现代社会是否可以在生态危害的基础上建构?》（*Oekologische Kommunikation*：*kann die moderne Gesellschaft sich auf oekologische Gefaehrrdungen einstllen*? 1986）、《社会学启蒙》第四卷《关于社会功能区分化的论文集》（*Soziologische Aufklaerung*. Band Ⅳ：*Beitraege zur funktionalen Differenzierung der Gesellschaft*，1987）、《论社会的经济》（*Die Wirtschaft der Gesellschaft*，1988）、《作为建构的认知》（*Erkenntnis als Konstruktion*，1988）、《社会结构与语义学：关于近代社会的知识社会学研究》（*Gesellschaftsstruktur und Semantik*：*Studien zur Wissensoziologie der modernen Gesellschaft*，1989）、《言语与沉默》（*Reden und Schweigen*，1989）、《典范丧失：关于道德问题的伦理学思考》（*Paradigm lost*：*Ueber die ethische Reflexion der Moral*，1990）。

在这一时期，鲁曼之所以重点地加深研究社会区分化的问题，是因为自从他的系统理论提出以后，社会学界对他的系统理论进行了热烈的讨论，并对这一理论是否能深入说明社会区分化的问题提出了许多质疑。

如前所述，鲁曼在总结以往各种系统理论研究成果时，已经高度重视社会系统的自我区分化问题。他认为，区分化的过程虽然包含着系统与环境的互动关系，但更重要的是隐含着系统内各种多面向的多维度随机性因素。为了说明系统的区分化过程的内在动力，鲁曼强调了系统内各种多重随机性因素之间的相互参照的可能性，从而把系统的自我参照和自我生产以及自我组织紧密地联系在一起。但是，鲁曼也意识到，对于社会系统的自我参照和自我生产来说，最重要的是社会系统中的“**意义**”的因素及其在自我生产过程中的作用。唯有在社会系统中，自我组织、自我参照和自我生产才同“意义”相关联。

社会系统中同意义密切相关的自我生产和自我组织活动，自然地衬托出社会系统中的各种与人的精神活动和思想创造密切相关的知识、文化、道德、法律、制度和价值体系的问题。所以，从70年代起，鲁曼的社会系统理论，除了一般性地论述系统及其功能的特征，还进一步论述了“意义”、“双重偶然性”、“沟通和行为”、“诠释”、“心理系统的个人性”、“结构与时间”、“矛盾与冲突”、“社会与互动”、“自我参照和合理性”以及“认识论的效果”等等重要问题。所有这些问题，都是复杂的社会系统理论所必须面对的特殊问题。

第二节　与结构主义的比较

(1) 鲁曼与索绪尔的“系统”概念之比较

鲁曼的系统理论是在充分意识到传统系统理论的局限性的基础上提出的。传统系统理论的各种片面性，不仅表现在自然科学各门学科中的系统理论，而且也表现在近现代人文社会科学中的各种系统观念及其相关理论。

在鲁曼之前，试图将自然科学研究“系统”的理论成果运用于人文社会科学的最光辉榜样，就是由索绪尔（Ferdinand de Saussure，1857—1913）所开创的语言学结构主义及其后的列维-斯特劳斯（Claude Lévi-Strauss，1908—2009）人类学结构主义。索绪尔和列维-斯特劳斯所说的“结构”，实际上就是“体系”或“系统”。他们两人的结构主义，由于吸收和运用自然科学，尤其是数学的各种系统理论，在研究人类语言、习俗、制度和各种文化产品的创作模式方面，取得了辉煌的成果。（Saussure，E. 1973［1916］；Lévi-Strauss，C. 1948；1955；1962；1964；1966；1968；1971）

但是，索绪尔和列维-斯特劳斯的结构主义中的“系统”概念，一方面同自然科学的系统概念有许多类似之处，使他们有可能应用“结构”（系统）的概念，集中地研究人类语言和社会文化现象中的许多复杂现象，揭示客观地存在于社会和语言现象中各种复杂关系的本质性稳定结构；另一方面，又在很大程度上忽略了人类社会文化生活领域的高度复杂性和不稳定性，导致以“结构”观念概括和化约各种变动性和可能性因素的危险，使他们无法正确说明和分析社会文化现象本身的生命运作过程。

同鲁曼的“系统”概念相比，索绪尔和列维-斯特劳斯的“结构”概念，只强调系统的稳定性质和形式上的统一性。在索绪尔那方面，他所强调的是语言结构在能指和所指方面的二元关系，并把能指和所指的二元关系，当成一切人类语言结构的普遍的、固定的和唯一的特征。索绪尔认为语言基本上是一个由对比和相互关联的元素构成的系统。他说：“在词里，重要的不是声音本身，而是使这些词区别于其他一切词的声音上的差别，因为带有意义的正是这些差别。”（Saussure，E. 1973［1916］：164）接着，索绪尔又说：“语言系统是一系列声音差别和观念差别的结合，但是把一定数目的音响符号和同样多的思想片段相配合，就会产生一个价值系统。在每个符号里构成声音要素和心理要素间的有效联系的，正是这个系统。”（Ibid：166）在索绪尔看来，语言是一种表达观念的符号系统。作为一个系统，语言只知道它自己固有的秩序。“语言的特征就在于它是一种完全以具体单位的对立为基础的系统。”（Ibid：151）索绪尔所说的“系统性”，显然是指语言的整体性，指语言系统及其内在各组成因素间的相互关系的整体性。作为一个整体，语言系统内在各要素的位置及其与其他要素的相互关系，都是关系到语言本身的本质性特征的。

在索绪尔的结构语言学中，系统观念显然具有独创的意义，而且对于整个语言学理论来说也是具有决定性的意义。索绪尔结构语言学中的系统概念的主要贡献，就在于它不仅仅是满足于说明语言本身是一个由其自身各因素间的差异关系所组成的系统，而且还进一步指出了系统中各个相互差异和相互关联的因素的内在关系，并详细探讨具有各种差异关系的内在因素间，如何在系统内部发生关联而构成系统本身。

但是，索绪尔的系统概念，显然在以下两个方面仍然深受传统形而上学和方法论的影响。第一方面是关于系统的统一性和单一性特征。第二方面是关于系统内各因素间的差异关系的二元对立性。由于上述第一方面的限制，索绪尔的系统概念将系统本身的性质和运作特征简单化了。这主要是指他借助于统一性和单一性的概念，而将所有的各种不同系统的特性都化约成为共同的性质。同时，他的统一性和单一性概念，也将各种不同系统与外在因素之间的关系简单地化约成为系统之间的相互关系。也就是说，在索绪尔看来，一方面既然语言系统是靠其内在各因素间的差异关系来自我决定的，那么，系统之成为系统，完全是靠系统内部的因素关系所决定的。在此情况下，系统外的非系统因素，特别是环绕系统的环境因素，就与系统本身的存在和运作毫无关系。这就低估了系统与它的环境之间的复杂关系，同时也低估了环境对于系统本身的存在和运作所发生的各种干扰性影响的重要性。从索绪尔的系统理论也可以看出，鲁曼的系统概念高度重视系统与它的环境的复杂关系是有道理的。而且，在对比鲁曼和索绪尔的系统概念的基础上，我们进一步看到了系统与它的环境的相互关系对于系统本身的重要性。当然，索绪尔之所以忽略了作为语言的系统与它的环境之间的关系，完全是因为索绪尔本人仅仅是一位语言学家，而不是社会学家。因此，索绪尔不可能在更广泛和更深刻的层面上，考察语言和语言以外的社会各系统之间的复杂关系。但是，作为社会学家的鲁曼，他正是要从整个社会以及社会所处的周遭自然环境等复杂因素的全面角度，深入考虑社会本身作为一个系统的高度复杂性，特别是考察其中高度变化，甚至不可预测的偶然性因素的动向，同时考察各种各样并未出现，但随时有可能从潜伏状态中冒现出来的因素。

索绪尔在系统观念上的各种局限性，主要应归因于他在方法论上的片面性。如上所述，索绪尔继续沿用传统方法论的二元对立模式去说明系统的性质。因此，他把系统内决定着系统根本性质的因素关系简单地化约成为二元差异关系。在索绪尔的系统中，一切因素间的关系，不管怎样复杂，都是二元差异关系。这样一来，二元差异关系成为系统各种性质极其复杂变化的唯一根源，因而也成为系统各种复杂特性的“终极原则”。

（2）鲁曼与列维-斯特劳斯“结构”概念之比较

对于列维-斯特劳斯来说，“结构语言学在社会科学中所扮演的角色，就相当于核物理在整个物理科学中所扮演的角色一样，是革命性的。这场革命，如果我们评估它的最广泛的意义的话，究竟是什么呢？结构语言学最杰出的创建者特鲁别茨科伊为这个问题提供了答案。在一篇纲领性的声明中，他把结构方法归结为四项基本程序。第一，结构语言学从对于有意识的语言现象的研究，转向对于它们的无意识基础的研究；第二，它并不把语词（terms）当成独立的实体，而是把语词之间的关系当成其分析的基础；第三，它引入了‘系统’概念——它并不单纯认为语音是一个系统的部分，它展示具体的语音系统，并说明其结构；第四，结构语言学的目的是通过归纳或演绎，揭露一般的法则。这样一来，社会科学才第一次有可能科学地总结其必不可少的关系。”（Lévi-Strauss，C. 1977［1958］：33）列维-斯特劳斯又说：“‘社会结构’同经验的实在毫无关系，而只是同依据经验实在而建构的模式相关。关于这点，有助于弄清两个非常紧密，但又经常被混淆的概念。这里指的是‘社会结构’的概念和‘社会关系’的概念。有必要在这里指出，社会关系是由原始经验资料所组成的，而正是靠这些原始数据，才得以建立构成社会结构的那些模式。至于社会结构，在任何情况下都不能化约成存在于任何特定社会中的各种社会关系的总和。因此，社会结构不能成为社会研究中类似其他经验领域那样的单独领域。社会结构毋宁说是一种运用于任何类型社会研究的方法，就好像在其他学科中所运用的结构分析方法那样。因此，上述问题，就变成为‘什么类型的模式才有资格被称为结构’的问题。这并不单纯是人类学的问题，而是一个属于一般科学方法论的问题。记住这点，我们就可以说一种结构是符合下列要求的那种模式。第一，结构展示一个系统的特征。系统是由各种因素所构成的，其中的任何一个因素，在没有影响其他所有因素而发生改变以前，是不能有所变化的。第二，对于任何一个特定的模式而言，都一定存在引起一系列变化的可能性，而这种变化又导致同一类型的其他模式群的变化。第三，结构的上述特征，使我们有可能预见到，当结构的一个或更多的因素发生某种变化的时候，上述模式会产生什么样的反应。第四，模式的建构应该使被观察的所有事实都能直接地被理解。所有这些是具有结构价值的任何一个模式的基本要素。”（Levi-Strauss，C. 1977［1958］：279—280）

在列维-斯特劳斯的上述结构概念中，既有与鲁曼系统概念相同的地方，又有相异之点。其中相同的地方，就是强调结构作为一种基本的系统是固定的、稳定的。系统的固定性和稳定性，决定于它们的内在各因素之间相互关系的稳定性和固定性。结构主义和鲁曼都强调系统内在各因素之间相互关系的优先地位及其对于系统本身的决定性影响。两者相异的地方，在于鲁曼强调系统的自我生产和自我参照性质，而列维-斯特劳斯则没有论述结构的自我生产性和自我参照性。显然，列维-斯特劳斯忽略了系统本身的内在生命的运作，也忽略了系统与其环境之间相互关系的重要意义。

第三章　鲁曼社会系统理论微观分析

为了对鲁曼社会系统理论进行更深入的分析，必须就其微观结构及其特征做全面的解析。这一方面是指对鲁曼系统概念进行细致的探究，抓住其基本特征；另一方面是对它进行历史的考察，分析比较鲁曼在各个历史时期的不同系统概念，并说明其特征。

第一节　鲁曼系统理论的成形

鲁曼的系统概念有什么特征？它同传统的系统概念有什么不同？为了回答这个问题，有必要依据鲁曼本人在不同时期的不同著作中的各种论述，进行比较式的说明。鲁曼本人对“系统”概念的理解和论述，在不同的时期，随着其本人的认识和思想的发展，在其不同著作中有不同的表现。

1969年发表的《通过程序的正当化》（*Legitimation durch Verfahren*, 1969），是鲁曼论述社会系统理论的最重要的早期著作。这本书，曾经在1975年再版并增加了新的前言，然后在1978年又不加任何变动地出了第三版德文本。在这本书中，他说：“一个**系统**的最重要标志是它与世界的复杂性的一种关系（Wichtigstes Merkmal eines System ist ein Verhaeltnis zur Komplexitaet der Welt）。所谓**复杂性**，可以把它理解成可能性的总体性（Unter Komplexitaet ist die Gesamtheit der Moeglichkeiten zu verstehen）；这种可能性的总体性是实际的历程——不管它是在世界之中（世界复杂性），还是在一个系统之中（系统复杂性）——呈现出来的。每一个系统的建构总是只包含世界的一个部分，只能让各种可能性中的一个有限数量得到实现。系统是在同一种复杂性相区分的意义上，建构起其内和外的区别，也就是建构起秩序。系统的环境始终是过度复杂、无法加以概括和无法加以控制的。系统自身的秩序，相对而言，就其化约和简化复杂性，就其只容许系统自身的行动在较少可能性范围内而言，是具有相当高的价值的。属于系统自身的秩序还具有一种对于环境的选择性的设想，这也就是系统的‘主观的’一种‘世界观’。系统对于世界的这种‘主观世界观’，只是系统根据较少的相关事实、事件和其期望，根据其周遭世界中摘取出来的可能性而获得的，而且这样一来，它才是具有意义的。就是通过这样的化约和简化，系统才有可能使行动获得一种充满意义的取向。”（Luhmann，N. 1989［1963］：41）在同一本书上，鲁曼同时指出：“过程就是系统，并且它具有一种结构；如果不是系统，它就不是过程。而且，如果没有结构也就没有系统。”（Ibid）

鲁曼的新的系统理论，早在50年代末就开始建构。当时，他充分意识到，批判传统系统功能论的观点是创建一个新的系统理论的基础。因此，他在考察管理科学和政治学中应用的系统概念时，就已经把重点集中地指向传统系统理论的功能概念。他在当时所发表的《管理科学中的功能概念》（“Der Funktionsbegriff in der Verwaltungswissenschaft”，1958）的论文中，批判旧的系统理论把结构看做功能运作基础的观点。他认为，对任何一个系统而言，不是先有结构而后决定其功能，而是先有功能的运作才产生系统结构及其运作。在这里，他首先是将批判的矛头指向各种“结构固定论”及“结构决定功能论”。接着，在60年代初，他又进一步探讨了系统功能同因果性的关系。传统系统理论不但将结构看做固定不变的形式，而且也用极其狭隘的因果观点，说明结构与功能的关系。这种传统因果观点总是认为，因果之间是一种单线单向关系：有“因”就有“果”；有什么样的因，就有什么样的果。同时，在因果之间还只能存在某种“必然”的关系。它忽略了各种因果关系中的偶然性及可能性的存在。当然，鲁曼深刻地意识到，传统系统理论本来就同传统方法论密切相关，而且也是以传统的逻辑学作为基础。

因此，作为传统逻辑学的基本概念，因果性一向被认为是系统研究的基础。传统的因果概念，为了寻求事物发展的固定规律和结构，往往把因果关系当成两个前后不同的因素之间的必然联系，并把这种联系放在单一维度和方向中去考察。因果关系一旦确立下来，因果两因素在结构中的位置也就固定不变。这种传统的因果观为建构封闭的系统概念奠定了基础。而且，这种因果观暴露了传统系统理论忽略了系统内部及其与环境关系的复杂性，也忽略了系统的功能本身会随着其运作所遇到的问题而不断进行自我调整和自我更新。传统系统论忘记了，系统功能乃是系统本身存在和发展的生命和灵魂；而且，对于任何系统的功能而言，它们所面对的首要问题，就是系统与其环境的复杂关系。鲁曼 1964 年发表的《功能的方法和系统理论》（“Funktionale Methode und Systemtheorie”，1964）系统地提出了不同于功能论的新系统观。接着他在 1967 年发表的《社会学启蒙》（此文后来编入《社会学启蒙》第一卷中）一文中，强调一种功能有可能导致一种系统的产生，而这种功能又同系统的结构相关联。他严厉地批判了到当时为止占统治地位的结构功能论（strukturell-funktional），强调他所主张的功能结构论（funktional-strukturell），是同结构功能论系统论根本不同的。他明确指出，传统的结构功能论的错误是仅仅考虑到系统结构维持条件；因此，这些结构功能论无法正确地理解结构的变化，或者他们往往把局部的系统同整个的系统混淆在一起。（Luhmann，N. 1964；1967a）在这里，鲁曼批评了他的老师帕森斯的社会系统理论，同时也批评了美国社会学家斯梅尔瑟（Neil J. Smelser）的有关观点。（参见其著作 *Theory of Collective Behavior*，1963）

值得注意的是，鲁曼在论述其系统论时，从一开始便强调了系统同周遭世界（环境）的复杂性的关系。这种**复杂性**一方面构成了系统与复杂的环境的交错关联。在某种意义上说，周遭世界的复杂性使得系统本身处于**不确定的各种可能性**之中。但另一方面，这种复杂性又迫使系统为了维持其自身的功能和结构的完整性，而尽可能地采取对环境进行选择的处理方式。这种处理方式的基本特征，就是**选择性地进行简化或化约的过程**。化约过程对于系统自身的存在和运作之所以重要，是因为唯有通过化约，系统自身才有可能主动地维持其特征，排除对系统维持和运作无关的因素，维持其同一性，并因而维持一定条件下系统内和系统外的区别性，维持系统的功能的正常运作。

鲁曼在强调系统的周遭世界（环境）的复杂性时，使用了“**过度复杂性**”（uebermaessig komplex）、“**无法概括性**”（unueberblickbar）和“**无法控制性**”（unkontrollierbar）的词句。在这里，鲁曼实际上已经显露了要把“环境”仅作为系统的自我参考点或自我指涉点的意图。环境的复杂性固然影响了系统的复杂性，增强了系统的不确定性，但是，环境的复杂性并不只是起着负面的限定的作用，而是反过来积极地促进了系统的自律性和自我区分性；因为环境的过度复杂性，会促使系统不得不尽可能地为维持其自身的同一性而选择性地在过度复杂的环境中寻找自我指涉点。系统的自我指涉就是在这个意义上对于系统本身具有积极的作用。

同时，在鲁曼的上述系统理论中，已经显示出他所遵循的新方法论的特征。这就是，超出传统自然科学通用的研究方法，超出各种化约论、归纳法和演绎法，加入了许多有关“模糊”、“概率”、“可能性”、“不确定性”及“不可概括”等新概念。这些使他的方法论明显地带上了量子物理、生命科学、最新数学科学及科学哲学的方法论的特点，也显示了他意欲超越传统理性主义和经验主义方法论的雄心壮志。

鲁曼所说的环境的“过度复杂性”，主要是强调环境中包含着无限的双重偶然性和可能性。环境对于系统而言，不论就其时间或空间的维度而言，都是无限的。双重偶然性和可能性，即使是存在于有限的时空结构中，也是无限的；因此，在无限的环境中，两者的无限性就只能用高等数学的“无限大”概念来表示。它是“测不准”或“不可预测”的。从本体论和认知论的角度来说，双重偶然性和可能性本来就包含着不可知的性质。鲁曼的双重偶然性和可能性的概念，不同于传统本体论和认知论的地方，就在于鲁曼并不以世界的有限性作为前提。严格地说，作为系统的环境，是同无限的世界相等同的。鲁曼一再强调其系统的开放性，实际上不但只限于系统本身的开放性，而且也是为了凸显环境的无限性。(Luhmann, N. 1979)

环境的过度复杂性导致环境的无法概括性和无法控制性。实际上，双重偶然性和可能性的因素，不仅是指环境中存在着的各种多变不可测的因素及其关系，而且还指在时间维度上一切潜在的可能性因素。黑格尔曾经将可能性分为现实的可能性和可能的或然性。黑格尔至少已经看到了可能性中的一部分是可以在现实世界中存在和实现的，但同时他也充分考虑到，可能性中的绝大部分是以各种不同程度的可能性，隐含在现实世界的背后，时时有可能在人们认为不可能的时刻呈现出来。鲁曼将这种复杂的可能性进一步运用到环境的复杂性之中，因此，他强调环境的复杂性是无法概括的。在这里，他一方面进一步发展了关于可能性的概念，另一方面也集中批判了传统系统观的各种化约论。其实，鲁曼的可能性概念，已经完全抛弃将“可能性”同“现实性”二元对立化的传统模式。这种传统模式只看到可能性与现实性之间相互关系的一个方面，并把它绝对化，似乎它们之间只有“非此即彼”的唯一方式。这也是由于单向单线化约方法的片面性所致。实际上，可能性的复杂结构及其动向，是不能用任何形式加以化约的。可能性的复杂性，只有靠时间的复杂性才能表示出来。但是，时间的复杂性本身又是难以确定的，甚至是不可表达的。因此，可能性的不确定性，只有放置在系统与其环境间的复杂时间维度中才可以象征性地被把握。

在《通过程序的正当化》一书中，鲁曼还进一步指出：“所有的社会系统都是通过结构和过程的一种分离，而获得系统自身相对于环境的同一性和相对的自律。结构和过程的这种分离的功能，就在于建构起一种**‘双重的选择性’**(doppelten Selektivitaet)。”(Luhmann, N. 1989［1963］: 233) 在这里，鲁曼仍然强调系统对于环境的复杂性的选择性化约过程。在他看来，系统的结构的重要意义就是将外在世界的复杂性加以简化并使之简化到符合期望的程度。鲁曼甚至指出，为了达到期望中的化约，有时往往采取欺骗性的幻觉方式，将复杂的环境加以虚幻化。这种情况常常是在当人的行动面临着高度复杂的外在世界，而又不得不做出有限的抉择的时候发生的。鲁曼认为，这种对于外在世界的复杂性的幻觉，有助于行动的确定化。

鲁曼强调系统对于环境的选择性，正是为了突出系统本身面对复杂环境时所显示的相对主动性和自律性。其实，任何系统的存在固然决定于它与环境的复杂关系，系统必须充分考虑到其本身与环境的关系，但是，任何系统之所以能够存在，从系统本身的内部因素来说，是因为任何系统都具有不同程度的主动性和自律性。系统的主动性和自律性，不但没有减少系统本身的复杂性，反而更加显示其复杂性的程度。系统为了自身的生存而运作，对于复杂的环境进行极其复杂的选择性化约。也就是说，环境的复杂性迫使系统自身在采取选择的简化程序时，也不得不表现出选择性自身的不可预测性。系统对于环境的选择性的不可预测，是为了对付环境复杂性的不可预测。鲁曼所说的系统的“虚幻化”选择性，是系统复杂的选择性的一个表现。系统在对环境进行选择性的简化时，往往要采取欺骗自己和欺骗环境因素的途径，以避免环境复杂因素对于系统可能采用的选择性的抵消。系统的欺骗性幻觉，可以达到置环境多种复杂性于不顾的目的，有利于系统自身集中地将本身的能力和资源应用于最必要的选择性程序中。

第二节　宗教与法律系统的普遍意义

在鲁曼的社会系统分析中，宗教和法律系统占据非常重要的地位。这首先是同他的个人经历及其研究生涯紧密相关。如前所述，鲁曼出生于充满宗教气氛的吕讷堡。当他在施派尔担任行政管理工作时，他同样深深感受到宗教对于社会及其历史发展所产生的重要影响。后来，他跟随谢尔斯基等人先后在明斯特大学教学和研究，也被谢尔斯基等人及他们所在学校的宗教气息所感染。而且，他在后来的社会系统理论研究中，特别意识到宗教及其教义对于社会功能分化所起的重要作用。在他的《宗教的功能》和《基于自我参照的社会、意义及宗教》（Luhmann，N. 1985b）等重要著作中，鲁曼一再强调宗教生活作为社会生活基本内容的重要意义。他和韦伯、涂尔干一样，都认为人类社会在本质上是宗教性的。不仅社会的形成和发展，而且，社会其他各种重要功能，诸如沟通、意义的形成和变化、自我生产和自我参照等等，都紧密地与宗教的发展及其功能变化有关。人类社会从简单的社会系统到复杂的社会系统的演变，主要取决于宗教系统的变化。他说："对于宗教以及宗教教义的功能分析，不但把作为参照点的社会系统进一步确定化和具体化，而且，还将使一切与此系统相关的问题也获得澄清。"（Luhmann，N. 1984a：39）不但如此，就连社会系统内的一切沟通及其所交流的各种意义，也在一定程度上决定于宗教功能的演化。鲁曼指出："由个别沟通媒介所提供的关于世界的诠释，以及它们之间的联系和相互支持，即使是处于高级的独立阶段，也仍然靠宗教作为其媒介。"（Ibid：29）他接着进一步把宗教在社会生活中的基本功能加以具体化。他说："宗教是通过它对于现有分化了的媒介密码，诸如真理、爱、政治权力等的宗教性复制，使它们朝向一个统一的世界观的方向进行再诠释。"（Ibid）即使到了高度分化的现代社会，当出现风险的可能性急遽地增多的时候，宗教不但仍然，而且更加显示它对于整个社会系统功能运作的重要意义。（Ibid：59）

法律是人类社会存在和发展的最重要的基础和基本条件。但反过来，法律系统的建构又是紧密地同社会系统中偶然性以及各种各样有意义的可能性所构成的复杂性相联系。而在鲁曼看来，这些偶然性和多种多样有意义的可能性又产生于社会系统中所发生的人际间的互动过程中。"集体的社会生活包含着规范性的法规，这些法规排除了其他的各种可能性，并坚持必须达到一定实效的程度。社会永远是如此的，尽管法律形成的技术程序及其对于实际行动的决定程度，会随着不同的领域而有所差别。实际上，最起码的法律上的导向是处处都不可缺少的。"（Luhmann，N. 1985：1）为此，鲁曼从一开始就极端重视对于法律社会学的研究，并试图通过他的独特的法律社会学的建构，进一步彻底改造传统社会学的思路和方法。1972 年鲁曼发表的

《法律社会学》对于深入了解鲁曼的系统理论具有重要的意义。如前所述，在这本书的第二版序言中，鲁曼特别强调整个60年代系统理论研究的最重要的成果就是关于“**自我参照系统**”概念的提出。他把这样一个自我参照的系统概念的提出，看做系统理论发展史上的“**典范的转换**”。正是在这本论述法律社会学的著作中，鲁曼高度灵活地应用自我参照的概念，对于社会法律系统进行研究，并特别阐明了法律系统的发展和分化在现代社会发展中的决定性意义。鲁曼认为，法律系统的发展和分化是当代社会系统自我生产和自我参照的典范。复杂的法律系统是当代社会发展的产物，在当代法律系统的分化及其运作中，典型地表现了社会系统的封闭及其与周围环境之间的复杂关系。为了保持法律系统自身的自律性，法律在现代社会生活中尽可能地发展其本身各内在因素之间的紧密联系，使法律在其自身的范围内不断进行自我调整和自我分化，排除或减少周围环境各因素对于它的生存和发展的干扰，使它具有越来越强的自我生产能力。

在这本书中，鲁曼以法律系统为中心，进一步探讨一般系统和社会系统的特征，为其系统论的许多基本概念做了更深入和更全面的论述。

鲁曼之所以重视法律社会学的研究，不仅仅是因为他本人是学法律的，而且更重要的是，因为他充分意识到法律和人的社会生活之间的密切关联。同时，鲁曼也看到了法律系统的人为性质及其在现代化过程中的重要意义。但是，正如鲁曼所说，对于法律这样一个重要领域，以往的传统社会学家却没有给予过充分重视，更没有出版过一部系统的法律社会学著作。他说：“一切集体的人类生活都是直接或间接地由法律来形塑。法律就像知识一样，是社会条件的一个最重要和最带有渗透性的事实。没有任何一个生活领域，不管是家庭的或宗教的共同体，也不管是科学研究或者各个政党的内在关系网，可以不立足于法律而建构出一个稳定的社会秩序。”（Luhmann, N. 1985：1）

由于法律系统对于人的社会生活的系统性具有重要意义，由于法律社会学研究对于社会系统研究具有重要的意义，所以，深入和系统分析法律系统结构及其功能，可以成为研究社会系统的基础。法律系统并不因为只是社会系统的一部分而显得简单化。相反地，法律作为一个系统，同其他社会系统一样，表现出高度的复杂性及自律性。正如鲁曼所说："法律秩序，根据我们现在所了解的，是一个极其广阔的实体（an entity of immense）和结构的复杂复合体（structured complexity）。我们所理解的，以及在此后所说的复杂的复合体，是指经验和行动中的可能性的总和（the sum total of the possibilities in experience and action），而当它实现的时候，它就是一个**意义结合体**（Sinnzusammenhang）。在法律的案例中，它并不仅仅包括在法律上许可的行动，而且也包括非法的行动，只要它是在不为法律所发现而导向法律的话。一个可能性场域的复杂性，可大可小，这完全取决于可能性的数量、异质性和相互独立性。而且，它可以是无结构的，也可以是结构化的。一个完全无结构的复杂性的例子，就是原始等离子体或原生质似的有限案例，在那种情况下，一切可能性都是任意的和等同的。结构化的复杂性的实现达到使各种可能性相互排斥和限定的程度。同结构化的复杂性相伴随而产生的，是兼容性或共存的问题。一个特殊的可能性的实现，往往阻碍着别的可能性的实现。但是，另一方面，它又允许另一些新的可能性的建构，这些新的可能性的建构是以以往的要求作为先决条件的。"（Luhmann，N. 1985：5）

这就告诉我们，**首先**，鲁曼是从社会系统的意义结构及其运作去观察法律系统的特征的。作为人为建构的法律系统，必须以共同生活在一起的人们的共识为基础，而这个共识是要在沟通的过程中实现的。但是，另一方面，法律系统一旦建立起来，就越来越具有自律性，以至于法律系统自身通过它内部各因素之间的协调就可以完成自我生产和自我分化。在这种情况下，法律建构过程中的沟通，就成为独立于人们的意识而自行运作的沟通自身自我生产的过程。法律的自我生产与沟通的自我生产的一致性，更使法律在其自身所制造的意义世界中进行自我参照和自我分化。作为社会行动者的人，始终都是生活在一个由各种意义所构成的世界之中，但是人们对于意义世界，又不是完全清楚地了解和把握。就此而言，这些世界构成了由各种可能性所组成的复合体，并且作为环境而环绕着行动的脉络，构成行动的环境。这一切不仅为行动系统及其环境的复杂性奠定了基础，而且也使之增添更大的变量。所以，鲁曼在以其独特的意义和沟通理论说明法律系统的独立性的同时，也将法律系统纳入更不确定的可能性世界中，因为只有这样，法律系统的自律性才更突出地显示出来。由于法律系统的运作和分化都仰赖其自身内在因素的自我参照，法律系统的发展就越发具有不可预测的可能性。

其次，人对世界和环境的了解是有限度的，这种限度不仅表现在时间上，而且也表现在空间上。不论是时间或是空间，在行动贯彻和在环境展现的层次上，都是充满着许多变量的。

先从行动的层次来看，发生在不同时间系列的行动，除了同其先后发生在不同时间中的经验建立各种可能的关联以外，各次时间系列中发生的行动本身，又因时间的展开过程存在着多种可能的结构，在其完全实现以前，始终都是可变动的和待选择的结构。在这里，鲁曼又一次应用可能性概念，以展现行动过程的复杂性。因此，鲁曼认为行动过程中所经历的时间结构，不仅是该行动实现过程中严格意义上所耗费的具体时间，而且也是同以往相关联的各种经验的历史时间结构有联系，也同该行动所要达到的未来目标的时间结构有联系。这样一来，行动的时间结构，在其展现的过程中，就包含四个值得深入分析的面向。其一，行动过程的展现时间；其二，行动与以往行动历史经验时间的连接结构；其三，行动与未来目标相连接的时间结构；其四，行动与行动脉络外任何可能时间的关联，主要是指行动与其直接原因结果外的其他可能时间的关联。

人在行动中所经历的这种时间结构的复杂性，构成了行动本身在实现过程中的高度复杂性和各种可能性，也展现了行动同它所面对的环境的极端复杂的关系。

这就表明，行动所发生的时间结构，是行动系列同其环境相关联的复杂性的一个重要面向。在这个面向中，各个行动者可以由此而同自己的或与自己相关联的他人的各种经验时间结构打交道，从而增加了行动本身和环境的复杂性的程度。任何人在实现自己的行动的时候，至多只注意到行动实现的那个时段，而很少意识到透过这个时段同历史和未来的自己和他人的经验时间的可能联系，从而使行动者在行动时间中为处置行动与环境所面临的各种问题而做出的抉择性决定和计算，被限定在一个有限的范围内。但是这个有限的范围，只有在作为结果的时候才出现，才清楚地表现出它的有限性。这不仅是因为行动者只有在行动完成后，才能清醒过来，而且还因为行动过程始终都是可变的、待决定的。也就是说，在行动进行的过程中，它并不是有限的，而是无限可能的，始终有待行动者去做出适当的抉择。从有待抉择到最后实现成为有限的结构，其中所经历的过去、现在、将来等各个不同面向的经验的变动性，是极其复杂的。

在环境的面向上，环境各种因素对行动的影响也呈现出极其复杂的时间展示过程。由于行动者所面对的环境，都是被行动者为贯彻其行动所理解的那些多种意义所重建，而行动者为此而重建的环境意义结构，又同其所面对的环境实际状况和行动者所理解的意义象征系统有关联，所以，行动所面对的环境，始终都是随着行动过程实施的需要，在行动过程中，因遇到环境因素的变化和行动者所关联的意义象征系统的变化而发生变化。所有这一切，又都是在时间系列中进行，因此又构成了行动和环境各因素的复杂变化在时间系列的多种可能伸缩和隐显。

法律系统的重要意义及其对于当代社会演化的决定性影响，并不是鲁曼个人所发现，也不是只有他才对这个问题有全面的社会学论述。但是，他的独特贡献正是在于，他比以往的古典社会学家更深刻地将法律系统的特征及其对于社会系统的演化的特殊意义加以论证。

早在社会学的古典时期，涂尔干就已经很深刻地分析了法律系统的发展及其演化对于现代社会形成的重要意义。在涂尔干看来，最早的人类社会，当劳动分工尚未充分实现以前，社会是靠“集体意识”（conscience collective）的力量而聚集并形成的。最简单的社会是由某种道德上的共识而建立的，其中，集体意识是最重要的组成部分。集体意识的内在构成强度（intensity)、容量（volume)、严谨性（rigidity）及其内容（content)，随着社会劳动分工的发展而不断发生变化。正因为这样，涂尔干在他的这部著作中，得出结论说："历史教诲我们的一项重要真理，就是宗教包含了社会生活的每一个部分。宗教从根源上渗透到社会的一切事物中，而每种社会事物都是宗教性的（everything social is religious)。"（Durkheim，E. 1960［1893］：143）涂尔干认为，在古典社会中，集体意识在**强度、容量**和**严谨性**方面，都比较高，但其**内容**则是单纯的宗教性质。这就是他所说的"机械连带"（mechanical solidarity）的社会。但是，到了较高级的近代社会，整个社会是建立在个人或由个人所组成的团体之间的"合作"（co-operation）的基础上，而这些合作性的连接是由个人及各种团体在职业上的相互依赖性所造成的。这是劳动的高度社会分工进一步发展的结果。在这种情况下，调整整个社会生活的法律，已经不是以往机械连带的古典社会中的那种"镇压性的法律"（repressive law)，而是逐步地以"复原性的法律"（restitutive law）为主。这就导致现代社会中法律制度的越来越细致的分化、制度化、自律化和封闭化。鲁曼在某些方面同意涂尔干的上述意见。鲁曼也认为："日常生活中行为互动领域的偶然性和复杂性，将随着社会生活多样性的增加而发生变化。但是，只有当人们有可能连续地同时完成其经验及行动的综合的情况下，上述日常互动行为的偶然性和复杂性的变化才有可能发生。较单纯的社会只能以理所当然的集体共识的形式，达到上述那种综合，而且，这种综合往往采取自然的和道德的世界观的形式，并以一种语言作为其本身的表现方式。"（Luhmann，N. 1985：108）此后的发展，由于社会生活越来越导致偶然性的增长和复杂性的多种化，使人们不得不以法律制度的形式来调整人们行动的关系，同时使偶然性和各种风险都以更加抽象的形式在社会制度中固定下来。法律系统就是在这种社会演化的过程中逐渐地复杂化和自律化。

在当代社会学领域中，同鲁曼持有相反意见的德国沟通行动理论社会学家哈贝马斯，虽然在许多重要方面，特别是在理论和方法论方面，都与鲁曼相对立，但他们都一致认为，现代社会的法律系统的膨胀及其自律，导致现代社会生活的僵化，导致现代社会风险性的增高。哈贝马斯在其著作中论述了法律系统的发展形成了现代社会“生活世界”的“被殖民化”（The colonialization of the world of life）。（Habermas，J. 1981）尽管鲁曼与哈贝马斯有激烈的理论争论，但至少他们都意识到当代社会法律系统的自律与封闭性的分化，已经造成现代社会的新危机。为此，从更高的角度探讨和比较鲁曼与哈贝马斯的法律社会学，将有助于深入研究当代社会的性质。同时，由此也可以凸显出法律社会学在当代社会研究中的重要地位。

鲁曼在谈到现代社会演化、法律系统自律化以及法律的专业化的复杂关系时强调：首先，社会的发展使社会本身逐步地由“段落式”分化导致“功能性”分化，导致越来越多的复杂的专业性功能社会系统的产生及其自律化。其次，在不同的社会系统领域和法律系统中，也逐渐产生由各个法律系统容许的选择性的专业化行动系统。反过来，这些行动领域系统的产生，又促进了各个独立化的法律系统本身的进一步自律化。最后，法律本身在社会系统层面上变成了独立的单位，越来越成为在认知上和在期待上的独立领域，从而也成为在意义结构方面越来越抽象的系统。（Luhmann，N. 1985：109）正因为这样，鲁曼更深入地探讨了与整个社会系统的演化紧密相关的“期待”概念。

第三节　社会系统中的“行动”概念

由于系统理论涉及系统与其环境的复杂关系，而且，一切有关系统运作的问题的解决，也都同这个问题紧密相关，所以，鲁曼在创立其社会系统理论时，很重视“内在”与“外在”的相互关系，并把这个问题列为他的社会系统理论首要思考的中心，因为它正是从系统与其环境的关系问题所延伸出来的。他明确指出：“内在与外在的区分，是一切系统理论的核心问题（The difference between internal and external is central to every kind of system theory)。”(Luhmann, N. 1984a: 2) 一切以往的社会系统理论，几乎都从这个中心问题出发，导出一系列有关“结构”与“过程”的分析（structure and process analyses)、“输入”与“输出”的模式建构（input/output models)、“信息处理程序的理论”(theories of information processing)、“选择性”(selectivity) 以及“复杂性的区分”(complexity differences) 等等概念形式。正如鲁曼所批判的，通行于社会理论中多年的行为主义，到头来还抛弃了与上述核心问题紧密相关的“行动”与“经验”的关系，致使社会理论长期以来，没能够正确解决它所面临的基本问题。这种状况的严重后果，就是把社会理论几乎归结为对于“行动”的研究和探讨。

从鲁曼社会系统理论的角度，**“行动”首先可以看做社会系统内进行复杂选择的过程**。这就意味着，一切社会行动，哪怕是最简单的行动，都在其前前后后面临着一系列选择，而且，这些选择过程完全决定于系统本身。但同样的，“经验”也涉及一系列选择，只是这种选择是紧密地同社会系统的外在环境有关。

鲁曼还看到上述问题的复杂性，因为他认为，系统如何决定行动的选择以及环境如何决定经验，都还进一步同系统及环境本身的复杂程度相关。更何况当代社会系统本身，随着它的区分化的加强及增快，社会系统与其环境之间始终经历着复杂的变化过程。在这种情况下，作为社会系统**内在**因素的行动及作为**外在**的环境因素的经验之间，也伴随着当代社会系统的分化过程而一再地发生无法预料的变化趋势。而且，对于鲁曼来说，行动同其经验之间的相互区别，一点也不意味着两者之间毫无沟通和相互渗透；相反，两者之间实际上是在系统与其环境的协调中，在系统的内在分化及其与环境的牵制中，不断相互转化。而在其间，**“期待”**概念扮演着非常重要的角色。“期待”概念的重要性就在于，它实际上是介于行动与经验之间的中介环节。正是“期待”的过程及其走向，表现出行动者在社会系统及其与环境的复杂关系中所可能产生的多面向态度。同时，“期待”概念在其始终伴随“行动”和“经验”的交叉关系中，潜在地和多面向地决定着行动的整个过程和结果。正是在这里，鲁曼再一次强调了社会系统的内在复杂偶然性因素的意义，也同时显示出周围环境的复杂变化对于社会系统偶然性的影响。这样一来，从行动和经验的相互关系中引申出来的期待概念，也就很自然地同鲁曼的双重偶然性概念、可能性概念紧密地联系在一起。在鲁曼那里，行动和经验、内在与外在、现实与可能性，等等，都是围绕着系统与其环境的相互复杂关系这个轴心的。他说："现实与可能性之间的区分，是用于组织和整理系统与其环境的。"（Luhmann，N. 1984a：5）

为了更彻底地摆脱传统系统理论的影响，为了使其社会系统理论能够配合当代社会的发展而有效地对复杂的社会行动问题进行说明，鲁曼的新型社会系统理论将重点从"行动"（Handlung）转向"期待"（Erwartung）。"期待"的重要性在实质上就是把行动中的多元变化可能性列于首位，不赞成将社会结构看做既定的行动架构，尤其反对将社会架构当成优先值得考虑的因素。这种将"期待"概念列入首要考察因素的理论，同时也是社会系统理论考察行动过程复杂性的典型表现及其具体化。

当我们强调鲁曼社会系统理论的反人本中心主义性质时，曾经深入分析了他的"期待"概念的重要意义。现在，为了进一步说明他的社会系统理论对于行动问题的特殊研究思路和方法，有必要再一次围绕"期待"概念进行讨论。

"期待"概念的提出及其特殊描述，就是鲁曼将人的社会行动问题纳入社会系统及其与环境的复杂关系中加以考察的典型表现。不仅行动者对于环境的了解是有限的，而且，人作为社会系统内部的行动者，其对于社会系统各因素及其相互关系的了解和把握也是有限的。人在其行动过程中，并不是像以往的传统理论那样，始终都是将其主体性列为首要因素；似乎作为主体的人，一旦建立起他的主体性，就永远可以确定其本身的行动方向和过程。主体在其行动过程中，永远要受到系统及其环境的影响。更何况，在人的社会行动中，人的行动不仅发生在社会系统之中，而且，还关联着更复杂的心理系统。行动者不但无法预测社会系统及其环境的复杂走向，而且甚至无法预测行动者本身的心理系统；因为在鲁曼看来，心理系统是同行动系统相区分的，两者遵循着根本不同的运作原则。

行动主体对于系统及其环境而言是非常微不足道的。行动者的这些局限性是靠其经验（自身的直接经验或他人的间接经验）和行动的进行程度而伸缩不定的。行动者所凭借的各种经验，往往是无意识地来自其所经历过的经验的一部分。这一部分作为行动依据的经验，往往是行动者在行动过程中根据其行动贯彻程度和需要，根据所遭遇到的环境的需要而选择出来的，是被行动者当成较为可靠而又相当熟悉的那段经验。其可靠性的程度可大可小，完全决定于行动者自己经验的内涵和行动者所遇到的环境的复杂性的程度，也决定于行动者在做出抉择时所能够依据的信息、知识水平和他所熟悉的各种规范的程度。所以，鲁曼指出："行动者所面对的世界，向行动者显示出经验和行动的一个广阔的可能性范围，但是，所有这一切，对于有意识的认知、信息处理和行动而言，只存在一种非常有限的潜力。"（Luhmann, N. 1985：24—25）鲁曼在这里所要指出的是，哪怕是在一个特定行动中的任何一段时间，其所要指涉的那段特殊经验，不但在决定使用前会有多种可能形式，而且其中的任何一个因素，在用之于该行动和环境的关系时，都存在着非常复杂的可能性和偶发性。这里所说的复杂性，主要是指在行动贯彻没有完全实现以前，可能性的因素总是远多于可实现的因素。这里所说的偶发性，指的是原已期待作为未来行动的各种可能性，总是在其实现时显示出与原定预期有或大或小的差距。这也就是说，在行动中原本显示为可被实现的那些因素，也就是被预期的那些因素，往往采取欺骗的方式，迫使行动者在行动实现过程中处于措手不及的状态，并在行动完成以后不得不接受这种带强制性的结果。所以，鲁曼在另一个地方又说："复杂性在实践上意味着强制性地进行选择，而偶发性则意味着失望的危险和冒风险的必然性（Complexity means compulsion to select, contigency means danger of disappointment and the necessity to take risks）。"（Ibid：25）

鲁曼在上述言论中，强调了行动者对行动效果的"失望"（Enttaeuschung; disappointment）经验的重要意义，特别是对于建构行动系统和社会系统合理化的意义。行动者的失望在社会系统理论中是很正常的。行动者失望的次数和程度，构成行动者在行动中处置他所面对的复杂环境的能力的经验，有时甚至构成行动者在行动中用于判断环境复杂性和抉择合理性的习惯性规则。鲁曼说："协调可以承受的复杂性和失望的精神负担之间的关系，对于结构的合理化始终是必要的。"（Luhmann，N. 1985：32）在人的实际行动中，失望的经验有时也可以构成行动系统的一个重要组成因素。

在古典的社会学理论中，韦伯曾经对"期待"做出深刻的分析。他认为，共同体作为一个行动的基本系统，是人类社会行动发生和进行的基本场所。发生在共同体中的人类行动，会因为行动的性质及其主客观因素的不同构成而有所区别，并在社会生活中产生不同的效果。所以，"共同体行动"是指在主观上具有某种涉及他人的意义的行动。（Ibid）在这种最基本的社会行动中，韦伯已经注意到隐含在行动者各方心理深处的复杂因素，即"**期待**"和"**机会**"（Chance），其复杂性正是表现为主客观层面的交错影响。因此，韦伯还进一步深入分析含有主观性和客观性的"期待"和"机会"的内涵。

在韦伯看来，由行动者所怀有的主观"期待"，也就是主观的目的理性权衡下的"机会"，而根据有效经验和客观的可能性判断所确认的"期待"，是一种建立在客观可能性的计算基础上的"机会"。显然，韦伯是以主体中心主义和理性中心主义为基础，把"期待"概念纳入他的理性主义的主体行动合目的性的总概念之中。对韦伯而言，共同体行动要成为社会体行动，首先必须转变成为"同意式行动"。所谓同意式行动，就是"平均而言，其取向立足于同意的机会基础上的共同体行动"（Ibid：458）。从同意式行动到社会体行动的过渡是流动性的。韦伯认为，社会体的一个基本特征，就是具有有效的规章和秩序，而规章和秩序属于目的理性。当同意式行动不是朝着目的理性的方向进行时，就有可能转变成团体式行动和机构式行动。

韦伯极端重视同意式行动，并把它看做社会体构成的重要基础。社会体行动所必须遵守的“规章”和“秩序”，如果失去了“同意”的基础，不但不可能存在，而且更难以约束和限制行动的进行。在这一点上，强调沟通理性的哈贝马斯的观点和韦伯相近。哈贝马斯认为，社会理论只有阐明社会行动的可能条件，才能揭示社会的本质。社会行动理论的中心，就是分析和说明“他人”行动与“自我”行动有可能相联结的基本条件。因此，在哈贝马斯看来，社会行动理论必须集中分析作为行动协调两大机制的“同意”（Einverständnis）和“影响”（Einflussnahme）的基本概念。哈贝马斯和韦伯一样，把重点放在“同意”这个最重要的行动协调机制上。哈贝马斯认为，以互动为中心的社会体，其运作和发展，必须基于生活于其中的各个成员之间的“同意”。（Habermas，J. 1989：574）

从上述韦伯的“期待”概念中，我们看到他的期待概念是如何在其理性主义和主体目的性行动理论中被窒息的。“期待”成为规范和统一的社会制度以及社会协调的牺牲品。在“期待”中充满各种可能性和各种发展前景的潜在性，受到了限制。期待中的偶然性因素也因此被排除掉。同韦伯一样，哈贝马斯虽然也探讨了期待概念在社会行动理论中的意义，但他走上规范化社会的方向，使原来可能充满偶然性和潜在性的期待，成为社会契约和规范的“统一”祭品。

鲁曼却认为，行动者在行动中所使用的经验的可靠程度及其失望程度，组成行动者在行动中所形构的意义架构。**这个意义架构的主要功能，是尽可能地将高度复杂的环境加以化约，简化成有助于行动朝着期望的方向发展。**这也就是说，究竟如何处理行动和环境的关系，决定了意义的不同架构。在这个意义上说，鲁曼并不把意义看做行动者主观经验和知识的单纯产物，而是把它看做依据行动和环境的不同参照关系，依据有利于简化环境对于行动的指涉程度，依据行动过程中行动自身各因素的变化的需要所决定的。但是，这种意义架构又必须同与行动者相关的其他因素沟通，所以，它又不得不借助于特定象征符号系统来表达和运作。所以，鲁曼说：“社会系统特别是一种自我生产的系统，它使用有意义的沟通作为其基本操作过程。根据这个理论，社会系统包含沟通，而且仅仅是沟通。没有沟通就没有人类，就没有有意识的心态，就没有角色，甚至没有行动。所有这些都是通过对于沟通的有意义的指涉产生，并不断产生沟通。指涉其他的沟通（也就是指涉以往或将来的沟通）就是沟通所必须实现的。不然的话，任何人也就不能把沟通理解成沟通。所以，沟通必然地发生在一个重复着的自我指涉的脉络中——在这个意义上说，社会系统是通过沟通，并把沟通当做自我生产的程序，并向系统自身导入系统和环境之间的区分，通过所有这些而实现社会系统自身的自我分化。”（Luhmann，N. 1987a：113）

同韦伯和哈贝马斯相类似，鲁曼的老师帕森斯在分析期待概念时也犯了同样错误。帕森斯认为，在社会中的行动有可能构成一种行动系统。（Parsons，T. 1949：78；Parsons，T. /Shils，E. A. 1962：107—109）一个行动系统就是一系列的行动所组成的（an action system is a set or a series of actions），在这些行动之间存在着各种因果性独立的相互关系。因此，所谓行动，或者，更确切地说，“单位行动”，就是**着眼于某种目的**所采取的人类行为。其次，帕森斯又认为，一种行动系统也可以是一个社会系统。在这种情况下，相互独立的各种行动是由互动着的不同人所完成的。（Parsons，T. /Shils，E. A. 1962：23，54，190）**行动意味着正在正常地展开成为由不同角色（role）组成的一种社会系统**。（Parsons，T. /Shils，E. A. 1962：23，190；Parsons，T. 1964：25）这也就是说，**所有的行为参与者，都是在行动的相对稳定和专门领域中实现他们的行动**，而这些不同的行动专门领域，又同时地同其他行为参与者不同的类似行动领域相互联系和相互影响。帕森斯的意志主义行动论在说明“社会秩序如何可能”的问题时，正是强调了具有自由意志的个人行动者是以其自愿的选择而同意生活在同一个社会中的。因此，帕森斯所论证的社会秩序是建立在一个一般的价值共识之上。行动者都是生活和活动在社会系统中，所有那些相互关联的领域（角色），势必关联到一系列**规范性的期待**（normative expectation）。这是由角色扮演者对于其他角色参与者的行为的一种期待。所以，一个角色是经由规范而确定其相对于其他角色所应有的特殊权利和义务。**一个社会系统是由两个或更多相互交叉和相互关联的角色组成的**。因此，**一个正在展开着的社会系统，就意味着某些相关的规范体系的存在。正是由这些相关的规范系统，明确界定社会系统的各个组成角色的性质、地位及行为规范**。在帕森斯那里，虽然他的各种分析都是从社会系统出发，但他强调这些社会系统的特色就在于它的规范性，在于其协调的、具有统一社会共识效果的“价值”体系。社会秩序是以一般的社会共识为基础而建立起来的。社会制度体现了这种规范性，使得各个行动者，尽管具有各种各样的个人意志或意愿，都归根结底统一在社会秩序中。所以，为了使得一个系统能够在某一段特定的时间内存在，起码其大多数成员和组成角色都必须能够接受系统中实际发挥效力的规范。也就是说，在一个合理而相对稳定的社会系统中的任何行为参与者，都必须在某种程度上，对于该系统中有效发挥作用的规范和价值抱有共识。总的来说，为了能够从功能的观点去界定集体性，帕森斯基本上是把**集体性**界定为：**能使人类行动实现成为一个“单位行动”的某种角色结构（role-structure）社会系统**。换句话说，在帕森斯看来，某一个集体性的存在，就意味着在其中扮演某种角色的行为者，依据其角色规范所规定的特定权利和义务，为了维护该角色所在的集体性的整体系统结构，为了保持和其他行为者的某种关系，才有权利做出一定的抉择。这意味着，一个集体性的最基本特征，就是保障行为者能够完成其角色的特定目的的行动。任何一个社会系统，一方面必须能使其个体成员实现他们生存所必需的基本行动；同时，另一方面，又能使维持该社会系统本身所必需的行动得以实现。所谓**社会**，在帕森斯看来，**是一种“总体社会系统”**（total social system）。之所以将社会界定为总体社会系统，是因为它必须能够包含为维持其生存所必需的所有不同类型的行动系统。从另一个角度来讲，任何一个人要生存在一个社会系统中，就必须在这个社会系统中实现该社会系统所容许的社会行动。同样地，任何社会系统的存在，都仰赖该系统中的每个个人，能够以其特定的社会行动角色而在该社会系统中实现其行动。所以，帕森斯所说的“总体社会系统”实际上包含执行

“目的达成”、“适应”、“整合”和“潜在模式”四项基本功能的完整体系。

与帕森斯等人相反，鲁曼认为，任何社会系统的结构确实都具有**调节**系统复杂性的功能，但在社会系统中发生的任何行动，都面临着各种双重偶然性，都在行动者的“期待”与“失望”的紧张关系中伸缩或曲折延伸。任何系统的复杂性，归根结底，总是**结构化**的和现实化的复杂性。这就是说，任何系统和社会系统，最终总是要以具体的**结构**而实际存在。但同时，这个系统结构又仰赖其自身的复杂性而维持下来。社会系统是一切系统中最复杂的一种。在鲁曼看来，**社会就是最终协调人与世界的各种关系的社会系统**（society is that social system that ultimately regulates all the relations of human being to the world），而这样一来，社会就成为“有意义地生存在世界中”（meaningful being-in the-world）的构成条件。（Luhmann，N. 1984a：4）所以，在考察社会系统中的行动及其复杂性时，“意义”和“沟通”概念，都同样显得非常重要。由此可见，**社会就是以其自身的选择性为基础而建构的社会系统，而当它从事选择过程时，它总要同时建构起意义系统，并由此使可能性的一般化过程能够与社会结构及其各种过程同时进行**。（Ibid：6）

在社会导向更高复杂性的发展过程中，法律总是变得越来越抽象，以便使其自身能对越来越复杂的各种情境进行更灵活的概念上的说明；而且，它甚至变得在决策和实证法方面是更加可变的。在这个意义上说，一个社会的结构的形式和它的复杂性的程度，是相互制约的。也正因为这样，作为结构的法律和作为社会系统的社会，是相互依赖的。这个相互依赖的关系具有时间的演化面向。这也就决定了需要一种关于社会和法律的演化理论。

在鲁曼看来，行动系统当然不是通过现存的法律或规范来实现，而是通过他所说的那种“**期待的脉络**”（context of expectation）。期待的脉络对于行动中所遇到过的失望来说，就构成一系列期待的结构。行动者的意志或意愿并不能消除或减少偶然性的出现。行动者的期待总是在双重偶然性的场域中，以多面向的维度呈现出来。在现实的行动经验中，任何一个行动期待的实现，往往又变成另一个行动的失望。所以，对于任何一个开放的、富有可能性的和偶发性的未来而言，其代价正是失望的期待可能性和结构的不可靠性。复杂性和偶发性越多，越要考虑到更多的事件和变化的未来可能性。而且，期望的结构在运作的过程中越是沉重地担负起冒风险的精神负担，越要经历和承受更多的不确定性和失败的程度。但是，所有这一切，正是有助于系统的不断复杂化，有助于系统功能的不断区分化和演化。

同时，鲁曼特别强调社会作为某种自我生产的系统的过程性。也就是说，社会系统是作为期待伸缩的场所而限制着行动的维度及其延伸程度。他的期待概念实际上将社会系统理论带入一种**过程化的动态结构形态**。这样一来，鲁曼不同于韦伯和帕森斯，不是在既有的和固定的社会结构中说明期待，而是在社会系统的自我生产过程中分析期待的意义，并由此展现行动者的期待的可能结果。

第四节　社会系统功能区分化的演进

在鲁曼看来，社会系统总是靠它自身所建构的意义系统作为基础，以便它能依据系统生命运作的需要而有效地进行选择性活动，使各种关于可能性的一般化过程，能够同时地与社会结构及其运作程序相协调。社会系统不管在其最初阶段是如何简单，它毕竟还是一种充满着双重偶然性的复杂体系。因此，社会系统在任何时候都是由一系列可能性因素所构成。社会系统越是处于低级阶段，它内部包含的双重偶然性，就越在质和量的两方面表现为相对的简单。因此，在所有**前现代社会**（pre-modern societies）中，由于社会系统内部由双重偶然性所构成的可能性因素的相对简单化，社会系统内往往只需要靠最初的宗教系统及其他类似的系统，就可以调节社会系统内部的**可能性一般化**（the generalization of possibilities）过程。社会系统越是复杂，它的可能性一般化过程就越增高和增多。此时，越来越多的可能性变得越来越明显。为了更好地控制和调节这些越来越多的可能性变量，社会系统需要一种新的更为复杂而有效的机制，这个机制被鲁曼称为“偶然性公式”（contingency formulae）。在所有偶然性公式中，最重要的，就是所谓政治正当性的原则（a principle of political legitimacy）。它是以建构和实现“公共的善”（the common good）为主要目的。这也就是所谓建构一个符合社会大众共同利益的社会秩序的基本问题。其次，就是在经济领域内所实行的有限制的财物供给原则（the economic principle of a limited supply of goods）。鲁曼曾经在他的专门论述财物供给最低限度原则的论文《论短缺、金钱及市民社会》（“Knappheit，Geld und die bürgerliche Gesellschaft”）中做了较为详细的探讨。（Luhmann，N. 1972）这些偶然性公式的功效就是重建一系列复杂性和偶然性，以便由此通过适当的选择程序，将社会系统内的偶然性因素尽可能有效地加以调节。到了现代社会阶段，社会系统的功能分化导致社会系统内大量双重偶然性及其可能性连接的出现，使社会系统的运作面临许多新的问题。这个时候，如果社会系统不能首先依据其自身所产生的意义系统来调整各可能性的相互关系，就会在其环境的影响下，出现社会系统运作的混乱，导致社会秩序的破坏，致使社会系统面临生命运作的困境。所以，鲁曼社会系统理论在分析社会演化过程时，特别强调了社会系统内部各因素相互关系的重要性，并将这些相互关系的复杂化及其对于系统本身的变化所造成的影响，进一步放在与其环境的相互关系之中加以观察，使系统内部各因素的相互关系问题，始终成为系统本身维持其内在生命及其演变的决定性条件。对于鲁曼来说，社会系统内部的首要问题，就是调整社会系统各因素的相互关系，并将环境的因素尽可能降低影响，使系统能够在接受环境影响时，仍然不至于改变其自律。但社会系统理论并不将其分析建立在观察者主观幻想的基础上。也就是说，社会系统理论充分地意识到：社会系统在任何时候都无法摆脱其环境因素的影响，而且，环境对于它的影响在许多情况下，始终都成为社会系统本身处理其内部各因素相互关系问题的前提。所以，社会系统如果要现实地探索其本身处理内部各因素相互关系的基本原则，就必须将环境对于它的影响一起加以考量。

为此，鲁曼在诠释和分析社会系统的演化和区分化的时候，完全不同于传统社会学理论，并不认为任何社会演化问题，都是以对于社会行动的分析作为前提。他在分析社会演化问题时，为了凸显社会系统本身各因素相互关系的重要性，特别分析了社会系统内部的区分化问题。他认为，社会系统的自身区分化是社会系统内部各因素相互关系复杂化的结果。社会系统内部各因素复杂化的过程，导致社会系统在面对其环境的影响时，出现各种内在的危机，产生一系列社会系统运作的难题，在系统内部出现各种不平衡现象，使社会系统无法继续以其原来对付其环境的原则进行实际运作。这个时候，社会系统面临着被其环境吞噬的危险。

对于社会系统来说，其内在各因素的相互关系问题的复杂化，是造成其内部各个部分相互不平衡的主要原因。社会系统如果要继续维持其运作的正常进行，必须正确处理其内部各因素的相互关系，而这就是如何恰当地进行其内部各因素及其各个部分的区分化问题。对于鲁曼来说，所谓社会系统的区分化，实际上包含两方面最重要的内容：第一，是社会系统内部相互关系的复杂化所产生的直接结果，那就是造成系统内部各因素的多样化、多维化、重叠化及其相互关系的复杂化；第二，就是这些内部因素的多样化及其相互关系的复杂化，产生系统内部各个部分相互关系的新调整，要求各个部分能够以新的运作原则继续维持系统的自律，不至于在其环境的影响下导致系统生命运作的混乱。社会系统的不断区分化就是在这种情况下在社会系统内部自然产生的。所以，他把社会系统的自身区分化当成最首要的问题加以观察。

社会系统的演化，是社会系统内部区分化过程的一个最重要组成部分。因此，鲁曼并不像传统社会学理论那样，只满足于对于社会行动的分析，更不满足于对于正常行动的分析，而是进一步考虑到各种偏离行动和异常行为；而且，即使当鲁曼分析社会行动时，他也不满足于只是简单地将行为分成“符合规范”和“偏离规范”的二分法，而是进一步考虑更复杂的行动规范的实现过程，包括考虑到那些符合行动者“期望”的行动经验的复杂状况，因为他更细致地考量了行动者的“期望”因素的各种可能状况，包括在有的时候它们并不一定被整合到规范中去。例如，在英国或在中国香港驾车习惯的司机，虽然其靠左驾车经验在靠右行车的国家或地区中是不符合规范的，但仍然属于可期待的经验。由此可见，社会系统的演化和分化过程本身，也是一个具有内在结构的系统。

关于社会系统演化和区分化的问题，在社会学发展史上，始终是一个非常重要的研究对象。古典社会学家以及20世纪上半叶的欧美社会学家，绝大多数都避免不了传统历史主义和演化论的影响，同样也离不开传统人本中心主义和理性中心主义的指导原则。因此，对于社会系统的发展和演化，社会学家几乎都将社会系统当做人类历史发展的附属品，以人类历史为中心说明社会系统的发展及演变过程，同时，还将人的意识在行动中的决定性意义摆在首位加以考量，使社会系统变成随人类文化发展而变化的、失去其自律性的僵化外壳或框架，甚至成为人的理性操作的结果。

因此，为了说明社会系统的分化和演进，鲁曼严厉批评了传统系统理论关于局部和整体的辩证观点。如前所述，决定一个系统的存在和运作的，根本不是局部与整体的那种内在关系，而是系统和它的环境的协调关系。因此，环境的概念并不是在系统之外的一种复数概念，也不是相对于“在这里”的“在那里”的问题。任何一个系统的结构或过程只有在与它的环境的关系中才有可能，也只有在这个脉络中加以考虑才能被理解。就此而言，不仅系统的存在及运作离不开其环境，而且，环境本身，始终是作为系统的环境而存在。这样一来，作为系统的环境、环境的范围及其“意义”，也是取决于它和系统的功能的运作的实际关系，取决于在系统中行动的人的认知、经验和它们的可能性。环境，在此情况下，其“边界”和“意义”，并不存在一个固定不变的范围，它们将随着行动者所能展开的各种“可能性”而扩大或缩小。同时，作为系统的环境，就表现出系统内各种可能的运作的外在条件，作为行动者所能扩建的沟通范围的场域。正如鲁曼所说，作为各种可能性的疆域，环境的范围始终大于现实性，始终大于行动实际已达的范围。由此看来，作为系统的环境，又是各种事物存在的背景，其范围永远因其环绕着系统而自然地具有大于该系统的优点；在系统中的行动者所做出的一切超越它的努力，归根结底只会导致进一步扩大环境本身而已。

只有在和环境的关系中，才能确定系统中的哪些功能是作为一个因素而存在，而又有哪些功能是作为因素间的关系而存在。这就意味着："**系统就是产生和协调其自身所隐含的关系的一种事物**（systems are objects that generate and regulate self-implicating relations）。"（Luhmann，N. 1982：257）正是在批判传统系统概念的基础上，鲁曼提出了他的系统演化论。鲁曼不再采纳各种因果性的传统解释去分析系统的演化，而是极端重视达尔文（Charles Darwin，1809—1882）的生物演化论，强调演化的过程充满着变异、选择和遗传因素稳定化相交叉的复杂过程。显然，这并不是从简单而低级到复杂而高级的单向演化路线。在这个意义上说，系统的功能是通过一系列多种多样的机制实现的。所以，所谓**演化**，是来自这些复杂机制的区分化和协调所产生的结构变化。鲁曼不再强调演化的历史过程，而是把历史过程看做系统演化自身所产生的运动，看做系统演化中自我参照所决定的结果。因此，鲁曼严厉地批评了马克思的那种社会单一的目的性发展论。他认为人类社会的发展并不是有一个起点和终点的问题。鲁曼也批评了涂尔干的发展观，并不认为社会系统一定沿着从简单到复杂的演化过程。在他看来，演化的根本动因还是系统自身对于环境的自我参照的结果，其中充满着许多变异和可能性。所以，鲁曼把他的演化论说成自我参照的理论，而且也是一种"关于演化的演化的理论"（theory about the evolution of evolution）（Ibid：259）。

根据鲁曼对于人类社会演化史的观察，鲁曼区分了三种类型的社会区分化：其一，建立在系统和环境的一种等同性基础上的分段区分化（segmentary differentiation）；其二，建立在各个系统（包括阶级或阶层）内的平等性和建立在系统与其环境间的不平等性的基础上的分层化阶层化（stratification）；其三，建立在系统内某种功能平等性和建立在系统与其环境间功能不平等性基础上的功能区分化（functional differentiation）。这三种区分的原则，可以以完全不同的方式结合起来。社会的复杂性取决于该社会究竟以上述三种原则中的哪一种作为基本原则。总的来讲，不同的基本原则将决定着在这个社会中系统和它的环境的关系的发展状况。古代社会基本上是分段区分化；较高文化的社会，基本上根据社会阶层或阶级而区分化；近代社会基本上是按照功能进行区分化。（Luhmann，N. 1982：263）

所以，近代社会系统包含了最大限度的系统复杂性，因为在它的第二层次的区分化结构中还包含了阶层化和分段区分化。决定着上述各种社会的演化的特征的是区分化基本原则的变化。这样一来，当一个更复杂的社会和更复杂的区分化需求出现的时候，较古老的区分化形式就被包含在第二层次的区分化结构中。

鲁曼的社会系统理论，正如鲁曼本人所说，其理论关怀是要在传统实证主义和批判主义之间从“处理现象和现实的吊诡”（the paradox of treating apperance and reality）中挣脱出来，寻求“以完全不同的方法描述社会的可能性”（Luhmann，N. 1994：126）。社会系统的演化并不可能像传统社会学理论所力图加以规范化那样，能够遵循着什么固定的“规律”或“原则”。社会系统既然是非常复杂的，它就不可能在其演化中遵循简单的规则。传统社会学理论试图将自然科学归纳法和化约法搬运过来，像处理自然现象那样，分析社会系统的极端复杂的区分化问题。鲁曼上述社会系统区分化理论开创了现代社会理论发展的新视野，有助于社会理论更恰当地处理社会系统的特殊问题。

第五节　系统对于环境的“简单化”原则

鲁曼的系统概念，如前所述，首先不同于从局部和整体二元对立关系来论述的传统系统概念。根据传统系统观念，组成系统的各部分，由于其在系统中的不同地位和特殊功能，组成足以维持整个系统存在的秩序。所以，组成系统的各个部分的相互关系所构成的秩序，也就是系统存在的一个必要条件。显然，这种传统的系统概念，只是从系统本身内部各组成部分之间的相互关系去确定系统的性质和特征。这是一种封闭性的系统观念。换句话说，传统系统观念单纯参照系统本身的内部秩序，丝毫不参照系统与其外在环境的相互关系。

其次，鲁曼的系统概念并不停留在一般性的分析系统与其环境的关系的层面，尤其不将系统与其环境的关系降低到次要的或附属的层面。因此，单纯承认系统与其环境的一般关系，在鲁曼看来是不够的。环境对于系统来说并不是某种潜在性的因素，而是同系统本身的功能运作紧密相关，以至任何系统都不可能脱离其环境而存在。系统与其环境之间的紧密关系，使得系统功能的运作，在一定程度上决定于它对来自环境的各种输入因素的选择过程以及对于被选择的输入因素的响应程度。正因为这样，鲁曼所说的系统，不但靠它对于环境的选择性运作程序，而且也靠系统本身的功能运作，来保障系统本身的自律。所以，鲁曼所论述的各种系统，不仅其本身的存在和运作过程的特征，取决于这些系统对于其环境的处理态度，而且，这些不同的系统之间的差异性，也在很大程度上取决于系统与环境之间的关系的复杂性。在鲁曼看来，系统的环境始终都是比系统本身更加复杂，因此在环境中始终存在着远比系统本身内部更多的可能性和偶然性。系统的存在之所以高度复杂，并具有高度偶然性，就是因为环境是在系统之外作为独立于系统而运作的东西。而且，环境对于系统的各种影响和作用力始终都是难以预测的可能性因素。

系统本身固然复杂，但系统本身的复杂性，毕竟还是系统可以在其内部主动处理并解决的问题；所以，归根到底，系统内部的复杂性，总是比系统外的环境复杂性，更加可以被系统本身所掌握。

然而，系统作为一个具有自我参照力而存在和运作的生命体，是完全有可能以其自律处理内在问题的灵活性，正确响应来自环境输入的各种可能性。鲁曼认为，维持系统作为系统而存在的一个重要条件，就是维持系统与环境之间的某种特定的“复杂性梯度”(complexity gradient)。对于系统来说，其运作的状况及其功能的发挥程度，决定于该系统面对环境多种复杂输入时所采用的选择性程序。一般说来，系统对于环境的各种复杂可能性的响应，总是倾向于某种简化的程序。这种将环境输入的复杂性加以简化的能力，就是系统的选择性(selectivity)。

其次，系统应付环境高度复杂性的重要手段，就是系统本身所进行的沟通活动。在鲁曼看来，系统的沟通是为了对付环境的复杂性的。他认为，沟通系统所注重发展的，是处理环境复杂性的问题。因此，沟通总是向系统本身导入某种有利于系统处理环境复杂性的各种有关环境复杂性的“表象”(Representation)，鲁曼将这种关于环境复杂性的表象称为“意义”(Meaning)。(Luhmann，N. 1971) 就在鲁曼和哈贝马斯争论并合著的《社会理论还是社会技术》(*Theorie der Gesellschaft oder Sozialtechnologie. Was leistet die Systemforschung*) 那本书中，鲁曼专门以“作为社会学基本概念的意义”(“Sinn als Grundbegriff der Soziologie”) 为题，写了重要一节，特别论述社会系统理论所理解的意义(Sinn；Meaning)。鲁曼说：“我把这种关于复杂性的表象称为意义，以避免有关‘意义’这个词的各种主观的、心理的或先验的指称。”(Ibid：22—100) 他认为，意义的主要功能就是为沟通的各种可能的论题提供入门的快捷方式。正是“意义”，为系统处理复杂的环境问题提供一切可能的解决办法。

鲁曼在1984年所发表的《社会系统：一个一般性理论的纲要》是鲁曼社会系统理论的一部代表作。在这本书中对于系统概念的论述，成为鲁曼社会系统理论中基本概念体系建构的基础。“系统”概念贯穿于鲁曼浩如烟海的大量著作中，而对“系统”的论述前后都有所差异；因此，一般认为，在这本书中所界定的“系统”概念是最完备的，也是最具代表性的。为此，有必要更详尽地探讨鲁曼在这本书中对“系统”的论述。

首先，他再次强调，对于系统的界定不可能脱离开对于环境的界定，就如同对于部分的界定脱离不开对于整体的界定一样。(Luhmann，N. 1984：

22）环境同系统的密切关系，是因为系统理论所关怀的任何系统，都不是孤立和自我封闭的传统系统，而是同环境有密切交往和沟通的开放系统。鲁曼认为，从贝塔朗菲的一般系统理论开始，就已经把对于系统的研究集中地转向对于开放性系统的研究。（Luhmann，N. 1984：22）系统理论专门指向开放性系统的研究，不仅把系统和环境的关系问题列为首位，而且也在实际上提出了系统的自我分化的问题。鲁曼指出，系统的分化就是系统和环境在系统范围内的分化，而系统的任何分化都不能脱离与其环境的关系。因此，总系统必须把环境当做自身的局部系统来看待，同时也在其局部系统的层面上，通过各系统与其环境的各种过滤性交往程序，而建构起系统本身的自我区分的基础。所以，系统的自我区分化，不仅包含着系统的部分和整体的关系变化，而且也包含着系统和环境的区分化问题。把系统的区分化，从系统自身内部的局部和整体关系的层面，提升到系统与环境的关系层面，实际上就是凸显了系统的高度复杂性的结构。（Ibid：22－23）

鲁曼显然超出了结构功能论的范畴去探讨社会系统的问题。在鲁曼看来，结构功能论所关心的问题，是探讨在一个特殊环境中的系统维持其功能的结构模式及其特征。同时，帕森斯的结构功能论越来越单纯追求由抽象范畴所构成的象征价值体系，一方面越来越远离社会存在的经验事实，另一方面又把系统和结构一个一个地封闭起来，试图建构自身完善的独立系统。鲁曼却从更高的角度提出了整个系统的性质以及它所实现的功能的问题。这就把维持一个系统的结构的问题，转向了系统本身的功能的问题。（Luhmann，N. 1970：113－114）这样一来，鲁曼就把结构功能论改变成为**功能结构论**（Functional-Structural Theory）。功能结构论的基本问题就是系统究竟是如何，又是以什么基础构成的。也就是说，这样一种一般的系统，一方面可以到处存在于现实的复杂世界环境中，另一方面又可以普遍地适用于现实生活中各种不同类型的经验世界。鲁曼认为，回答这个问题的起点，就系统本身而言，是相对简单的系统构成条件的问题；就系统与世界的关系而言，就是关于世界的复杂性（complexity）命题。（Luhmann，N. 1970：114－117；1984：45－51）

鲁曼的思路不同于他的老师帕森斯。在他看来，系统的理论之所以必要，是因为任何一种人类行动以及与这种行动相联系的各种事件和过程，都可以构成一个相对独立的一般系统。就此而言，在人类行动所及的一切地方，在生活世界中，系统无所不在。因此，社会学家必须建构起一般的系统概念和理论，去研究各种作为系统而存在和运作的事件。社会学家所关注的，是作为理论思考和分析基本模式的一般系统的建构。既然社会学家承认行动所及的各种事件都是作为系统而存在和发生作用，既然这样的系统普遍地存在于社会时空结构中，社会学家就应该首先考虑可以应用于各种具体事件分析的一般系统理论。一般系统理论的概念构成和逻辑条件越是简单化，它的使用的范围就越广。

但是，一般系统的相对简单的条件，并不等于说现实经验事实中的系统性也是简单的。相反，现实经验事件的系统性，由于涉及人的行为和人的生存条件的各种因素的影响，特别是由于受到作为系统的经验事件与环绕着它的各种非系统因素之间的复杂相互关系的影响，使任何一个具体系统的**界定**成为一件非常困难而复杂的事情。所谓界定，实际上就是任何一个具体系统与环绕着它的世界的区别的界限。只有把这个界限找出来并加以确定，任何一个系统才有可能存在。但是，确定这个界限，牵涉到系统内各因素与外在环境的复杂关系。环绕着系统的环境，从来都是非常复杂的又是活生生的关系网络。环境中的这种关系网络，对人的社会来说，包括**事物的维度**（Sachdimension）、**时间的维度**（Zeitdimension）和**社会的维度**（Sozialdimension）。（Luhmann，N. 1984：111－116）这些维度，既是可观察到的、有形的和有序的，又是不可感知的、无形的和模糊不定的。环境的这些复杂因素，不是作为一种固定的和自我区别的存在物而环绕着系统，而是始终以其自我运动和紊乱不定以及不可预测的动向，不断地影响和渗透到系统之中，使系统与环境的界限也变得变化不定和无从掌握，也使系统本身的存在和运作面临被破坏的危险。（Luhmann，N. 1979）因此，对任何系统来说，不但必须把环境的存在及其复杂性加以考量，而且必须尽力降低或减少环境的复杂性，也尽力使系统自身的运作机制简单化，尽可能减少系统内复杂因素对于系统自我生产和自我参照活动的干扰，使系统自身实现尽可能高程度的同一性，使系统内各因素间的沟通尽可能快速和有效率地实现，使系统和环境之间的界限尽可能明显起来，系统本身才有可能作为一个系统而存在和运作。所以，鲁曼说："系统理论是从系统与环境的区别的同一性出发的。环境是这种区分的构成因素，因而对于系统与环境的区分以及对于系统自身都是同样重要的。"（Luhmann，N. 1984：289）这就是说，环境不仅是系统同环境区分开来的重要因素，而且也是不同系统之间相互区分的重要因素，又是系统自身进行自我分化和自我生产的重要因素。所以，鲁曼说："每个系统都是在其世界中同其他系统相区分。"（Ibid：256）

使各种系统能够作为"一种系统"而存在和运作，该系统自身必须具有自我区分和同外在环境相区分的机制和程序。这种机制和程序越简单，该系统的存在和运作就越有更大的可能性得到实现。实际上，任何系统都是在环境的包围中存在，而且，也是在环境同系统内各因素相互渗透的状态下存在；但是，另一方面，任何系统中的任何构成因素，也都必然渗透在许多复杂的非系统因素之中，而且，这些系统中的组成因素之间的联系，总是受到其间各种非系统因素的多种干扰和阻止。为此，任何系统的存在和运作，必须在该系统各因素尽可能迅速有效地达到的范围之内进行，以便使该系统各因素在能力所及的范围内，通过特定的联系和互动方式而相互制约地保障其同一性；同时，又将该系统各因素力所不能及的范围之外的环境各因素明确地区分开来。鲁曼认为，任何系统进行自我区分和同环境相区分的机制，包括系统中各因素间沟通网络的建构、系统内各因素间自我参照性的建构以及系统内各因素达成基本功能的同一化程序。

第六节　时间的可能维度

构成环境复杂性，并使环境同系统的关系复杂化的最重要的因素，就是环境的**时间维度**。时间的存在及其多面向的结构和多元的性质，使时间有可能随时随地成为各种破坏环境与系统的界限的主要因素。传统的系统论，往往把时间看做具有一线性、单向性和不可逆转性。因此，**传统社会理论总是将时间看成运动的经验或它的尺度**。但鲁曼认为，时间在本质上是可能的，而且它的维度随着社会的发展，随着历史的转变而不断多元化。时间的可能性本质，使它成为社会系统与其环境之间发生一切复杂变化的决定性因素。时间问题是使社会系统的所有问题多元化和复杂化的主要原因和基础。（Luhmann，N. 1984：70）鲁曼之所以高度重视时间的维度，就是因为时间直接关系到系统与环境的区分、复杂性以及自我参照性等最根本的系统特性。（Ibid）当系统的运作不得不必须按照其环境的复杂性及其变化而进行自我反思的时候，时间就成为系统内在运作所必须参照的外在参照点。这并不是说时间是外在于系统的参照点，而是强调时间是系统从其内在运作的角度去观察环境的重要视阈。使用时间这个视阈，正是为了将环境纳入系统内在运作所需要的外在参照点。从系统和它的环境之间的复杂角度来分析时间的实质，就使鲁曼明确地将时间看成一种“从过去与未来的差异角度，对于现实的诠释（the interpretation of reality with regard to the difference between past and future）”。也就是说，时间无非就是观察者对于现实的一种诠释，只是这种诠释的观察出发点是“未来与过去的差异”。这样一来，“现在”（present）就成为将时间与现实之间进行协调或调和的关键的、中介性整合者。对于一切事物的观察，都必须以“现在”作为其出发点，因为只有这样，才能以这个“现在”为中心去区分两个重要的时间视阈（temporal horizon）：这个现在的过去和这个现在的将来。（Luhmann，N. 1993b：51）鲁曼认为，**时间作为以将来与过去的差异当做参照基准而做出的对于现实的诠释**，使我们有可能，将以现在为出发点的那个过去和那个未来，特别是那个未来，构成一切系统运作过程的外在参考支架，并由此使得系统运作的自我参照成为可能。但是，当我们反复强调鲁曼以“现在”作为出发点的时候，千万不能误认为时间仍然是传统所理解的那种线性单向结构。鲁曼强调指出：“时间应该变成比关联着出生和死亡、生成和衰微的具体现象更为复杂的事物。时间应该被视为过去与将来的暂时性间隔事件之间的**一种意义关系**。时间还必须被看成一种空间，一种沟通在其中展现的空间。也就是说，必须**历史地**看待时间。”（Luhmann，N. 1984a：26）在不同的历史阶段中，由于存在着不同的意义关系，由于存在着不同的沟通系统，时间也发生变化。鲁曼认为，社会分化得越细，社会就越现代化，沟通的发展也促使时间发生了变化。在目前沟通时时处处呈现的现代社会中，时间已经完全改变了它的社会性质。“过去”和“将来”时时处处都有可能呈现。在这个意义上说，从原有的“封闭时间”中发展出一种“开放的时间”。对于这个开放的时间而言，历史是由其自身所决定的，历史也决定着其自身。

所以，**第一**，时间关系到系统的复杂性和选择程序。由于时间的存在，特别是由于时间的运作的无形性和多维度性，一方面使环境和系统的任何因素都脱离不开时间的脉络，都置于时间的维度之内，另一方面又使环境和系统的任何因素，在时间的脉络和维度中交错、重叠、间距化和多向流动化。因此，时间既可以使各因素间有序、有向、有层和相互联结，又可以使之无序、无向、重叠、交错、无层和间隔起来。时间，不仅对于同一性质和同一系列的因素发生统一的和标准化的效果，而且，也可以对任何不相同的，甚至毫无关系的因素发生又统一、又多元化的标准性效果。传统的社会理论，很少考虑到时间的绝对性和相对性在实际运作中所可能出现的复杂影响和效果。鲁曼却充分考虑到时间的复杂性及其对系统、对系统与环境的关系的复杂性的影响。时间固然是一切因素的存在和发生作用的实际条件和基础，但时间更是其可能的条件和基础。

时间的复杂性本身就在于，其实际存在同时又包含着各种可能性，因为正如前面所说，时间的最重要的观察重点是它的未来。未来永远是一种可能性。一切时间思考或者有关时间的观察，都是着眼于某种未来，这是思考时间者所关心的那个未来。未来既然是尚未实现，它只能是可能性。然而，这种可能性并不是随便任何一种可能性，因为它在观察中始终取决于观察者心目中的那个未来。在这个意义上说，时间的最本质结构就是它的未来结构。对于人来说，他之所以关心着时间，就是因为它关系到他的未来。人最关心的未来，归根到底就是他的死亡。死亡就是无。但正因为死亡是无，所以，死亡就是无限可能性。死亡可以是一切可能的事物，因为它在本质上是一种虚无。时间同死亡的最终紧密关系使它成为人在社会系统中生活和活动的关心重点。但是，对于人来说，正是由于时间是虚无的，它就应该成为他所努力奋斗的目标，成为他所盼望的一切可能事物的源泉。人由此将时间当成他生活于社会系统中同其复杂环境进行周旋的中介环节，当成其协调社会与其环节关系的参照依据。因此，时间在本质上就是可能的；**时间是一种可能性**。作为可能性的时间，可以包含一切可能的因素，也可以使一切可能的事物发生，又使一切已经实际存在和发生的事物变成各种不可能性。因此，“时间就是复杂的系统中不得不选择的基础”（Luhmann，N. 1984a：26）。正因为时间是各种实际的和确定的事物变为不可能、变为可能和变为不确定的条件和基础，所以，人们非要在时间上做出选择，才能对于确定的和不确定的、可能的和不可能的、可见的和不可见的各种事物进行鉴别和区分。正如鲁曼所说：“正因为这样，时间就成为这样一种象征，它始终都是这样的：当某个确定的事物发生某事，同时也发生另外的事，以至于不可能通过单一的程序对于它的条件获得一种全面的控制。”（Ibid）

时间结构的多元和多向性，使某一个时间点上的确定事物也可能发生多种状况，以至使任何一种确定的事物也因而成为各种可能性的潜在因素。**作为可能性的时间也就成为一种象征**，而象征的时间，实际上就是任何事物可能成为一切其他事物的象征性条件。时间作为事物存在的基本条件，可以使事物本身象征化。时间当然也有确定性的因素，但时间的确定性在很大程度上还决定于时间脉络中各事件的连贯程度及其稳定性，同时也决定于观察活动的立足点。**由于穿过某个时间点或穿梭于某个时间脉络中的事件的多样性和穿插性，使时间成为所有这些穿插于其中的事件变成各种可能性的一种场所。**

时间对于各种事件的变动性和确定性所发生的复杂影响，远不止于此；因为在鲁曼看来，“选择本身也是一种时间概念”（Luhmann，N. 1984a：26）。选择之所以也是时间概念，就是因为选择也是在时间脉络中进行的某种类型的事件。选择要做得恰当，必须对于系统所处环境的高度时间复杂性做出判断，同时又必须对选择程序本身的时间性做出抉择。但实际上，环境的时间复杂性是一种活生生的多种变项组成的可能网络。因此，在做出选择的时候，实际上就是在努力使环境的复杂性不断地简化。在这个意义上说，进行选择的过程就是深入把握复杂性的走向及其动力。如果说，任何一个系统的建构，必须建立在使环境复杂性简单化的操作程序的基础上的话，那么，实现这项操作程序的关键就是进行恰如其分的选择，尤其是恰当地选择“进行选择的时间”本身。

第二，恰当地掌握系统的时间性的程序，是控制和了解系统中各种变化的可能性的基础。时间具有**可逆性**（Reversibilitaet）和**不可逆性**（Irrerevers-ibilitaet）。至于可逆性和不可逆性的区分和相互转化，主要取决于贯穿于时间中的事件采取何种结构。实际上，关于可逆性和不可逆性的概念，只有当它们同“**变动**”（Änderung）发生关系的时候才有意义。（Ibid：71）在鲁曼看来，传统和日常生活中人们所理解的时间的不可逆性，只不过是包含着可逆性和不可逆性在内的时空连续性的抽象的另一种说法。人们总是习惯于从宏观物理世界所表现出来的有序性、从日常生活经验所表现的不可逆性，来理解时间的不可逆性。但实际上，人们忽视了宏观世界中各个微观组成部分中所发生的成千上万的可逆现象，因而也忽视了时间本身所存在的不对称性（asymmetrisch）。鲁曼说：“为了使秩序成为可能，显然必须使时间在演化中变成非对称的。”（Ibid）**时间作为时间，本来是不在乎向前或倒退**。就某一个时间点而言，它也同样不存在前后左右的问题。下午三点钟，就是下午三点钟；只有当人们把它同下午两点钟和下午四点钟相比较的时候，才显示它的前后结构。所以，就下午三点钟这一点而言，其本身本来不包含向前或倒退的问题，也只有将它同其间所发生的具体事件联系起来时，才有确定的意义。关于倒退或重复的可能性说法，并不是同时间相矛盾的，它只是针对着时间流程的不可逆性本身而言的。所以，关于时间的不可逆性的说法，单纯在时间本身的范围内是无法说清楚的，它必须联系到一个关于一系列经验事件的系统理论和演化理论的建构。也就是说，只有当人们依据一种系统理论和演化理论，将一系列相关的经验事件当成一个完整的系统，才有可能说明时间流程的不可逆性，也才有可能由此实现对于环境复杂化的简化程序，有利于将某个系统从复杂的环境中区分开来。

第三，为了使系统所面临的环境的复杂性尽可能简化而有利于某个特定系统的成立，必须切断系统和环境之间的复杂的时间关系。根据鲁曼的说法，使一个系统同环境区分开来的一个必要的时间上的程序，就是彻底消除系统和环境的共时结构，同时适当地对于系统中间的顺序和网络进行必要的调整，建立起系统自身有利于说明各种事件的时间结构。这样一来，作为某一个系统的时间，可以成为复杂的环境时间结构的一种或多种变相，或者成为环境中某一个更长远的时间系列的段落。所以，任何一个系统的时间关系网络的调整，从它和环境的复杂性的关系而言，是有条件的。这就涉及系统的复杂性和自我参照性的问题。

究竟如何调整系统内的结构和过程的各个具有特色的时间性，这关系到整个**选择过程的反思性**（Reflexivitaet des Selektionsprozesses）的问题。（Luhmann，N. 1984a：73）鲁曼说："这是关于一切复杂性的化约的出发点。或者是保持所有相互联结的可能性，并使它们同时实现，这就必须使一个系统维持非常小的范围；或者是通过选择的关系而将系统秩序化并予以强化。所有这一切都是通过选择过程的反思性而发生的。"（Ibid）

具体地说，将一种系统同其环境区分开来，并由此而建构一种系统，其时间简化的程序，实际上就是选择过程中的一种反思活动。这种反思活动的目的，就是首先在时间脉络上同环境的复杂时间相区分，选择一种恰当的符合于该系统各种事件有序化的时间结构。在鲁曼看来，为了建构某一个系统的时间性，首先必须根据系统本身的最根本性的因素进行选择，同时又要区分和规定“结构”和“过程”这两个形式。结构和过程并不是相互孤立的，而是在时间的关系中相互转化，并相互区分。

实际上，对于任何一种系统的时间性的建构，关系到许许多多非常复杂的问题。别的不说，仅就时间结构自身来说，就包含非常复杂的问题需要解决。其中包括“**各个时间性**”（Jederzeitigkeit）、“**快速性**”（Schnelligkeit）以及“**时间关系的集合和整合**”（Aggregation und Integration von Zeitverhaelt-nissen）的问题。

第四，关于系统和环境间相互关系的复杂性以及系统自身复杂性的简化和化约，涉及“**复杂性的时间化**”（Temporalisierung der Komplexitaet）的程序。**所谓“复杂性的时间化”，就是使系统适应时间的人为不可逆性**，实际上也就是环境复杂性的一种简化程序，使之适应系统内各种事件的时间结构。这个程序的实现过程，就是观察者选择性地以某一个“现在”作为其观察的出发点，并以这个“现在”整合将来与过去的差异结构，其目的在于将人的行动及其各种思路导向他所向往的未来。完成复杂性的时间化，需要将系统中各个因素按照某种选择好的特定秩序，在时间的顺序上加以排列。为了完成各种事物组成因素的时间化，需要有一种进行选择的**关系化**（Relationierung）的能力。这种关系化，就是把各种事物按照不同的秩序加以联结，并为系统内外各种关系化模式的转变提供合理的解释。关于时间化的程序，既可以依据各个系统的组成因素的联结的需求，也可以根据各种“事件”（Ereignis）的需要。经过了这样的时间化的简化程序，某一系统中的时间系列就有可能有它自己的相对的“时间自律”（relative zeitliche Autonomie eines Systems）。

第五，为了实现时间化复杂性条件下所进行的系统内自动的自我生产，需要伴随着一种系统内的“熵”的概念。从系统的自我生产以及系统内的信息的不断运作的观点来看，任何一种系统都具有熵的性质。熵的概念在很大程度上同时间概念有密切联系。正如第二章第一节第五项所谈到的，现代物理学，特别是热力学和量子力学方面关于熵的研究，更进一步促使社会科学深入地探讨了各种不确定性、偶然性和“时间”的因素。熵的研究，表明在任何系统中，都有可能产生各种不同程度的不可预测的偶然因素。熵就是描写不确定性大小的；熵越大，不确定性越大。将熵的概念运用到系统研究中去，就为系统理论的进一步科学化奠定了基础。鲁曼在其系统理论中进一步将熵的概念同系统的时间化和主动的自我生产过程联系在一起，正是为了凸显系统的时间性和自我生产性的不确定因素。

第六，由于经过时间化处理的系统复杂性得到了必要的化约，在系统中所发生的各种事情，就时间系列而言，就具有了稳定性和不稳定性（Stabilitaet und Instabilitaet）；就事物本身而言，就具有确定性和不确定性（Bestimmtheit und Unbestimmtheit）。鲁曼说：“每一个因素，诸如事件和行动等，**就同时是确定的和不确定的**。确定性是就其瞬时实在性而言，不确定性是就其中联结的事件价值（Anschlusswert）而言。”（Luhmann，N. 1984a：80）

以上所说的，只是就系统面临的环境复杂性的时间维度而言。实际上，如前所述，任何系统和环境的复杂关系，都不仅表现在时间维度中，而且也表现在事物维度和社会维度中；而且它们三者之间也不能相互割裂，而是必须联系在一起。（Ibid：127）在这方面，鲁曼使原来具有浓厚哲学抽象性质的时间概念，变成富有经验具体内容的历史性概念。

“时间”是人的存在的基本形式（Heidegger，M. 1986［1927］），是社会发展的重要标志，也是文化传承的必要条件。按照爱因斯坦相对论原理，任何物体存在的时间与空间的性质及其结构，都是伴随着它们的运动状况及其与光速的关系而发生变化。在不同的惯性参考系列中，物体运动的时空结构及其性质是不一样的。由于人们可以感受到的一般物体运动速度距离最快的光速相差太大，大到无法将光速与一般物体运动速度相比拟的程度，人们无法想象在接近光速的情况下将会产生什么样的时空结构。也正因为这样，在一般情况下，相对论效应极其微小；在通常情况下，人们总是将他们习惯于其中的时空，当成所有时空结构的“楷模”，错误地以为时空是永远固定不变的，错误地将他们习惯于其中的时空结构绝对化。长期固定的社会生活制度及各种规则，长期固定的社会生活节奏，也会使人们将特定历史时期内的社会生活模式当成不容置疑的事实，即当成一种社会“惯性”来看待，将他们习惯地生活于其中的社会生活的时间与空间绝对化。

现代社会的一个重要特点，就是在当代科学技术高度发展的条件下，社会生活的节奏和频率都在无形中加快了，以至使生活在社会中的人们，不知不觉地随着社会生活的速度与节奏的加快而改变了他们的时空观。其实，从来都没有固定不变的历史发展速度或节奏，也从来没有固定不变的时空观。现代性发展的一个重要特点，就是科学技术扮演着越来越关键的角色，以至人们可以毫不夸大地说，现代社会的一切重大问题，无一不是与现代科学技术的发明与创造紧密相关。现代科学技术可以创造出自然界所没有的东西。也就是说，科学技术将原来的“不可能性”变成“可能性”。更确切地说，科学技术将“可能性”的维度无限地扩展了。在现代科学技术面前一切都是“可能的”。在现代社会中，没有不可能的事情。一切都是可能的，也就意味着“一切可能性都变成不可能性”。换句话说，现代的一切可能性就是“不可能的可能性”。

在现代科学技术的干预下，原有的自然界中的可能性与不可能性的关系发生了根本的变化。作为社会系统的一种环境，自然界，从社会系统内在运作的角度来说，是根据社会系统掌握自然环境复杂性的程度，被划分为“可能”与“不可能”的两种范畴的世界。

第七节　系统的自我参照性及其区分性

“区分”与“意义”概念对于理解系统的自我参照性具有决定性意义。在鲁曼的社会系统理论中，“区分”与“意义”概念都具有其自身的特殊内容，而且，两者之间存在着非常密切的关系：不理解意义概念，就不能理解区分概念；反之亦然。因此，它们完全不同于传统的“区分”与“意义”

概念。意义和区分在社会系统理论中的特殊地位，决定于它们和环境复杂性之间的微妙关系。既然任何系统都离不开环境，系统对于环境的基本态度就成为系统存在及正常运作的基本条件。就是在这种情况下，“意义”和“区分”同时地发挥了它们的关键作用。这一点是同它们在系统运作中的沟通活动紧密相关的。有关它们在沟通中的实际效用，将在本书第四章专讲沟通时，进一步加以说明。

鲁曼认为，为了使系统的功能进一步明确化，不但必须区分主体和脉络，而且必须借助于自我参照的区分概念（mit Hilfe des Begriffs der selbstreferentiellen Differenz），进一步明确关于**“意义维度”**（Begriff der Sinndimension）的概念。显然，**“意义”**对于区分环境与系统，区分系统之间以及区分系统内各因素之间，都是非常重要的。为了使上述各项区分发生效力，当然首先必须区分有意义和没有意义。但是，区分各种意义本身，以及区分意义和无意义，又必须建立在关于**现实的既定事物的区分和关于可能性既定事物的区分**的基础上。这是一切关于意义区分的出发点，也使所有的事件和意义区分都产生信息价值的基础。在这个基础上，才能够将各种区分加以组织起来。关于上述区分的层次和逻辑，鲁曼参照了索绪尔的语言学的基本观点。他在《社会系统：一个一般性理论的纲要》一书中，引用了索绪尔的一段话说：“所有的概念都是纯粹区分性的，它们不仅是根据其自身的内容主动地被界定，而且也是根据它们和系统的其他词汇的关系而被界定。这些概念的最准确的性质就是其他概念所否定和所不具有的那些性质。因此，确定关系中的概念性，借助于同一性只不过是为了使区分性成为可能的一个准备。”（Luhmann，N. 1984a：112）这样看来，作为系统研究的出发点的，不是同一性，而是区分性。只有实现了区分性，才有可能使系统内的信息价值和秩序建构起来。所谓信息，无非就是将各种区分性联结起来的一个事件；也就是说，是一个区分产生一个区分。正因为这样，对于意义的解构不只是借助于区分，而且也要进一步对各种区分进行解构。为此，我们才需要建构一个意义维度的概念，并将事物维度、时间维度和社会维度加以区分。事物维度、时间维度和社会维度的现实性，一方面靠其自身的区分性，也就是将其自身作为一种区分性，另一方面，是靠三者之间的不同区分性。在这个意义上说，事物维度、时间维度和社会维度都在其自身的层面上具有意义的普遍性，同时也有可能使世界上的一切可能的事情在其中发生。

总之，关于环境的时间维度、事物维度和社会维度，在为了建构一个系统的目的而被简化的过程中，实际上都是围绕着“意义”而被重新组织起来。

为了建构任何一个系统内的意义关系，必须首先将意义在事物维度、时间维度和社会维度三个层面上进行解构，然后再进行重构。关于这一点，鲁曼曾经在他的《法律社会学》一书中针对法律的状况进行了详细的分析。(Luhmann, N. 1985)

事物维度对于一个系统的建构来说，在实际上，一方面关系到精神系统中一切有意义的意图的对象（alle Gegenstaende sinnhafter Intention），另一方面涉及社会系统中那些有意义的沟通的论题（Themen sinnhafter Kommunikation）。在这个意义上的对象或者论题，也可以是个人或人所组成的群体。因此，事物维度的建构过程，就是将一个由各种因素构成的共同体的结构拆解成“这一些”和“那一些”。更确切地说，关于意义的事物维度的建构，其第一步就是进行最基本的拆解和分割，也就是使某些还不确定的事物，从另一些还不确定的事物中脱离出来。然后，再进一步在内部和在外部进行拆解和分割，建构起意义本身在系统内的基本形式。

鲁曼认为，任何环境的事物维度，都使得系统内所发生的各种行动有可能同潜在的无限物理空间发生关联。为了更深入地研究系统内的行动关系，同样也必须注意到物理空间内各种事物的维度及其变动性，深入研究它们的结构和各种发展的可能性。为了使世界的事物维度减少其复杂性，减少其对于系统的结构和运作的影响，可以将事物维度化约成世界参照体系的“**事物图式**”（das Dingschema）。

同样地，为了使世界的**社会维度**进一步简单化，也可以将它直接化约成道德。鲁曼特别重视**社会维度的道德性**，因为在他看来道德是人与人之间相互尊重或者不尊重的必要条件。鲁曼还认为，为了研究社会维度的可能性，不应该只是停留在抽象的伦理法则的探讨上面，而是要进一步研究使社会交往沿着道德轨道进行的实际条件。

社会系统不同于其他系统的地方就在于其中符号系统的建构及其沟通性运作。没有行动者之间的相互沟通，就不存在社会系统。人类行动者之间的沟通是借用符号的反思性的沟通，这导致人类沟通的自我论题化（self-thematization）。所有这一切，都将在下一章进一步论述。

作为人类存在和生存条件的社会系统，总是从时间、事物和社会三个维度尽可能减少复杂性，并因此而维持系统和环境的适当边界，以利于系统相对独立的运作及其与环境之间的适当关系。社会系统的性质、规模、形式和分化，都在很大的程度上，依赖于系统本身在上述三个维度方面减少复杂性的机制的区别性。

社会系统的复杂性，来源于社会系统中所发生的事件本身的复杂性。社会中所发生的事件，不论就其数量或其发生机制以及事件之间的关系而言，都是极其复杂的，而且又具有高度变动性和不可预测性。社会系统中发生的这些事件所表现的上述特征，使这些事件的发生及发生过程都充满着各种可能性。社会系统中的各种事件，显然主要是在时间维度、事物维度和社会维度方面，是在三者之间的复杂交错中发生的。因此，为了使社会系统本身尽可能地减少与其环境的关系的复杂性，同时也是为了使社会系统的运作更加简单化，就必须在上述三个维度方面探索简单化的基本机制，并使人类行为在三个维度方面都尽可能纳入可预测的范围。这一切，决定了人类行为以及人类行为的三个维度所组成的网络，必须贯穿着行动者之间的密切沟通，并通过沟通达到相互协调，尽可能避免行动网络之外的其他因素的干扰。在简化行为的上述三个维度方面，行动者将尽可能使用高效率的沟通和符号交换，进行反思性的选择活动，并在沟通中确立为行为所必需的各种“论题”（theme），使行为明确其目的。

第四章　沟通与社会系统

第一节　鲁曼“沟通”概念的特殊意义

沟通是社会系统得以存在和运作的基本条件。鲁曼本人一再强调：“我们对于社会的分析，只是独一无二地与沟通相关。只有沟通，而不是别的任何其他事物，才使作为一个系统的社会，通过‘自我生产’（autopoiesis）而生产与再生产其自身（produces and reproduces itself）的操作过程。”（Luhmann，N. 1993b：xii）社会系统只有在沟通中才能生存和运作，因为只有通过沟通社会系统才能以简单化的原则，正确处理它和它的环境的复杂关系。但是，反过来，沟通本身也只有在社会系统中，才能不断地产生它的实际意义；而且，沟通只有在社会系统的不断再生产中，才能实现沟通本身的自我生产。总之，沟通和社会系统是互为条件的，是互补的；没有沟通，社会系统就不能存在和运作，而沟通也只有在其社会系统的不断自我再生产过程中，才能实现沟通的生命运作过程。但是，正如本书第三章第五节已经指出的，在鲁曼的上述有关沟通及其同社会系统的相互关系的论述中，沟通的基本意义及其运作条件，是完全不同于传统社会理论和沟通理论的。鲁曼的沟通理论是在他的社会系统理论的范围内，依据社会系统理论的基本原则和方法，进行特殊的论述和说明。

社会的自我生产与再生产，作为社会本身存在和运作的基本条件，就是要通过沟通才能实现的。社会的生产与再生产的整个过程，在某种意义上

说，都是进行沟通的过程。社会系统的自我生产和自我参照，都必须以系统内的沟通过程相关联。在这个意义上说，社会系统本身就是各种各样的沟通系统。鲁曼指出，作为沟通系统的各种社会系统，其基本事件，就是沟通的单一同一体的存在。这种特殊的沟通单一同一体，是依据与其同一系统内部的其他单一同一体的相互参照而运作的。由此，只有系统本身的结构及其功能，而不是系统的环境，才能决定其沟通的特殊意义。显然，在这里，沟通并非传统意义上的沟通，而是同社会的自律性生产与再生产紧密相关的操作过程。为了强调社会系统的沟通性质及其所固有的意义，鲁曼还特别将他所论述的社会系统的沟通过程同一般的行动理论相区别。他说，他要尽可能避免使用"沟通行动"和"言语行动"的概念，因为这些概念及其理论体系往往将沟通理解成一般的行动。但是，在鲁曼看来，沟通单位并非单纯是行动或活动。鲁曼所强调的沟通是包含着信息、行动及理解三大因素的。

全社会的大社会系统是完全不同于各种社会系统的。全社会的大社会系统包含着各种系统，包含着各种沟通在内。在全社会的大系统内，一切可能的沟通都可能发生。只要存在着特定的沟通条件和脉络，就有可能发生相应的沟通。而且，这种可能的特殊沟通一旦发生，就会尽可能避免其他的各种沟通，尽可能排斥其他类型的沟通。尽管全社会的大系统也是以其环境的存在作为前提，但是，它是自律的。自律并不意味着完全独立，并不意味着全社会大系统可以脱离其环境而存在。但自律就意味着它可以在其自身范围内，通过其内部各因素之间的循环重复的相互参照而进行自我调整和自我生产。

作为社会生产与再生产的操作过程，**沟通就是一种复杂的社会自我选择活动**。如前所述，社会作为一个系统是紧密地与其环境相关联的，而且，为了保障社会系统的自律性，社会系统必须尽可能地将其与环境的关系"简化"。这个简化过程，无非就是社会系统本身的自我选择过程。这种自我选择的最主要程序，必须通过社会系统内的沟通才能实现。所以，沟通不是一种现成的和预定了的信息传递，不是消极的由沟通发信者及收信者双方之间所决定的封闭交流体系，而是与充满生命力的社会系统整体所决定的复杂选择过程相关联，其中包括复杂的告知（Mitteilung）、信息（Information）、理解（Verstehen）三重因素的相互连接和相互联系的过程。沟通同社会系统之间的紧密关系，使沟通成为随系统功能运作而不断变化的操作程序，成为社会系统同其环境相关联，特别是社会系统同其环境进行"简单化"操作的必要条件。这样一来，沟通参与到社会系统与其环境的复杂关系的调整游戏之中。由此可见，沟通已经远远超出沟通双方之间的简单互通关系的范围。所以，鲁曼社会系统理论所说的"沟通"的内容、意义、过程及其内外相互关系各因素，都同传统沟通观念有极大的不同。

显然，鲁曼的沟通概念具有如下基本特征：**第一**，沟通是社会系统得以进行其自我生产和自我再生产的重要条件。在这种情况下，沟通是社会系统进行自我生产和自我再生产过程的一个不可分割的组成部分。**第二**，沟通作为社会系统自我生产的组成部分，它本身就是不断自我生产的。也就是说，沟通是一种不断产生沟通的过程，沟通也是一种自我生产，而沟通的自我生产性乃是社会系统自我生产性的一个重要表现。正如鲁曼所说："沟通只有在它作为自我生产系统时才是可能的（Kommunikation ist nur moglich als autopoietisches System）。"（Luhmann，N. 1995：44）沟通的自我生产性使沟通成为具有自律性的独立生命体，而且它的独立生命体是同社会系统的生命体互为条件的。**第三**，沟通的操作和运作是紧密地同社会系统的操作和运作相关联的，这就使它以高度自律的独立创造活动参与到社会系统与其环境的复杂关系中，因而沟通也就成为社会系统将其与环境的关系加以简单化的一个基本手段。**第四**，沟通本身是一种极其复杂的系统，它包含着告知、信息和理解三大组成部分，其间始终都是在紧密的相互关联中构成一个自律的生命运动体系。鲁曼在强调他的沟通概念的新颖性时说："这个沟通概念的新颖性在什么地方？而且，这种新颖性的后果是什么？其新颖性，首先就是其告知、信息和理解三大组成部分之间的相互区分。"（Ibid：117）**第五**，沟通是社会系统与其环境的遭遇中不得不选择的一个过程。沟通在社会系统与其环境的复杂运作中扮演极其重要的甚至是决定性的角色，因为没有沟通就使社会系统无法进行自我参照和自我生产，最主要的是使社会系统无法将其与环境的复杂关系加以简单化。**第六**，沟通在社会系统与其环境的复杂关系中所扮演的上述重要角色，使沟通过程本身也是一种复杂的选择过程：它既是自我选择的过程，也是被选择的过程。也就是说，沟通的选择过程本身，包含着双重的选择：一方面它是沟通过程中由沟通本身的自律性所决定的，在这个意义上说，就是沟通决定沟通自身；但另一方面，沟通又是由沟通以外的复杂关系所决定，即首先受系统与其环境的复杂关系、受这种关系的简单化过程和程序所决定。**第七**，沟通既然作为选择过程和作为运用语言等符号的自我生产过程，它必然包含意识的活动。在沟通中不可避免地使意识参与其中。鲁曼说："沟通是借助于沟通中的语言沟通而自我再生产的（Die Kommunitaion reproduziert mit Hilfe von Sprache Kommunikation aus Kommunikation），而且，它也同时利用它们的这一结构方面的条件进行再生产，以便使意识作为必需的中介参与进去。"（Luhmann，N. 1995：44－45）

维持系统的真正生命动力是系统本身的自我参照性。系统的自我参照并不只是意味着其自我组织或自我协调。在鲁曼看来，系统的自我参照性，主要是指系统内各个组成因素之间的自我参照。（Luhmann，N. 1984）系统内各因素间的任何一点差异，都可以构成符号间的差异，并因而构成各种意义的产生基础。对于极其复杂的社会系统而言，差异首先就是可能性和现实性之间的差异。所以，鲁曼认为，真正的意义，无非就是在"可能性"与"实在性"之间所产生的差异。换句话说，**意义是在"可能性"与"实在性"之间不断地产生差异的基础上所产生出来的**（Ibid：92－147）；而符号的功能，就在于它作为某种中介，将差异转换成一定的意义。

在鲁曼看来，一切社会系统内的活动、行动、运作和演化，由于其中都蕴涵着极其复杂的双重偶然性，又受到了系统与环境之间的同样高度复杂关系的影响，所以，从根本上说，都是某种可能性。一切行动都是可能的，不论就其结果，还是就其动因而言，在本质上都是可能的。社会系统内的可能性的普遍性，使社会系统的整个沟通活动，不论就其内容、形式、过程、手段和策略而言，都不可避免地要环绕着“可能性”。**沟通的主要意义，就在于在社会系统内部，实现关于这些可能性的动向、过程、演化及其各种信息的广泛讨论和理解**。所以，对于沟通的意义的破解，其主要和中心的目的，只能是对于上述各种可能性的既全面，又简化的把握。

然而，由于可能性与现实性之间的差异构成了社会系统意义建构的基本出发点，而且，社会系统内的沟通也首先就是为了把握社会系统内极其复杂的双重偶然性的可能趋势；所以，社会系统内的一切沟通就是为了使双重偶然性运作中的各种可能性蜕变得以被期待、被预见或被预测。正因为这样，社会系统内的沟通都离不开关于双重偶然性的可能性预测的问题。在这个意义上说，社会系统的沟通，也可以说就是关于双重偶然性的可能性与其现实性的关系的预测和期待的问题。这样一来，沟通在本质上就是对于双重偶然性的可能性与其现实性之间的各种情况的告知、信息和理解的总和。

这就意味着自我参照的系统，通过其自身各因素间的差异化，不断地生产着其自身的各个新的组成因素，而这些因素之间又是通过它们相互间的关联发生新的关系，并借助于符号的中介而产生新的意义，从而使它们的相互关联进一步复杂化，导致系统自身内部不断地产生新的意义参照系统。因此，系统的各个组成因素构成自我生产的网络而组成各种系统。

社会是一种特殊的自我参照系统。**社会系统的特殊性就在于以沟通作为基本前提**。鲁曼认为任何一种社会所构成的自我参照系统总是包含着一系列沟通的网络，而这种沟通网络又是由以往的沟通和未来的沟通以及不断发生的沟通所组成的。沟通只有在沟通的系统中才能发生，没有脱离沟通系统而存在的沟通。所以，鲁曼明确地说：“沟通只有在沟通的系统中才有可能，而这个沟通系统又不能避免重复性的循环形式。沟通系统中的最基本事件，就是沟通的单一性单位（the single units of communication），这些单位只有同同一个系统中的其他单位相参照才有意义。因此，只有这个系统的结构，而不是它的环境，才能确定沟通意义的性质和内容。”（Luhmann，N. 1985：6）

由各种社会系统所构成的大社会系统，包含着各种类型的可能的沟通。这些可能的沟通是在各种特定的沟通脉络中存在，并同时排除了各种与沟通无关的事物。由各种社会系统所构成的大社会系统，当然也必须以一种环境的存在作为前提。这种大系统的自律性并不是独立的，但它的自我参照的循环性却具有决定性的意义；因为只有通过系统中的自我参照性，该系统才在同其环境相关联的情况下维持其自律性。社会不断地自我生产，并因此而进入沟通的不同网络之中，其关键的因素是通过由沟通产生的沟通。正因为这样，大社会系统主要根据它所能提供的沟通状况而扩大或缩小。社会系统绝不能同它的环境相沟通，因为沟通始终都是某种内在的操作程序。

沟通系统是以非常特殊的方式对待复杂性的。也就是说，沟通系统是通过向该系统导入一种有关世界复杂性的观念去面对复杂性的。鲁曼将这样一种复杂性观念称为“意义”，其目的是为了避免有关意义的各种主观的、心理的或先验的指称。（Luhmann，N. 1971）所以，意义的功能就是为进入一切可能的沟通论题提供必要的条件。在沟通的过程中，意义将各种具体的有关项目置于未来可能性的视阈中（places all concrete items into a horizon of further possibilities），并由此置于一切可能性的世界中。在这种情况下，每一种有意义的项目通过沟通中对于现实和可能的事物之间的区分而重建整个世界。

社会系统是靠人们所选择的各种符号之间的沟通建构起来的。在鲁曼看来，构成一个社会系统的基本因素和基本关系就是**沟通**。但是，鲁曼的“沟通”基本概念完全不同于一般的沟通概念，特别是不同于同时代的哈贝马斯所提出的“沟通”概念。为了真正理解鲁曼的沟通概念，关键的问题仍然是把握他有关系统和环境的关系的基本原则。

鲁曼认为，既然社会系统与其环境之间的关系是非常复杂的，在社会系统的演变中，为了解决这些复杂问题，社会系统往往通过他所说的“偶然性公式”（contingency formulae）和“沟通媒介”（communicatione media），来面对它们。偶然性公式和沟通媒介虽然是不同的，但两者又有紧密关系。从沟通的角度来看，沟通媒介的复杂化及其结构的简单化，是应付系统及其环境复杂化的重要手段。鲁曼指出，随着社会系统的演化，社会系统的功能分化越来越复杂，从他所说的“分段式”（segmentary）过渡到“分层化”（stratifying）。到达现代社会，功能分化促使社会次系统产生根本不兼容的新功能。在这个时候，沟通媒介就扮演了重要角色。在这种情况下，在一个人的选择与其他人的选择之间，必须通过一种专门的沟通媒介作为其保证机制。在近代社会中，最重要的沟通媒介，就是“真理”、“爱”、“金钱”、“艺术”及“政权（权力）”。这些基本的沟通媒介，就是由象征性的各种符码和符号所构成，而其中的每一种象征性符码，都确立了它们的特定规则作为相互连接的手段。而且，通过这些沟通媒介的使用规则，社会系统内各种选择才得以传递和被理解。在这方面，语言和动机性因素之间的恰当连接，使得各种环境下的沟通成为可能。很明显，随着社会的演化和变迁，沟通媒介之间及其内在因素之间的相互关系也发生了变化。

德国社会学家昆兹勒（J. Künzler）将鲁曼的沟通概念的特殊意义及其内容，通过下表简明地表达出来（Künzler，J. 1987：327－328）。

鲁曼社会学理论中的沟通及其媒介网

	真理	金钱/财物	爱情	权力	艺术	法	信仰
系统的功能	知识	经济	家庭亲密关系	政治	没有系统	法的系统	宗教的形构
媒介运用中的偶然性因素	有限的合理性	匮乏	相遇的偶然性	共同利益/自由/正当性			神的观念
调节交换的二元图示	正/误	拥有/不拥有	你/不是你	1. 强/弱；优势/劣势 2. 政府/反对派	美/丑	公正/非公正	信仰/不信；内在性/超越性
相邻的密码	信誉	货物交换的钱币		非正式的权力			
保障交换共生和功能的机制	知觉	需求—满足	性	有形的暴力			
保障交换功能正常进行的组织	研究组织	生产和维护需求的组织	药剂工业	警察和军事组织			
发动交换和运用媒体的因素	欺瞒性认知的处理	匮乏	个人间和非个人间关系的区分化	发出各种指令的动作	各种事物机遇性的出现		一个吊诡的世界的问题

以意义为基础的沟通所达到的各种成功的系统配置，在鲁曼看来，是一

种演化发展的结果。系统演化发展所导致的三大结果，共同地建构了社会的基本结构。这三大结果包括：第一，由沟通引起的沟通的自我生产必须是封闭（closure）的。这就意味着沟通所产生的沟通只能在系统内部范围内进行。同沟通自我生产性的封闭特征相反，意义是一种完全开放的结构，它丝毫不排除任何东西，甚至不排除反意义。所以，作为以意义为基础的沟通系统，社会是一种封闭而又开放的系统。社会系统的开放性正是受惠于其本身的封闭性。关于社会系统的这种吊诡性，鲁曼引用了法国人类学家莫林（Edgar Morin，1921— ）的一句话："开放是立足于封闭（l'ouvert s'appuie sur le ferme）。"（Morin，E. 1977：201）第二，沟通和意义无非就是创建多余信息（redundancy）的不同方式。沟通是向其他系统提供信息而建构多余信息的。在这一点上，鲁曼引用了环境社会学家贝特森（Gregory Bateson，1904—1980）的研究成果，强调通过这种对于其他系统的信息提供过程而产生的多余信息，使第三者有可能去选择它所要询问的对象。与沟通不同，意义是通过隐含着更多的未来可能性而建构起多余信息。正是由于以意义为基础的沟通连续不断地再生产多余信息，才使得系统发展的未来每一步都包含着对于其他各种可能性的选择过程。由这种系统的程序所建构的世界，当然充满着偶然性，而且这些偶然性又是相互区别的。因此，在鲁曼看来，社会是在一个充满吊诡的世界中运作的，而这些吊诡性本身就是社会系统中各种复杂的偶然性的必要条件。第三，任何事物，不管是世界，也不管是自然，甚至是自我参照的系统，都不是吊诡性本身。当鲁曼称某种事物是吊诡的，无非一种描述，只不过是一种适当的描述。各种吊诡性的不断增加，只是社会学研究增加其描述性的一种结果，它是用来描述一个日益复杂的社会分化过程。

鲁曼在分析沟通对于社会系统运作的重要意义时，还一再强调当代社会科学技术的重要角色。当代社会的沟通的特殊性，正是来自技术本身。沟通同技术之间的紧密关系，在当代社会中，已经达到这样的程度，以至于可以说，当代一切沟通都是由当代技术所决定的，没有当代技术，就没有当代社会的沟通。而一切来自沟通的问题，也都可以从技术本身的问题找到其解决方案，找到其问题的症结所在。鲁曼在分析当代社会的风险性时，尤其强调这种风险与沟通、与技术之间的密切关系。（Luhmann，1993b：xii-xiii）正是在这个意义上说，弄清鲁曼的沟通理论，必须从技术的观点出发，并以技术为基础来理解和考察社会系统的沟通问题。

鲁曼认为意义就是为社会经验和行动所提供的形式。也就是说，意义是经验和行动的密码。由于意义的使用，才使经验和行动形成某种结构，并因而可以被人们所确认，也可以由此而发生各种变化。因此，意义对于社会结构来说是特别重要的。各种社会系统正是通过意义的运用而建构起它们的选择性（selectivity）。在社会系统内，几乎所有的事物都是靠意义而存在。鲁曼特别强调，在社会系统中没有任何一种事物是无意义的，因为凡是无意义的事物，其确认总是以某种意义为前提。也就是说，无意义一定要靠意义去确认。由此看来，脱离开构成意义的系统，也就是脱离开意义所参照的系统，意义就不可能存在。通过意义与系统的上述相互参照关系，我们进一步看到鲁曼所说的系统带有明显的“开放式终止型”（open-endedness）的性质。系统的这一特征显然排除了某种终极的和无前提的参照物的存在。

系统的自我参照性是离不开符号的中介化过程的。所以，要理解鲁曼的沟通和自我参照性，还必须深入理解他的符号概念的特殊意义。鲁曼曾经对语言与各种符号的社会功能进行过系统论述。（Luhmann，N. 1984；1989）他认为，语言和符号以及各种象征，都是意义沟通的中介，也在沟通的过程中不断使意义本身复杂化，以至在一定程度内使意义自身又产生新的分化，产生新的自我参照系统。语言、符号和象征将各种差异普遍化和一般化，使意义系统有可能在差异化中进行自我参照和自我分化，不断产生新的社会系统。如同我们在别的地方所一再论述的那样，鲁曼借助于符号、语言和象征的差异中介化功能，将社会中的各种多样可能性，都变成新的实在性。人类社会不同于其他系统的地方，就在于人类具有将可能性转换为实在性的超越能力。而人类的这种转化能力，一点都离不开语言、符号和象征的中介化功能。人类自己发明了各种符号，而符号又帮助人类将一切可能性转换为实在性，从而使人类及人类生活于其中的社会，不断地自我参照化和自我生产，把人类带入越来越复杂的社会中去。语言、符号和象征的复杂化，也使人类面对越来越复杂的沟通系统，将其导入由多层次社会所构成的不确定领域之中。

鲁曼进一步指出，意义在处置经验和行动的过程中，往往采取“否定”（negation）、“一般化”（generalization）和“反思性”（reflexivity）的特殊方式。如果说任何一个系统都是要通过某种“系统/环境”的关系才能被确认，那么意义是通过某种“确定/不确定”（determinate/indeterminate）的关系才能构成。任何一种有意义的确定性，也就是任何一个特殊的有意义的事物，其构成总是通过其与其他可能的确定性种类的关系来实现；而这些其他可能的确定性又往往被排除在该特殊事物的范围之外，因而它们是不确定的。为了理解鲁曼有关意义的上述论述方式，我们不妨把它同完形心理学的相关论述加以比较。在完形心理学中，任何图式只有在与其背景的相互关系中才能呈现出来，并被正确理解，因为图式的意义只有通过表现其侧面的背景才能衬托出来。所以，在鲁曼的任何一个意义的确定性中，都隐含着由其他可能的确定性所组成的一般性不确定的背景。在鲁曼的意义理论中表现出他的社会系统理论的一贯基本精神。这就是，任何系统的存在和运作，都是以确定和不确定的相互循环自我参照关系作为基础。

在鲁曼看来，只有通过对于其他各种可能性的否定，才能使一个特殊的意义确立起来。而这种否定是通过将其他可能性加以一般化的程序来操作的。所以，一般化的功能，使任何一个确定意义建构过程中的否定，有可能成为包含所有其他可能性的一种操作过程。

但是，一般化并不是单靠“否定”而进行的一种程序。任何一种特定的有意义的确定性，其一般化的过程，总是以对于其他可能性的不确定化作为基本前提，因为所有这些其他可能性的不确定化是整个操作程序的先决条件。鲁曼认为，所有的现实性，对于意义来说，都是在模态上被一般化

(modally generalized)。

要正确理解鲁曼的意义观念，还必须进一步探讨**否定的反思性**。鲁曼认为，否定是可以由其自身来否定的。否定可以应用它自身。所以，任何一种可能性，也就是说凡是由于一个确定的意义而被一般地否定的可能性，都是可以将其自身的被否定状态否定掉，并由此而实现其现实性，也就是变成确定的事物。所以，否定的反思性，意味着被否定的各种可能性，尽管曾经被否定过，都可以变成为确定的现实性。鲁曼并不把否定加以极端化。

在社会系统中，由于社会系统是通过不同行动者所实行的行动脉络而组成的，所以，不同行动者在社会系统中所构成的关系，也就是这些不同行动者在其不同行动脉络中的种种"**相遇**"(encounter)。当不同行动者所构成的行动脉络之间发生"相遇"的时候，就出现了鲁曼和帕森斯所说的"**双重偶然性**"(double contingency)。所以，双重偶然性也就是社会系统中社会互动的基本特征。双重偶然性的不断出现，一方面是社会系统中的社会行动所产生的一个必然的结果，但另一方面它又成为社会行动完全实现的一个主要障碍。双重偶然性对于人类行动的这种双重意义和双重作用，要求行动者之间尽可能建立和贯通各种沟通网络，并通过这些多种多样的沟通将双重偶然性的发生机制和避免途径尽可能简单化。社会系统中沟通和意义传播的必要性，就是建立在少数双重偶然性不断发生的基础上。

所以，为了说明社会系统沟通的必要性和它的基础，首先必须进一步分析社会系统中高度复杂的双重偶然性。人们正是以他们可以理解的方式，选择了各种各样的沟通符号与密码以及各种程序，作为简化社会系统与其环境复杂关系的主要方法，同时也作为他们面临环境复杂性时进行相互协调的主要手段。

第二节　沟通与双重偶然性

社会系统的存在及其运作，一方面仰赖于它如何协调它内部各个组成要素的相互关系，另一方面也仰赖于它本身如何处理它与它的环境的复杂关系。沟通的出现及其自我生产，正是在这种情况下发生的。但是，不论是解决系统内部各因素的相互关系，还是处理社会系统与其环境的复杂关系，都面临着如何对待双重偶然性的问题。这是因为社会系统内部及其与环境的关系，都是贯穿着极其复杂的双重偶然性的问题。如前所述，任何系统，尤其是社会系统，都是充满着双重偶然性。双重偶然性使社会系统内部各因素之间的协调及再生产，时时处处产生危机，有可能面临各种风险。同时，社会系统与其环境的复杂关系也时时面临着各种可能的变化。社会系统的沟通，就是为了解决其内部及其与环境的复杂关系中所出现的各种双重偶然性。

早在帕森斯时代，帕森斯就已经较为充分地考虑到社会系统偶然性因素同社会秩序以及沟通的相互关系问题。众所周知，帕森斯社会学在继承古典社会学方面所作出的重要贡献，就是紧紧地抓住了社会学研究的三大重心问题：秩序（order）、行动（action）和价值（values）。正是在解决这个核心问题时，帕森斯引入“沟通”的重要概念，试图寻求调整上述三大因素之间的关系，并由此说明沟通对于社会系统运作，特别是对于解决社会系统内双重偶然性因素的重要意义。

帕森斯并不是单纯地概括和总结传统社会学中涂尔干、韦伯、帕累托（Vilfredo Pareto，1848—1923）和马歇尔（Alfred Marshall，1842—1924）的基本问题，而是试图从他们的社会理论中探索有关社会的基本结构及其变迁的基本原则，从而为创建一个更全面的社会理论概念系统打下基础。为此，帕森斯描绘出科学的社会学系统的三大支柱，这就是秩序、行动和价值。更确切地说，**首先**，社会学是研究**秩序**问题的学问。他把霍布斯所提出的“社会秩序如何可能”的问题，进一步加以具体化，改为以如下方式提出问题：“**究竟是什么使社会维系在一起**？”换句话说，使社会维系在一起的，是力量（force），还是各种诡计和计谋（fraud）？或者，两者都是维系社会的基本因素？在这两方面，霍布斯究竟回避了哪一个？这两种因素究竟是以何种程度共同地归属于价值？**其次**，任何有关秩序的理论探讨，都不可避免地关系到**行动**的问题。为了避免重复霍布斯在《利维坦》(*Leviathan*, 1651)一书中所遵循的基本思路,帕森斯明确地将行动的自由列为中心论题,并且提出"意志论"的行动自由原则,以便在社会理论论述"秩序如何可能"的时候,同时又重视人的行动的基本自由。在这里,帕森斯显然已经明确地显示了人的行动所包含的"**意义**",并把人在行动中所贯穿的"意义"当做解决行动本身和社会秩序问题的关键。同时,帕森斯也通过人的行动中的自由意志的决定性意义,试图说明"意义"实际上构成一切行动者推动其行动实施的基本动力。当然,在帕森斯的意志论行动理论中,似乎也隐含着将行动同秩序联结起来加以综合分析的新思路,尽管这一方面仍然处于极其模糊的状态。**最后**,帕森斯将秩序和行动结合起来加以考察,从而明确地指出了行动者在行动中努力朝向规范化、实现行动意义的倾向,为行动者及社会研究者提供明确的价值标准去判断行动意义及其实现状况。由于帕森斯将**价值**看做内在化的过程和结果,所以,帕森斯在这里已经明确地以反霍布斯的方式解决社会秩序问题。在帕森斯看来,经典社会学理论的创立者涂尔干、韦伯、帕累托和马歇尔等人也曾经不同程度地提出和解决上述三方面的问题。帕森斯所作出的重要贡献,是明确地将社会秩序、行动和价值列为近代社会学研究的中心问题,从而为20世纪社会学的理论研究和经验研究指出了明确的方向。但是,帕森斯的上述理论探索,仍然未能彻底解决社会系统双重偶然性及社会秩序运作的相互关系问题。

鲁曼针对帕森斯在思考上述问题时所表现的偏差,强调社会系统是要靠人们所选择的各种符号之间的沟通建构起来的。在鲁曼看来,构成一个社会系统的基本因素和基本关系就是**沟通**。

为了分析和了解双重偶然性所造成的复杂性及其解决的可能性,首先可以从最简单的两个行动者之间的关系开始。两个行动者在一个社会系统中的相遇,足够说明人类行动及其所处的社会系统的复杂性的状况。对于这两位行动者来说,当他们俩相遇的时候,世界就变成复杂的和偶然的。世界之所以变成偶然的,是因为在其中包含了无限的事件,同时也包含许许多多的复杂关系。所有这些事件和复杂关系，对于行动者来说都是可能发生的。世界之所以是高度偶然性，是因为在这世界中的一切事件，都是可以发生的，也都是可能发生的，同时又是可能被别的事件所取代而不发生的。事件的高度偶然性表明任何事物都是不相同的。显然，在这样的世界中，任何一个个人的行动，如果要取得成功，一方面依赖于那些可能发生，但也可能不发生的特殊事件的出现，另一方面又同样地受到这些特殊事件的偶然性的影响。

在社会系统中的任何个人行动，其实现的程度不仅依赖于这个个人的所作所为，依赖于这种所作所为与其周遭世界的复杂关系，而且也依赖于同一个社会系统中的另一个个人的行为的实现程度，依赖于另一个个人对于他所遭遇到的个人行为的期待状况，也就是说，依赖于另一个个人对他所遭遇到的行为的反应——这种反应因为是别人所做出的，所以是不可完全预测的。上述两个相遭遇的行动者所产生的相互期待和相互反应的不可完全预测性，以及环绕着这两个行动者的周遭环境的多种变化的不可完全预测性，造成了社会系统中的行动脉络的复杂性和双重偶然性。

人类行动在社会系统中所遭遇的上述复杂性及其双重偶然性，使人类从一开始形成社会的时候起，就自然而然地随着生活经验的发展，而不断增强人类本身应付系统复杂性的行为能力。在鲁曼以前，在德国的社会人类学界中，受到现象学社会人类学家舍勒（Max Scheler，1874—1928）的影响，阿尔诺德·格伦（Arnold Gehlen，1904—1976）曾经提出“制度理论”（Theory of Institution），强调人类为了适应其特殊生活环境以及满足其生活的基本需要，在其行为中建构着相应的社会制度，以达到最大限度地减少周围环境复杂性对于其行为的影响的目的。格伦认为，社会制度就是通过一系列规范和社会角色来引导人类行为的基本模式，其目的就是要使人类在一个复杂的环境中，采用对于其行为最适合的行为方式去实现自己的行为。人类之所以需要这些社会制度，是因为人模拟其他动物采取更开放的态度对待其周遭世界。而且，比其他动物更少依靠本能来适应世界的人类，更需要有一系列像社会制度那样的行为模式来引导个人的行动。通过一系列社会制度的建构，人类完成了自我组织化，在行动中才可以比较放心地从事自己的行为，格伦称之为“**释负**”。(Gehlen，A. 1950)

鲁曼思考社会系统复杂性及其简化的程序，基本上同格伦相类似。在鲁曼看来，面临着充满着复杂性和双重偶然性的社会系统，行动者也同样需要有一整套的能够促使其行动顺利实现的社会环境，这就是他所说的社会系统。因此，社会系统是一种尽可能适合行为实现目标的多种多样的行为世界。鲁曼所说的社会系统比格伦所说的制度更加广泛。鲁曼所说的社会系统有各种类型，其中包括心理系统，也包括符号系统。所以，社会制度只是社会系统的一部分，社会系统比社会制度广阔得多。两个行动者相遭遇所构成的行为系统，尽管不一定是已制度化的系统，但一定是一种社会系统。总之，继承和发扬由舍勒所开创的德国社会人类学的传统，鲁曼认为**系统就是记录、重构和简化世界的复杂性，通过这种简化过程，行动者使世界变成更加适应人类需要的一种最低限度的秩序**（minimal order)，以便使人类能够在这个世界中按照其特定的计划方式引导其行为的实现。

人类将复杂的环境（周遭世界）重建成为各种类型的社会系统之后，显然更加方便于人类在社会中的各种生活方式和行为模式。在建构了包括社会制度在内的各种社会系统之后，人们虽然仍会遭遇到各种复杂的情况，而且，在许多情形下，已经建构和形成的社会制度和规范等社会系统，也会在某种程度上超出原初人类建构它们的预期，给人类的行为本身也带来一些困难和干扰；但是，从各种因素的总考量来看，由建构社会制度和规范等社会系统给人类行为带来的干扰，比起没有建构这些社会系统而处于更加复杂和无秩序的世界环境中，人类行为所受到的干扰和承受的困难是要简单得多。一句话，对人来说，任何秩序总是比没有秩序好。

(1) 在沟通中协调双重偶然性

鲁曼高度重视沟通对于解决社会系统双重偶然性的重要意义。他在许多论著中一再强调沟通以及沟通媒介（communication media）的建构及其恰当运作，在处理社会系统及其环境的相互关系中，具有同上述“偶然性公式”同样的决定性意义。偶然性公式既用来表达各个内在和外在因素之间的相互依赖性，又用来促使各种不确定性因素改变为可确定的复杂性。正如本章第一节所说，通过偶然性公式的运作，各种混乱和随意发生的可能性，都被化约为确定的关系网。在这种程序中，各个因素之间的相互依赖性有利于简化可能性的发生，同时，也使系统内的相互依赖性成为可算计的和可操作的。偶然性公式的运作还有利于形成有限的、成对的或二元的逻辑结构（a limitational，binary logic），从而使原来难于操作和预计的无限可能性，逐步简化为较少的数目。各种各样的偶然性公式使人们的各种复杂经验和行动，从原属于不可预测的可能性转化为可控制的选择过程。就是在这种情况下，旨在建构个人选择与他人选择之间的连接及其沟通的机制，就应运而生。这个机制就是上述与双重偶然性公式同样重要的“沟通媒介”。鲁曼认为，不同的社会及其传统，产生了不同的沟通媒介系统。对于西方社会来说，最重要的沟通媒介就是“真理”、“爱”、“金钱”、“艺术”及“权力”等。这些沟通媒介也就成为一系列促使各种象征和符号得以相互连接的象征性密码（symbolic codes）。它们如同符号之间相互连接的准则那样进行运作，使社会系统内的沟通成为可能。

本身就充满着双重偶然性的人类行为，既然处于充满着双重偶然性的社会世界之中，那么人类行为的互动又如何实现其相互间的协调性和可预测性？传统的社会学家，像涂尔干那样，一般都认为社会互动并不是在一个真空中发生的，而是在一个有可能给予行动以规范和制度的指导的社会环境之中。（Durkheim，E. 1973［1895］）帕森斯进一步把涂尔干的观点加以一般化，并强调，由于社会互动是发生在一个以对于价值和规范取得共识为基础的社会之中，所以社会行为和互动对于行动者来说，都是有序的、被协调的和可以预测的。对于帕森斯的上述观点，鲁曼只采纳其中立足于经验论的部分。但鲁曼接着认为，对于人类行为何以可能在充满着双重偶然性的社会中有序地发生的问题，不能单纯从经验论的观点和角度去回答；因为一方面经验论的答案至多只能描述社会行为与互动受到价值和规范共识性协调的事实，却未能回答这一事实的真正根据，另一方面，上述问题涉及一个更加深刻的社会系统和人类行为的根本性质问题，需要以更抽象的回答方式去解决。同时，对于上述基本问题的解决方案，也不应该限制在传统理性主义和经验主义的框架范围之内。

鲁曼认为，涂尔干和帕森斯只是对于社会秩序问题做出了有限的回答。也就是说，他们只回答了社会中存在着某种共识，而不管这种共识究竟以什么理由存在。所以，从充满双重偶然性的复杂环境中，如何产生社会秩序，这个问题必须靠某种更加抽象的探讨方式去解决。

其实，早在 15 世纪和 16 世纪，有些思想家就曾经以非常抽象的方式探讨过人类社会发生协调共识的根据。到了 17 世纪和 18 世纪，就陆续产生了**霍布斯**（Thomas Hobbes，1588—1679）、**洛克**（John Locke，1632—1704）、**卢梭**（Jean-Jacques Rousseau，1712—1778）和**康德**（Immanuel Kant，1724—1804）等人的自然权利论和社会契约论。但是，鲁曼对于上述任何一位思想家的任何一种理论设想和说明都不满意。

为了从根本上同上述传统社会共识理论划清界限，鲁曼从关于噪音的混沌理论得到启示。根据噪音的混沌理论，在充满着高度复杂和偶然性的世界中，在许多可能的行动和行动间的关系中，秩序在很大程度上是根据**机遇**而呈现出来的。也就是说，秩序是在高度复杂和充满偶然性的世界中，通过某种偶然的、不可预测的机遇的途径而**冒现**出来的。这种状况，使得任何社会系统中的行动的发生，始终都伴随着各种可能的中断和干扰，行动者也始终都处于高度警惕的紧张状态，处于不断进行选择的冒险心态之中，以便保证其行动的连贯性和持续性。鲁曼所提出的双重偶然性的理论就是为了解决这些问题。用双重偶然性去说明秩序如何从混沌的噪音中产生，这就好像某种**“自我催化的程序”**（an autocatalytic process）一样。

双重偶然性就是在噪音和秩序之间、混沌和有组织之间的一个桥梁，因

为双重偶然性既是噪音的一部分，又是秩序的一部分。在鲁曼看来，双重偶然性是某种噪音中的一个原初结构，又是秩序的最低限度的类型。因此，**双重偶然性是随时随地存在的某种最低限度的状态**。双重偶然性是任何行动者可以始终一贯地期待的某种事物，是有规律地存在的某种事物，因而也是现实世界的一种有秩序的面向。所以，任何两个相遭遇的行动者必定汇合在双重偶然性的经验状态之中。双重偶然性成为唯一可被期待和唯一可被预测的基本事实。两个行动者的行为取向所造成的上述在双重偶然性中的汇合，是可以被预知的，因而也就是有秩序的，是现实世界的一个部分。这是进一步分析社会秩序的形成和再生产的基础。换句话说，任何一个社会秩序的产生和再生产，必须建构在两个双重偶然性相互关联的期待的基础上。就此而言，任何一个社会系统，都是从两个行动者相遭遇时所产生的双重偶然性心理期待的经验中呈现出来的。

（2）行动者心理期待经验的重要意义

在上述双重偶然性心理期待经验的基础上，两个以上的行动者，在其行动过程中，不断地以反思性的沟通而否定不利于其利益的混乱状态，同时又不断地建构排除各种偶然性干扰的秩序。顺此方向，充满着双重偶然性的社会系统中，任何不利于行动实现和不利于行动者利益的消极因素，都逐渐地被减少和被排斥；与此同时，凡是有利于行动实现和有利于行动者利益的秩序，却不断地巩固和发展。所有这一切，不但需要行动者个人的反思性的选择，而且也需要两个行动者之间的反思性的沟通和协调。鲁曼说："自我以他者经验自我的同样的方式经验到他者。任何行动者同时地经验到其行动经验的非同一性和同一性两方面。正因为这样，环境是不可确定的、不稳定的和不可容忍的。正是在这种经验中，各种行动取向汇合在一起，这有利于我们去假定某种否定各种否定性的利益，假定某种肯定确定性的利益。用一般系统理论的论述方式来说，在这里就表现了一种'有条件的准备状态'，也就是在一种被期待的状态中建构起一个系统的一个机会……”（Luhmann, N. 1984：172）在鲁曼的这段论述中，可以或多或少表现出他分析社会秩序和系统建构过程的人类学思考模式。实际上，如前所述，当鲁曼试图超出社会生活的经验事实之外，而以更抽象的方式说明社会秩序时，他就把社会学和人类学以及哲学的思考取向联系在一起。

根据上述分析，我们可以看到，当两个不同的行动者相遭遇而有可能产生某种有利于双方行动实现的共识的时候，这种共识的最初成分是**纯粹心理方面的期待**（psychic expectation），是在两个行动者的意识层面中发生的最初共识。这就是为什么鲁曼把双重偶然性的实际经验的发生，作为社会秩序的最初模式，并仅限在心理期待的范围内的原因。由于社会环境和系统的复杂性，对于任何行动者来说，体验其行动在社会中的遭遇的复杂可能性，也就是说，体验到其行动同他人的行动相交错而产生的复杂情况，最初是发生在两个行动者相遭遇时而产生的那种期待协调的心理状态中。由此可见，**任何一种社会系统，最初是在相遭遇的两个行动者对于双重偶然性的经验中产生的**。这样一来，任何一种社会系统的建构是依赖于两个独立的心理系统的相遭遇，也同样依赖于在此基础上所产生的一系列行动系统的相互交错，依赖于相互交错的行动系统之间的反复协调。从这里也可以看出，任何一种系统，其建构及产生，都不可能单纯依赖于单个原因或单个因果系列，而是依赖于多种原因和多种变化多端的因果系列。任何两个以上的原因相遭遇而造成某种特殊的关系，就可以形成一种新的系统。正是在多种多样的相互遭遇的状态中，两个系统或两个原因相互渗透，从而建构起一个新的系统。在上述两个行动者相遭遇的情况下，两个行动者的心理系统，主要是指他们对于双重偶然性的各自不同的理解程度和期待方向，所有这些因素构成一个新的社会系统产生的基础。

两个行动者相遭遇而造成两个心理系统的交错和相互渗透，在鲁曼看来，这就意味着，其中一个心理系统渗透到对方的充满着复杂性和偶然性的心理系统之中，并同时在其自身系统中建构起减少复杂性的必要程序。对于另一个心理系统来说，情况也是这样。这样一来，两个在遭遇中相交错的不同心理系统，分别表现在两个不同行动者的意识领域之中，因而，尽管形成了两个独立的新的心理系统，但对于其中的任何一个心理系统而言，对方的心理系统仍然是充满着复杂性和不可预测性。不过，经过了遭遇中的相互交错，其中的任何一方在保持其自身的独立性的同时，都记录，并以程序化处理对方的复杂性，设法使这种复杂性简单化。其结果，由于相遭遇而出现的两个新的心理系统，虽然两者相互渗透，但仍然保持其各自的边界和自律性。这也就是说，某一个自我的期望和行动是有可能渗透到他者的意识之中，但这种状况只是从他者的角度来说的。他者始终都是只能以他个人的角度去体会和理解某一个自我的期望和行动；某一个自我的期望和行动终究都是在他者的意识之外，仍然保持其独立性及其各种复杂性。

鲁曼强调两个相遭遇的行动者所造成的上述相互渗透的两个心理系统的存在，但他又同时强调两个心理系统之间的相互独立性。这一切正是为了说明社会系统中的任何行动都可能遇到类似的双重偶然性的复杂状况。在任何一个社会系统中所进行的任何行动，都有可能同其他另一个行动相遭遇，因而就有可能产生鲁曼所说的那种双重偶然性的复杂状况。但是，正是出现了这种双重偶然性，才有可能使任何行动者的行动，从复杂和不可预测的混乱交错的趋势之中，找到另一个行动者相互渗透，并因此有希望选择出混乱环节中的有利一环，作为进一步贯彻行动的可能方向。

鲁曼认为，社会系统中的任何行动遭遇到混乱不堪的复杂环境是不可避免的。因此，他严厉批评涂尔干和帕森斯等人以设想社会秩序作为分析行动的前提。鲁曼认为，实际的情况完全不同于涂尔干和帕森斯的设想，社会秩序并不是作为一个现成的和固定不变的条件，而为行动提供万全的基础和出发点。事实上，任何行动的展开，从一开始到贯彻过程的任何一点，都伴随着复杂的不可预测的双重偶然性，因为始终都存在着其他行动者的行动所可能带来的复杂因素。鲁曼在上述分析中，注意到同时地考量上述复杂状况的双重可能：一方面其他行动者作为各自独立的行动者，其行动不管怎样影响或渗透到自我的意识之中，也不管自我的意识层面如何理解和把握其他行动者的行动期望和计划，其他行动者的行动始终都是在自我及其行动系统的边界之外，因而始终都以其独立的运作逻辑而继续发生自我所无法控制的影响力；另一方面，由于自我首先在意识层面上有能力，并在事实上逐渐地理解渗透到其中的他者的意图，所以自我在行动中，会在遭遇到他者的各种行动的渗透之后，不断地做出选择和程序化的化约步骤，以便减少由他者行动所带来的不利影响，简化由他者行动所造成的各种复杂局面，使自我的行动从原初遭遇到较多的复杂性中逐渐地朝着较少复杂性的环境方向去实现。上述状况，就是鲁曼用以解释社会系统中的人类行动从混乱不堪的双重偶然性局面中，走向符合规范和制度的有序社会系统的基本模式。由此可见，鲁曼的社会系统论，是通过“双重偶然性”的基本概念，去说明人类行动如何在充满着复杂的社会系统中，正确处理自我与他者、混乱无序和有序规范化、不可预测和实现计划、屡遭失望和永怀期望之间的问题。人类行动不管采取何种多样的类型，都是在上述自我与他者、混乱无序和有序规范化、不可预测和实现计划、屡遭失望和永怀期望之间的相互渗透和协调中进行的。就是在这样的实现过程中，人类行动始终伴随着双重偶然性，也同时伴随着实现的可能性。鲁曼对于人类行动的这种分析，才真正摆脱了传统结构功能论的行动理论的影响。

（3）沟通与双重偶然性的本体论基础

鲁曼的上述说明，还必须同他关于世界和社会系统的复杂性的更为抽象的哲学论述联系在一起。如前所述，鲁曼的社会系统理论包含着非常深刻的哲学本体论、认识论和方法论的基础。鲁曼不满于涂尔干和帕森斯的结构功能论的地方，主要是在于他们两者都以社会秩序对于行动的协调性为基础，并仅限在经验事实的分析层面上。鲁曼把社会系统和行动所面临的双重偶然性当成世界和社会系统本身的更为深层的性质，他认为必须以更抽象的哲学理论加以说明。在这点上，鲁曼将社会理论同哲学和人类学的理论联系在一起。他认为，首先，从本体论的角度来看，整个世界，包括人类社会之外的整个物质世界和自然世界在内，其性质和构造都是充满着复杂的不可预测的因素，在本质上是某种混乱不定的混沌局面，在其中任何事物和任何事件之间都是相互交错和相互影响的，在它们之间没有任何固定不变的界限和明确的规则系统。世界和社会中的任何一种事件或任何一个因果系列，都是被无数的、不断发生和不断消灭、不断可能出现和可能不出现的各种事件和各种因果系列所包围，有时又是被这些事件和因果系列所渗透。偶然性发生在并穿插于一切必然性实施的轨道上。没有任何一种必然性实施系列不遭遇到偶然性的干扰、冲击及影响。就此而言，世界和社会中的任何一个事件和任何一个因果系列，充其量也只能是无序中的有序、偶然中的必然、多种因果中的一种因果关系。黑格尔曾经深刻地指出，**一切偶然性都是必然性的交叉结果**。因此，偶然性本身比必然性优越的地方，正是在于它更具体地呈现在事物的实际存在的现象中，而且，偶然性作为两种以上的必然性的交叉，更形成比必然性复杂得多的结构。就此而言，偶然性反而会更生动地体现世界的实际结构。

所以，就世界和社会系统的整体而言，实际上是充满着偶然性和多种多样可能的因果系列，而且这些偶然性和因果系列又是相互交错的，无固定方向，也无固定秩序。任何事件和任何一个因果系列，只是这些相互交错、无固定方向和无固定秩序的偶然性中的一种暂时结合，因而也是一种偶然的结合。但是，任何一种暂时的和偶然的结合，都可以构成对该事件来说是必然的联结，因而可以构成一个相对独立的因果系列，构成该事件从头到尾各种相联系的因素在特定条件下存在的理由。在某个事件或因果系列看来是相互联系的必然锁链，从另一个事件和因果系列来看却变成了偶然事件的堆积，也就成为混乱不定的和不可预测的可能性因素。正是由于各种系列的因果关系有可能交叉，才使各种原本不相干的复杂的因果系列，有可能从不可预测的不确定的茫茫大海中，变成对某一个因果系列来说是有可能确定下来的因果系列中的一环。因此，多种不确定的混乱因果系列交叉越多，对于被交叉的因果系列来说，其成为确定因果系列的可能因素的可能程度就越高。所以，对于相互交叉和相互渗透的各种事件和因果系列，必须从两个方面的可能性去分析和看待：一方面这种交叉和相互渗透有可能进一步使混乱局面更加复杂，另一方面却又为使这种混乱局面从无序转化为有序提供更多的新希望，也就是为从无序转化为有序提供更多的可能性。

如果说上述状况是整个世界的一般特征的话，那么，对于充满着各种行动者的可能行动和现实行动的人类社会来说，就呈现出比一般的自然世界要复杂得多的特征。就是在分析人类社会系统远比自然世界系统复杂的情况下，鲁曼也同样看到了上述自然世界系统双重偶然性在社会系统中的更复杂的表现的双重可能性。这就是说，一方面人类社会系统表现出比自然世界系统更复杂的双重偶然性，从而为实现任何人类行动及期待任何行动都带来更多的不可预测的可能性因素；另一方面，人类社会系统中所固有的人类心理因素及其对行动的期待，又为使复杂的双重偶然性转化为可控制的和可预测的行动计划带来新的希望，而社会系统中各种行动者心理层面所共同抱有的价值和制度需求，也进一步催化了上述转化的可能性。再加上社会系统所含有的前述时间和符号维度，使社会系统中的任何时空维度上的行动，都有可能同其他时空维度上的行动及其效果相联系，并通过人类特有的反思性沟通和自我参照的能力，而使上述各种复杂的双重偶然性，进一步朝着有利于行动实现的方向，转化为对行动实现有利的积极因素。

在鲁曼看来，人类社会系统中各种行动的交错和相互渗透，不同于自然物质事件中各种事件的交错的地方，就在于社会系统中的行动者有可能进行彼此间的行动期望的沟通，而且这种沟通一旦展开，除了一方面继续受到各个行动者主观因素的影响，并因此而朝着有利于各行动者主体方向发展以外，另一方面，这种沟通又保持其自身的相对独立性，作为整个社会系统原本存在和现实继续发挥作用的沟通过程，沿着其在社会系统中占据的地位所可能提供的规律而发生作用。对于上述同时发生的而又相互交错的两种状况，鲁曼进一步在有关社会系统中的“**意义**”和“**反思性沟通**”以及“**自我参照**”的有关范畴和论述章节中进行了说明。

(4) 社会行动的复杂性与沟通的自我生产

社会系统中的各种行动，作为社会系统内部各种复杂组成要素相互协调的重要机制，是在沟通的活动及其自我生产中完成和不断调整的。如前所述，如果我们将行动与沟通放在双重偶然性的条件下加以观察和处理，就可以更细致地分析它们的性质及其各种可能性。

在相互交错的两个行动者所造成的双重偶然性状况之中，已经包含了两个行动者相互渗透的**沟通**，而这种沟通首先是两者之间有关行动期待的沟通。相遭遇的两个行动者，相互间沟通着彼此的行动期待和行动计划，从而造成了超出各个行动者自身心理期待以外的某种**社会沟通**，也造成了独立于两个行动者意识之外的一种**社会事件**。这种社会事件虽然是由两个行动者的遭遇而引起的，但作为社会事件，它就自然地同社会系统中其他早已存在或正在发生的各种事件和因果系列相联系，朝着社会事件本身的发展脉络而发生作用。这个时候，原来已经发生、作为历史性沉淀流传下来的道德和价值系统，就有可能对于上述由两个行动者交叉而出现的新事件发生影响。这时候，也正是这个时候，由两个行动者交叉所发生的事件，就由不得两个行动者的主观愿望，受到社会系统中早已存在或正在发生的各种事件的影响继续发展。对于两个行动者来说，如果他们各自都意识到，他们的个人行动的实现再也不能单纯依赖他们个人的主观期待，而是要参照社会系统中相连贯的那些原有的、正在发生的各种事件的特有规则和特有因果关系，并由此而不断调整各行动者的个人期待与他者的期待、与社会作为整体所提出的期待的相互关系，那么在这种情况下，尽管两个行动者的行动实现过程还有可能继续遭遇各种类似的复杂的双重偶然性，但他们的行动会在协调自我与他者、个人与社会的期待的基础上，逐步地缩小双重偶然性的影响和干扰而得到实现。

鲁曼在分析上述过程时，特别强调其中所发生的两个不同性质的事件和因果系列。如前所述，一个系列是属于行动者主观所能预测和计算的期望和行动实现程序，其中包括行动者对于他者和社会期待的相互渗透和逐步了解过程；另一个系列是属于同行动者的行动事件相交错的社会系统的独立因果系列，而且这些社会系统的因果系列本身也是非常复杂和多种多样的，它们都超出了行动者的意识之外而无时无刻不发生变动和发生作用。鲁曼把上述两个系列加以区分并加以联系，充分显示出由上述两个系列的交叉所产生的复杂状况。

上述复杂状况，使两个行动者个人以及两者之间的任何期待和选择，都带有相当大程度的偶然性和机遇性。鲁曼曾在《法律社会学》一书中提出“双重选择性”（double selectivity）、“认知的期待”（cognitive expectation）和“规范的期待”（normative expectation）等重要概念，作为分析双重偶然性所造成的复杂状况的重要原则。（Luhmann，N. 1985：31－35）行动者对自己的行动以及对他者的行动的期待，固然是发自其主观意识的运作过程，固然可以在一定范围内控制在主观能力之下，但它又是在社会和世界的复杂环境下实现的，因而会受到他者和世界的复杂因素的干扰，成为做出某种机遇性和偶然性选择的动力基础。在任何行动者面前，都不存在一种现成的或放之四海而皆准的解决方案或规则，可以作为解决自身期待和选择的万灵药方。正因为这样，对于任何行动者来说，最有效和最有希望的解决方案，就是同与他相遭遇的他者和社会相沟通，将其自身的期望陈述和表达出去，并尝试使其期望同他者和社会相协调，或者通过沟通了解其协调的程度和希望，由此尽可能在某些方面使个人期待同他人和社会相符合。解决这些问题，是伴随着行动实现逐步解决的过程。这个实现过程，就是社会互动的过程，也就是社会系统形成并逐步复杂化的最起码的过程。就是在这种社会互动的过程中，行动者超出其个人意识的范围，并以社会行动者角色的身份，试图沟通他们之间相互一致的部分。这就是他们对双重偶然性的共同体验，为共同解决其行动而简化双重偶然性的影响以及为此目的而达成的共同利益。

对于行动者来说，当他们的行动同社会系统相遭遇的时候，他们会通过其个人行动者的心理系统同社会系统的相互渗透，了解到社会系统的性质和需求，也了解到自身过去和现在已经渗透到何种程度，估量未来有可能渗透到何种程度。这也就是认知期待和规范期待的基本内容。因此，这两种期待不是抽象地产生，而是依据系统的实际功能和实际问题而被决定下来的。（Luhmann，N. 1985：33）所以，社会行动者的心理层面与社会系统之间的交错和相互渗透，是分别从个人行动者和社会系统两方面主动进行的。就社会行动者个人的心理层面而言，在相互渗透的过程中，会主动地体会和区分社会系统中同个人心理层面相协调的部分和不相协调的部分。不管行动者是否意识到或者是否愿意，社会系统的复杂性总是威胁着和强迫着个人意识的活动，并在或大或小的程度内威胁个人意识活动的秩序。而个人的某种自发性又不断地威胁和干扰行动者的社会互动的规则性。但是，处于社会环境和社会系统中的社会行动，无论如何都要求个人意识为社会互动的展开作出贡献；否则的话，社会互动和个人意识两方面都同时地对于社会互动和行动的实现丧失意义。问题在于，由两个以上的行动者所形成的社会互动，一旦从他们的个人意识中区分出来，要求使意识符合社会需求的共同协议部分，就脱离开个人意识的控制而在社会互动所造成的社会系统中记录和留存下来。这个时候，那些不能同社会系统共同协议部分相协调的自发观念就逐渐地被淘汰和被消除，而那些同社会系统相协调的观念则同社会系统中所进行的沟通过程相连贯。通过这样的途径，社会系统就被个人的心理系统所渗透，但同时保留其自律性。

与上述过程同时进行的，是社会系统通过沟通过程而渗透到个人意识之中。这一渗透造成了个人意识的某种程度的困扰，并同时也威胁到个人意识本身的同一性。但是，对于生活和行动在社会系统中的个人而言，其个人意识的同一性，在某种意义上说，又必须在与社会系统的渗透中，在社会系统的客观威胁下而遭到破坏的时候，寻求和建构其自身的同一性。换句话说，在社会中生活和行动的个人，其个人意识的同一性，一方面是靠其与社会系统的区别性而存在，另一方面又同时地靠社会系统对其渗透并不断威胁其原有同一性的情况下，才更完全地显示出来。

社会系统中所发生的沟通过程，对于行动者的个人心理系统来说，对于他们的个人意识层面来说，始终是造成破坏个人意识边界的威胁的根源，同时也是使意识同社会系统相协调的动力来源。社会系统通过社会互动不断地渗透到个人意识之中，使个人意识逐渐了解同社会系统协调的必要性及其程度，但个人意识相对于社会系统而言，又继续保持其自身的相对独立性。也就是说，不管社会系统如何渗透到个人意识之中，任何个人意识之中所体会到的社会系统和他者的需求，终究还是各个个人所体会的那种需求，它们毕竟与客观的社会需求不一样。

综合上述论述，由两个行动者相遭遇所造成的个人意识与社会系统之间的相互渗透，在个人意识和社会系统两个方面都造成了新的互动层面，有利于个人行动和社会系统的今后进一步相互渗透和互动，但同时也造成了个人意识和社会系统两个层面中各自独立的新成分，为今后两者互动带来新的困难和更多的复杂性。人类行动和社会系统的这种相互交错，永远是互动地和循环往复地进行；而每次重复，既朝着简化的方向发展，又朝着更复杂的层面提升。

第三节　沟通的双重社会功能

个人行动和社会互动的这种复杂状况，一方面促使了各种社会规范和制度的产生和不断扩大，有利于今后这些互动更顺利进行；另一方面又促使社会系统进一步分化和复杂化，使今后的新互动面临着更复杂的新环境。造成这些既简化又复杂化的矛盾状况的根本原因，是社会系统中不断进行的沟通过程，但是，也同样是这种沟通过程，使越来越复杂的社会互动能以尽可能简化的程序进行下去，并达到其目的。所以，沟通对于社会系统的复杂化与简单化，都发生了双重的、具有吊诡性的作用。我们必须对沟通的上述复杂意义进行深入研究。

任何系统都是由不同种类的因素及其相互关系所构成的。为了区分每一个系统，我们当然必须知道其组成因素及其相互关系网。鲁曼认为，确定每个社会系统的组成因素及其相互关系网，最主要的，是靠各个行动者的行动过程中所进行的相互沟通。（Luhmann，N. 1984：66－67，191－241）鲁曼说："当我们说到任何一种'社会系统'的时候，如果是指由几个人的行动以其不同意义而相互关联起来，那么，这种相互关联性就使社会系统从一个环境中区分出来。一旦在各人之间发生无论什么样的一种沟通，社会系统就呈现出来。"（Luhmann，N. 1982：70）同时，鲁曼还说："传统上总是把社会界定为包罗万象的，并因而是独立的或自给自足的社会系统。但是，社会系统并不必然地包含所有那些大多数人所做出的客观地存在的行动。社会的更为确切的定义如下：**社会是所有一切相互间有可能沟通的行动所组成的综合的系统**。……所以，社会首先并不是所有的个人互动的单纯的总和或集合。社会是一种更高的秩序和另一种类型的系统。事实上，社会应该，也能够协调在某种单一情况下可能缺席的那些个人之间的沟通。社会的调整协调原则，实际上穿越各种互动系统边界，并使它们之间相互区别，同时，社会又使其自身独立于那些边界形成和自我选择的区域性原则。**社会的边界是一切可能有意义的沟通的边界**，特别是那些有可能被行动者把握和了解的沟通的边界。"（Ibid：73）由此可知，在鲁曼看来，沟通是使任何行动者所造成的社会互动发展成为社会系统的最重要的条件。这就是说，单纯的主动并不能组成社会。只有当互动同沟通联结在一起，并使沟通成为普遍的可能时，社会才形成并巩固下来。

但是，由沟通所形成的社会系统，是在行动者之间的互动过程中逐步地和同时地进行的。沟通的展开和深入过程，同时就是社会互动展开和实现的过程，也是互动提升为组织和社会系统的基本杠杆。（Luhmann，N. 1982：69-89）反之亦然。沟通和社会互动并行和相互渗透的过程，实际上是从不同行动者相遭遇所形成的双重偶然性开始的。如前所述，当不同行动者相遭遇的时候，他们就面临着“双重偶然性”的问题，而这就是各个行动者相互间获得其行动意义的最原初的情境。

当两个行动者相遭遇而形成社会互动的状态，自我对于他者制订和贯彻其行动计划就成为一项非常重要的因素。自我不管如何行动，对于他者都具有某种重要的和不可忽视的意义。这个时候，自我的行动的意义，对于他者来说就是在一系列多种可能性中提供进行一种选择的重要参考。自我的存在及其行动的上述意义，对于他者的行动来说，有可能产生非常不同的行动效果，有可能对于他者的行动产生非常重要的“区别性”。这就是说，任何一个自我的行动，对于正在行动中的他者来说，都具有举足轻重的参考作用，甚至是决定性的意义，而这在很大程度上又决定于他者如何在沟通的基础上把握自我的行动意义，并适当地将其调解到他者个人行动规划和程序之中。这种差异实际上也就是实际存在的状况与可能出现的各种潜在状况之间的差异。他者在行动中如何做出选择，如何评价自我的行动意义，如何吸收自我的行动期待，这一切成为他者在现实性和多种可能性之间做出选择的基础。不同的选择，会使他者的行动在现实性和多种可能性之间确定特定的关系，从而使他者的行动有可能从其他被排斥的可能性中脱离出来。这种区分也可以是此时此地现实化的意义之间的区分，可以是多种另类选择的可能性之间的区分。总之，伴随着互动过程的沟通过程，就是在自我和他者、现实和可能的多种意义之间进行区分的过程，而这个过程始终都是以上述多种层面的方式穿插进行着。

在沟通的上述复杂过程中，意义本身也随着沟通的发展而不断地建构和重建。因此，**意义也是在沟通过程中不断形成的各种选择的结果。意义始终都是在可能性之间，并参照着这些不同可能性而做出的某种选择**。没有从头到尾都完整不变的意义系统。意义系统注定要在沟通过程中，在各种可能性的选择中，随着行动的展开，随着互动行为的发展而不断形成、重建和完善化。意义的形成和重建过程，一方面依赖于上述选择方式和过程，另一方面又不断地扩大了行动的视阈，因为意义的选择始终都参照着那些尚未被选择而又有可能被选择的因素。正因为存在着上述减少复杂性和产生复杂性的双重性质，才使意义的选择和制造过程，对于正在贯彻中的行动同时地具有限制和扩大的效果。

第四节　心理系统与“意义结构”

在鲁曼的社会系统理论中，社会系统是如同心理或个人系统那样，不同于其他一般系统的。社会系统不同于其他系统的最显著特征，就是社会系统是以意义作为基础而实现对于其环境的简单化程序的。而如前所述，系统究竟采取何种选择性程序和策略去对待其环境的复杂性，对于系统本身的性质和运作过程都是非常重要的。为了说明社会系统对于环境进行选择所采用的策略，鲁曼曾经在论述社会系统分化的著作中，分别针对三大类型的社会系统进行分析。他分别对于面对面互动、组织和社会的不同类型，说明它们立足于意义而进行的选择性程序的特征。正因为意义对于社会系统的存在具有决定性意义，所以鲁曼在探讨社会系统合理性问题时也始终离不开对于意义的分析。

鲁曼把**意义的产生和不断变化，同每个行动者的心理系统和社会系统的相互渗透过程联系在一起**。意义，在某种意义上说，是行动者的个人心理系统和社会系统同时发展的产物。鲁曼说：“心理系统和社会系统是在共同演化的道路上成长的。其中的一个系统存在方式一定是另一个系统的存在方式的环境。相互间系统的存在方式成为这两个系统可能发展的必然条件。个人的人格不可能在没有社会系统的条件下形成和成长；反之，社会系统也不可能在没有个人人格发展的条件下形成。两者的共同演化朝向一个共同的成果，而这个成果对于两个系统来说都是有利的。两种系统的存在方式成为它们的复杂性和它们的自我参照性的不可避免的形式。我们就把这种演化的共同成果称为‘意义’。”（Luhmann，N. 1984：92）

所以，**“意义”记录和累积着个人心理系统和社会系统共同演化的结果**。显然，意义是任何个人行动者面临着社会系统和周围环境的复杂性时，为了不断地减少系统和环境的复杂性所做出的一种合理选择的结果。正如鲁曼所指出的：“意义的形成过程是直接同复杂性的问题相关联的。”（Ibid：94）在鲁曼看来，个人行动者环绕着社会系统而创建的意义，具有两方面的重要作用：一方面，这是不断地将周围环境和系统的复杂性同个人行动加以协调的过程；另一方面，意义的建构又是个人行动者所隐含的多种选择可能性的间接反应。所以，意义系统既表现了社会系统及其环境的复杂化的简化过程，又反映了个人行动者在选择过程中的反思结果，同时也表现了个人行动者反思过程中自我参照的程序。由此可见，意义系统的建构和发展反过来也影响系统与环境的关系。

意义系统同社会系统及其环境，同各个行动者的心理系统的成长，都同样存在着密切的关系。这种复杂的关系，实际上又伴随着社会系统中各个行动者之间的沟通过程。由此看来，同心理系统和社会系统密切相关的意义系统，是在个人行动者之间的沟通过程中不断形成和发展，同时也影响到个人行动者和社会系统的分化过程。

为了说明意义如何在沟通过程中形成和发展，还必须结合联结着个人心理系统和社会系统共同演化的**语言**系统及其他**符号**系统。在鲁曼看来，语言和符号系统也是社会系统所特有的内在不同系统。语言和各种符号是随着社会系统中个人行动者进行各种复杂选择的需要而产生和发展的。只有通过语言和各种符号系统，行动者才有可能对社会系统复杂化进行简化的程序。所以，为了达到简化的程序，为了在各种可能性中做出合理的选择，行动者总是依据社会系统的复杂性程度以及各个行动者的相互关系的特点，选择出足以减少社会系统复杂性和行动可能性的适当符号体系。另一方面，符号体系的选择，还围绕着行动者所要达到的目的及其利益，围绕着行动者达此目的所采用的各种策略，因而也围绕着行动者在行动过程中所确定的思考方向，也就是围绕着行动者所设定的行动**论题**（theme）。实际上，围绕着行动者所确定的主题而选择的符号，正是有利于简化社会系统的复杂性，有利于行动者在复杂的环境影响和干扰下，更坚定不移地实现其主要行动目标。

由此可见，行动者所选择使用的语言和各种符号系统，其基本功能就是使系统对于环境所做出的反应进一步稳定化和固定化，并通过稳定化和固定化而达到组织化、秩序化和制度化。其次，各种符号系统的选择和使用，也有利于行动者个人和社会系统的分化和演化，有利于它们两者的不断完善化。由于行动者个人和社会系统的演化和完善化，就意味着两者朝着封闭化和开放化两个相反的方向发展的趋势，所以，在两者完善化过程中的符号的使用和变化，也同时表现了两种相反的功能：一方面使符号使用者的个人行动者及其所在的社会系统稳定化和制度化，另一方面又使符号本身的运用和变化具有灵活的性质，同时又表现出符号本身的多样性和不确定性，以便应付行动者和社会系统发展过程中所面临的各种可能性。符号的这些复杂功能，反过来又促使符号及其中所运载和隐含的意义变得更加灵活，同时也包含着越来越多的象征意义的因素。在这个意义上说，语言和符号的使用，有利于沟通中的“意义”的建构、重建和发展。

第五节　沟通的反思性及其意义

行动、社会系统和符号之间的上述复杂关系，在行动者之间的沟通过程中，进一步变得更加复杂，从而为行动过程中行动者的各种**反思性选择**提供了可能性，同时也开辟了更广阔的视野，扩大了行动本身的时空场域。符号在行动和社会系统的发展中不断地演化和分化，反过来，符号本身的演化和分化又促使了行动和社会系统的演化和分化。为了更深入地探讨不同类型的符号媒介与不同类型的社会系统的关系，可以分别地就符号媒介的性质和形式，分别探讨这些不同符号媒介的运作对于不同社会系统的影响。例如，探讨货币这种特殊的沟通媒介在经济领域中的功能，探讨权力这个特殊的符号媒介对于政治领域的影响，等等。鲁曼曾经分别研究了法律、宗教和教育等各个领域的社会系统的运作，并把这些不同系统的运作状况同其中所使用的主要符号媒介系统连贯起来加以考察。

在行动者的沟通过程中，各种符号媒介的使用和意义系统的建立，使人类行动具有反思的性质。这种**反思性**，**首先**表现在行动者有能力利用符号进行合理的选择，以便在复杂的环境下，对于各种潜在的可能性进行分析和比较，采用最适合符号系统的可能方向，使行动不至于在多种潜在可能性的威胁下遭受挫折。这样的反思性，实际上是行动者面临着系统和环境的复杂性所做出的反思。因此，鲁曼说："反思是当系统同环境的区分成为一切的基础的时候所使用的概念。"（Luhmann，N. 1984：601）**其次**，反思性有可能使得行动过程成为行动本身的一部分，使行动者在行动过程中有可能不断地思考行动本身，并使用行动过程的各个段落为行动的总过程服务。实际上，反思性是一切过程所具有的。一切过程都涉及前后的关系，涉及在此之前和在此之后的问题。所以，鲁曼说："我们之所以要说反思性，是因为区分在此之前和在此之后成为任何一个过程的最基本的事件。在这种情况下，自我反思的自身并不是这种区分的一个因素，而是通过它所建构的过程才是这种区分的因素。任何一个过程是借助于在此之前和在此之后的区分而建构的。"（Ibid）由前后事件所构成的一个过程，使贯穿于过程中的任何一个媒介符号有可能不断重复地出现，也因此有可能成为贯穿过程前后的反思手段。例如，在政治领域中，由于权力贯穿始终，人们就有可能运用权力来发展权力；在经济领域中，由于货币贯穿始终，人们有可能运用货币来开辟财源，不断使货币增殖。

在论述了沟通的反思性之后，再回过头来进一步把握鲁曼所说的"意义"，就将会进一步了解意义同行动和系统的深刻关系。鲁曼指出："意义对于人类经验和行动都是最基本的。意义是由时间和历史所构成的。就此而言，意义使我们有可能经验到社会生活一切领域中所必然出现的各种选择性。换句话说，由意义起着最重要作用的各种事件，都是在其他各种可能性的维度内发生的。”（Luhmann，N. 1982：293）正是由于意义同人类行动和社会系统的密切关系，在社会系统中的不同行动者之间的沟通，在一定程度上决定于行动者使用媒介符号运载意义的能力，同时也取决于行动者根据历史经验理解意义的能力，也就是取决于行动者判断各种可能性的能力。

在现实的和可能的意义之间的区分，成为把在某一个阶段达成协议和共识的沟通进一步推向新沟通的动力。如前所述，意义的可能性的选择是由行动者经历的历史场域所限定的。当某一个行动者面临着系统环境的复杂性的时候，为了达到完成行动所必需的复杂性简化程序，行动者不得不在多种可能性中进行一种合理的选择。为了实现这种选择，行动者一方面进行必要的反思，另一方面又同其他行动者进行沟通。但不管是反思还是沟通，行动者都同样存在着使用符号表达意义的能力的问题。鲁曼指出，任何沟通的结果，并不是单方面地只是达到某种暂时的共识，也并不是单纯地达到简化复杂性的目的，而是同时地产生着使系统和行动更加复杂的新的可能性，产生着各种新的可能性的新的温床。

第五章　自我参照与合理化

行动者在社会系统中的相互沟通，行动者借着相互沟通所要达到的简化系统及其环境的复杂性的目的，使行动所产生的各种系统具有**自我参照**（self reference）和**自我生产**（self production）的基本性质。正如鲁曼所说："社会系统，尤其是自我生产的系统，将有意义的沟通作为它的基本操作。……社会系统通过对于沟通的有意义的指涉和参照，不断地生产和再生产沟通。对于沟通来说，向另外的沟通指涉和参照是必要的；不然的话，就无法将有意愿的沟通认做沟通。因此，沟通就必须在一个重复的自我参照脉络中发生。"（Luhmann，N. 1987a：113）

对于鲁曼来说，自我参照首先就是当代社会演化过程中的不断分化的结果。社会的发展导致社会系统各功能运作的一再分化，并直接导致分化出来的各功能系统，在其自身进行沟通的范围内，进行自我参照。既然任何社会系统的操作都离不开沟通，而沟通又都是在本系统范围内根据其自身的生存需要进行相互参照的过程；那么，各功能分化的结果，就促使各个系统本身在其内在组成因素之间实现自我参照，并通过这种自我参照实现其系统所需要的沟通。在这个意义上说，自我参照又是系统功能分化的结果和运作基本条件。

第一节　自我参照和自我生产的一致性

鲁曼指出："在自我参照系统的理论一般架构中，我们可以对自我生产的系统界定如下：自我生产的系统，是通过运用其组成要素，以其能力生产其组成因素的系统（we can define autopoietic systems by their ability to reproduce the elements of which they consist by using the elements of which they consist）。”（Luhmann，N. 1987a：113）

鲁曼所说的自我参照，包含着三项最基本的面向。**首先**，自我参照指的是系统建构中不断地减少环境复杂性而导致系统自身体系的相对稳定性。所以，在鲁曼的早期作品中，他使用**“相对自律”**（relative autonomy）的概念。在当时的情况下，鲁曼是强调任何系统为了达到记录和处理环境复杂性的目的所表现的开放性。任何系统的开放，既然是为了达到简化环境复杂性的目的，那么这种开放是依据各个系统本身的内在规律，是为了保持系统本身的独立性。任何系统，为了了解和掌握复杂性和偶然性，就不能回避它们。系统是在与复杂性和偶然性的遭遇中处理它们的。但是，这样一来，系统的开放性也同样为系统本身的存在带来威胁。因此，**系统的开放必须具有自我参照的性质**，使开放有利于系统内在功能的正常和稳定运作。**其次**，各个系统为了保证自身的正常运作，必须以与环境不同的方式而自我生存和自我生产，所以，鲁曼也把**“自我参照”**说成**“自我生产”**。自我生产来自古希腊字 autopoiesis。在古希腊，poiein 这个动词表示“制造”、“生产”和“创造”。柏拉图（Plato，公元前482—前348）最早发现“生产”这个词所隐含的“制造”和“创造”的双重意义。作为系统的一种基本性质，自我生产当然也具有制造和创造的双重意义。**最后**，系统为了同环境相区分，必须一方面不断地观察和分析环境的复杂性和各种偶然性，另一方面又必须依据其自身内部的关系网和各种功能，进行独立于和区别于环境的特殊程序。也正因为这样，鲁曼又说，**自我参照也可以称为自我观察**（Selbstbeobachtung；self observation）。（Luhmann，N. 1984：596－597）任何参照活动，都是同区分化和命名化有密切关系。命名某一个事物，必须在同另一个事物的区分的脉络下进行。所以，任何参照都必须通过观察，因为只有在观察中才能获得有利于命名的各种区分化信息。

(1) 双重偶然性经验之间的自我参照

为了深刻说明系统的自我生产的性质，鲁曼从哲学和社会学以及人类学的观点，更抽象地探讨了这个概念的内涵和意义。(Luhmann, N. 1987b: 307—313)

同样的道理，由人类的行动所产生的各种系统，为了确立系统本身的独立性和稳定性，首先必须在与其周围环境的比较参照中进行区分，接着又要在其系统自身中，一方面同系统自身的以往历史经验相参照，另一方面又同系统自身未来可能产生的潜在的方向相参照。对于各个行动者相遭遇而产生充满着双重偶然性的社会系统来说，不论是参照过去还是参照未来，都意味着参照行动者处理双重偶然性的经验。当然，当行动者在某一个社会系统中进行自我参照的时候，他前后所要参照的各种经历双重偶然性的经验，必须具有"**可联结性**"(connectability) 的特点。

寻找和获得这种可联结性是正在进行中的任何行动必须完成的第一个重要程序，也是该行动者简化环境复杂性，并合理地选择行动可能性的必要条件。只有建构了这种可联结性，任何行动者才能够预见和计算他们的行动，并减少受环境和社会系统其他因素的威胁和干扰。建立这种可联结性，实际上就是行动者控制和处理双重偶然性的能力。

自我参照过程中所必须进行的可联结性，又由于环境本身的不断变化，由于系统自身中各种因素可能性的多元化，以及由于行动者在沟通过程中所使用的符号体系的灵活性，而变得更加复杂和难以确定。帕森斯在谈到系统及其次系统之间的相互转化的时候，尤其是在谈到象征性符号的一般化过程的时候，实际上已经触及自我参照的问题。但可惜帕森斯并没有正式地提出这个概念。他虽然没有提出和运用这个概念，但他的有关系统和次系统相互转化以及象征性符号的一般化功用的思路，启发了鲁曼更深入地探讨系统的自我参照问题。

(2) 自我参照系统的封闭性

系统的自我参照性，既然成为系统同环境相互区分以及系统本身自我分化的一个重要条件和基本动力，它就变成了鲁曼所要集中研究的各种具有相对独立性的系统的存在基础。系统要成为一个系统，要靠其自身内部依据上述“可联结性”原则，依据系统内行动者之间的相互沟通网络以及依据系统演化发展过程中所累积而成的意义系统而运作的自我参照，还要靠这种自我参照过程所形成的系统本身赖以生存的**“封闭性”**（Geschlossenheit）。所以，鲁曼本人反复多次地强调**社会系统的封闭性和自我参照性的一致性**。（Luhmann，N. 1980a：301；1981a：9；1981b：201；1977：27）

社会系统的封闭性和自我参照性，是社会系统区别于和独立于其复杂环境的基本条件，但并不意味着社会系统不向环境开放；这项基本条件只是为了保障社会系统本身具有简化复杂性和双重偶然性的功能，也就是为了保障社会系统在错综复杂的环境包围下，不但仍然能够生存和发展，而且仍然能够不断自我分化，并借助其自身本质上自我封闭的自我参照性而进行符合社会系统合理化标准的演化。所以，自我参照性的自我生产，是鲁曼的社会系统理论的最基本的概念。正如施米德（Michael Schmid）所说：“自我生产的系统概念，使鲁曼的有关‘封闭的、自我参照的系统’的概念体系得以成立，并真正地系统化。”（Schmid，M. 1987：25）

因此，**系统的自我参照性，关系到系统内的沟通的持续性和可能性，关系到系统内的意义关系网络的建构和更新，也关系到系统本身的分化和演化**。所有这一切，都是为了保证系统本身的相对独立性，保证系统本身在环境和双重偶然性的复杂影响下仍能正常运作，并随时随地进行随机应变的反应。

任何社会系统的自我参照性，**首先**，是为了保障在系统内相遭遇的两个或两个以上的行动者，能够以其行动期待和规划，**简化环境和系统的复杂性**

和双重偶然性的因素，以便实现有利于达到目标的**合理选择**。就此而言，这种自我参照性，是以行动者主体所已经经历过或了解到的经验以及所面临的各种可能性，作为相互联结的自我封闭系统的范围。在这个范围内，自我参照的封闭性，受到社会系统的时间、事物和社会维度的限制，既维系在也可能超越于特定的范围。这就是说，在社会系统中的任何一种自我封闭的自我参照，就其时间、事物和社会维度层面所表现的封闭性而言，都是一种有相当伸缩性和可能性的封闭性。

任何行动者，为了实现其行动的目标，总是力图使这种封闭性，在行动过程的任何阶段（stage）或任何段落（segment），都尽可能地简单化和稳定化，以便有利于行动者的控制和选择。这种在不同阶段和段落的行动程序，实际上也就是社会系统内所发生的任何行动过程的自我参照的贯彻和实现，也是这种自我参照的阶段化的表现。因此，系统的任何自我参照，既关系到社会系统本身的存在，也关系到发生于其中的任何行动的展开，当然，也关系到行动者的各种简化和选择的程序。在这个意义上说，自我参照的封闭性，又是同相关行动过程和脉络的封闭性，同行动者在行动过程中所掌握和所表现的认识能力、选择能力和经验范围的封闭性有密切关系。但从另一方面来说，上述各种相关联的封闭性，又在一定范围内具有伸缩性和变动性的特征。这不仅是因为它们在一定范围内的封闭性并不排斥它们与环境的相互渗透，而且还因为它们自身内部也渗透着双重偶然性的复杂影响，同时又随着其中贯穿着的时间维度而有可能同其过去和未来相互渗透。正因为这样，理解社会系统的自我参照的封闭性，必须避免任何一种僵化的传统封闭系统概念的影响，特别必须同鲁曼系统理论中所一再强调的“系统/环境的区别性”、“意义”、“沟通”、“双重偶然性”和“复杂性”等基本概念联系在一起加以理解。

(3) 自我参照是沟通系统的基本特征

任何社会系统的自我参照性，实际上是指社会系统中相遭遇的各个行动者之间的**沟通过程**各因素间的相互参照，以便在沟通的相互参照中实现相互间的协调和调整，完成行动过程各个阶段和段落间的必要连贯，实现被连贯的各个段落中各因素间的适当而合理的渗透，为沟通中的各个行动者在一定范围内的自由选择留下余地，从而保障行动者在系统和环境复杂影响下保持自我创造的能力，同时也保证他们与其他行动者之间的沟通和协调的可能性。

作为社会系统自我参照性的基本标志的沟通过程，简单说来，实际上包含着沟通中由行动者发出并相互传递的讯息（message）和信息（information），行动者传递和运载讯息和信息的行动，接收讯息和信息的行动者理解和传递它们的行动，以及接收讯息和信息的行动者对于讯息和信息所做出的各种反应。沟通过程中的上述不同因素，组成任何社会系统中所发生的任何社会互动的基本要素。所有这些要素，在不同的社会互动的沟通过程中，不论就社会互动系统整体而言，还是就互动过程各个阶段而言，都带有一定程度的封闭性，也都表现出不同程度的封闭性的自我参照性。这种封闭的自我参照性的沟通，使其中的行动者、信息、传递行为、理解信息过程以及接收信息的各种反应等要素，都限制在一定的范围内，并在此范围内，在与其环境的复杂性和双重偶然性的相互关系中，进行多种可能的联结和调整。这就要求对于沟通过程中上述各种要素及其变化进行进一步的分析，并在分析过程中，密切注意到它们之间的相互渗透和相互参照的状况。

为了简练起见，我们集中在一个行动者所发出的信息和讯息的因素上，观察和分析这些信息和讯息，从创建到传递以至到贯彻于行动中的各个阶段的自我参照过程。各种信息和讯息从一开始建构和发出，就必须进行由行动者所完成的多种自我参照过程，主要是围绕着信息和讯息的内容、形式、意义及其与历史经验和各种语言运用状况的联系。在这范围内的自我参照，就已经足够复杂的了。这需要行动者综合行动过程的各种期待和规划的内容，综合行动者处理环境复杂性和双重偶然性的经验，寻求和分析以及选择最有利于行动有效贯彻的符号系统。

自我参照的过程，又同时是行动者主体的**反思**过程。正如鲁曼自己所说："要完成自我参照，必须在自我参照过程中相继完成三项不同的基本程序：**第一项**是所谓'**基础的自我参照**'（basaler Selbstreferenz），它是指以各因素与关系的区分作为基础。在这种情况下，进行自我参照的自身（das Selbst，das sich referiert），只是在社会系统范围内完成一个因素的一次沟通。基础的自我参照，是自我参照的最低限度形式；没有它，就不可能有时间性的系统自我生产和自我再生产。……**第二项**是过程化的自我参照的'**反思性**'（Reflexivitaet），指的是以基本事件的'**在此之前**'（Vorher）和'**在此之后**'（Nachher）之间的区别为基础。在此情况下，自我反思的自身并不是区分的一个因素，而是通过它所建构起来的'**过程**'（Prozess）。由于这个过程是以'在此之前'和'在此之后'之间的区别为基础，所以，沟通也就是在规则的过程中进行。也就是说，在过程中所发生的基本事件都是由**反应的期待**（Reaktionserwartung）和**期待的反应**（Erwartungsreaktion）所规定的。因此，反思性始终都应该是**言谈**（die Rede），而这个时候，一个过程，实际上就是自身正在对隶属于它的参照程序起作用。也就是说，在一个沟通过程中，可以沟通各个不同的因素，沟通系统中必须相关联的各个组成部分，也同时将沟通过程本身进行沟通。因此，**反思性**也被称为系统必须完成的一种统一的建构，也就是将许多因素按照一个标准统合起来，并由此而正确地建立起自我参照本身。……**第三项**是关于**反思**（Reflexion）的问题，它是以系统和环境的区分为基础。只有在反思的情况下，自我参照才成为系统参照的标志；也只有在这个时候，系统和环境这两个概念才实现相互交叉。正是在这里，自身成为系统，由其自身而在系统中建构起自我参照的操作过程。也就是说，系统作为操作过程，作为同其环境相区分的系统是在实际运作中建构起系统自身。……上述自我参照的三种形式，都是以某种共同的**基本考量**（Grundgedanke）作为基础。所以，自我参照也就是世界的复杂性的表现的相关网络（Selbstreferenz ist Korrelat des Komplexitaetsdrucks der Welt）。"（Luhmann，N. 1984：600－602）

由此可见，**沟通过程，作为社会系统的自我参照性的基本标志**，是极其复杂的。如前所述，单纯只是就其中的沟通信息和讯息的自我参照过程本身而言，就已经充满着非常复杂的各种因素、相互关系和过程。因此，就整个沟通过程以及沟通过程的各个相互因素而言，自我参照的程序、反思性、反思及其相互交错的状况，都在系统本身的相互区分过程以及系统同环境相区分的双重过程中，非常复杂地呈现出来。自我参照在沟通过程中所显示的上述复杂性，只是在系统维持其自我平衡和相对自我封闭以及相对独立性的方面表现出来，它是系统为了简化环境和系统程序的复杂性所必须进行的一个基本过程。这个基本过程，如前所述，其目的是为了达到将系统及环境的复杂性简化，但简化过程本身又不可避免地表现出复杂性。所以，系统的自我参照性，是系统为了达到简化而完成的复杂程序，是为了简化目的而不得不包含复杂程序的沟通过程。

(4) 意义系统的自我参照与自我论题化

系统的自我参照性，就其所采取的象征化手段和形式而言，就其作为沟通过程统一协调的手段而言，实际上也就是系统在沟通过程中**建构意义系统**的必要程序。换句话说，系统的自我参照性，在某种意义上说，就是**系统内各种意义系统的自我建构和相互参照过程**。

意义系统的建构和不断更新过程，是系统自我参照的一个重要程序，也是自我参照过程之所以能够不断进行和持续下去的重要基础。但是，在意义系统建构和更新过程中的自我参照，就其目的而言，是为了达到简化系统及其环境的复杂性的目的，是为了正确解决行动者所面临的各种双重偶然性；而就其基本手段而言，总是采取象征和符号化的程序，总是以象征和符号体系的选择和合理分化作为基本表现形式。

意义建构和更新的自我参照过程，在达到上述基本目的和采取上述基本表现形式的过程中，又集中地呈现为鲁曼所说的**自我论题化**（Selbstthematisierung）的特征。在这个意义上说，**系统的自我参照，也表现为沟通过程中意义建构的自我论题化**。如前所述，鲁曼曾经说，自我参照也就是自我观察（Selbstbeobachtung），也就是反思性（Reflexivitaet），也就是反思（Reflexion），也就是合理选择（Rationale Selektion），同时也就是自我生产（Selbetreproduktion；Autopoiesis），是一种自我简单化（Selbstsimplifikation）、自我组织化（Selbstorganistion），也是系统自身的自我实现（Selbstverwirklichung）。这样一来，在意义建构中所表现的系统自我参照性，也就是通过系统内沟通过程所运作的各种可能的符号和信号系统的选择和运用，同时地实现系统本身的自我观察、反思性、反思、合理选择、自我生产、自我简单化、自我组织化和系统自身的自我实现。由此可见，为实现系统的自我参照而在意义建构中进行的**自我论题化，实际上就是运用符号和象征而确定自我运作的中心，以便同时综合地完成系统本身的自我观察、反思性、反思、合理选择、自我生产、自我简单化、自我组织化和系统自身的自我实现**。也正因为这样，系统中沟通的自我论题化，作为系统自身在意义建构和更新中的自我参照，是非常复杂的符号和象征体系的运作过程，其中包含着一切关系到系统存在和运作的最关键的程序和因素。

面对着自我论题化的上述复杂过程，进行自我参照的系统，最主要的是借助于某些合理选择和认定的“**观点**”或“**论题**”，而将系统自身及其与环境的复杂关系，通过**概念化**和**一般化**的过程完成**合理的简单化**。如前所述，系统与环境的复杂关系，主要呈现在**时间、事物和社会的三个维度**上。（参见第三章第七节）因此，上述论题化过程，就将直接地有利于系统自身在上述三个维度方面简化与环境的复杂关系，指导着系统的整个简化过程，并通过合理选择的各种可能的符号和象征系统，将系统与环境的复杂关系的简单化程序加以符号化和象征化。一旦完成这种象征化和符号化，就有利于社会系统中行动的各个行动者，使被简单化的系统及其与环境的关系，通过行动者所能够掌握和加以不断更新的符号系统及其所隐含的意义系统，朝着有利于实现行动规划和方向的目标发展。

在社会系统中，上述自我论题化过程所呈现的各种合理化的符号选择，可以随着社会系统中的不同行动的需要和实际状况而呈现出不同程度的组织性和互动性。根据行动的需要和状况，上述属于自我参照性质的符号方面的自我论题化，可以单纯地在行动发生的一个特殊领域中进行单一的符号或象征的选择，也可以交错地在行动相关的各个领域中选择和使用不同的象征符号体系，作为与行动相关的各个系统的自我组织化的手段。例如，在资本主义社会的经济领域中，行动者和某些组织机构，可以选择货币这个符号和象征体系，而在经济领域各个因素之间进行调整和交换，使货币成为该领域进行自我参照和自我论题化的一个主要符号系统。这样一来，货币这个符号系统的运用，也有利于经济系统的简单化的运作，使经济领域的所有活动有利于各个行动者所追求的目的，也有利于经济系统自身的自我参照和自我生产。至于更为复杂的“权力”系统的运用，则可以交错地使整个社会系统中的政治、经济和文化等领域，都朝着社会系统的自我组织化和自我再生产的方向发展，也有利于社会系统与环境的复杂关系的合理调整。

（5）自我参照性的反思性

自我参照就是一种反思性。社会系统的自我参照表明社会所固有的反思能力。这里所强调的反思性，正是为了突出说明社会系统的沟通性质。正如以上各重要章节所已经指出的，社会系统的存在和运作一点也离不开沟通。（*Political Theory in the Welfare State*：3）

另一方面，靠自我参照性而维持的社会系统，并不是固定不变的，而是在不断分化和演化中，一方面实现自我参照性，另一方面又不断地将自我参照性的层面进一步分化和系统化，使**自我参照性又靠着自我分化而进行自我参照**。在这个意义上说，进行自我分化的自我参照性，也表现出**系统的自我参照性的反思性本质**。所以，也可以说，**系统是靠自我参照性的反思性而进行系统的分化和演化**。

作为自我参照性的社会系统的分化和演化，是非常复杂的，但同时又是一种与环境的复杂关系的简化过程。与环境的简化过程，不仅是为了实现系统与环境的区分，也是为了保障系统本身的不断自我分化，实现系统自身在自我参照基础上的演化，从而也实现系统自身的复杂化，并通过系统的自我复杂化过程又进一步实现系统的自我生产。

鲁曼说："一般系统理论和控制论，将由各个部分以及各部分关系所组成的一个整体的古典概念化模式，嫁接在强调系统和环境相区分的模式之上。这个新的系统典范，使系统结构（连同区分化的形式）和过程双双地同环境相关联起来的程序成为可能。"（Luhmann，N. 1982：229）在这里，鲁曼特别强调他的一般系统理论的中心点是要显示系统与环境的区分，而且由于运用这种新的系统典范才有可能使系统的结构、区分化的形式以及过程，都同环境连贯起来。换句话说，只有把系统同环境相关联起来，才能深入探讨系统的结构、分化和过程。强调系统与环境的区分，是为了更深刻地说明社会系统本身区分化的问题。所以，在这个意义上说，只有靠系统与其环境相区分的自我参照，才能开始进行系统的分化程序。作为自我参照性的社会系统分化过程，是社会系统的一种反思性和重复性的自我建构过程。正如鲁曼所说："区分化也可以理解成为系统建构的一种反思的和反复的形式。这种区分化重复着同样的机制，以便通过使用这种机制，不断强化其自身的成果。"（Ibid：230－231）

社会系统的分化，首先是依据社会系统中的行动与时间、物质和社会维度的简化程序而区分为**互动系统**（Interaktionen）、**组织系统**（Organisationen）和**社会系统**（Gesellschaften）三种基本类型。（Luhmann，N. 1982：70；1984：16）鲁曼说："我们可以谈到一种'社会系统'，指的是当几个人的行动有意地相互关联的时候，也就是当他们的这种相互关联性主要以他们脱离环境的程度作为标志的时候。"（Ibid）由此可见，社会系统的上述三大基本类型的区分，主要依据在时间、物质和社会维度方面，上述三者为区分于环境而采取的选择和简化程序的基本特征。如前所述，任何一种类型的社会系统的存在，在与其环境相区分的过程中，主要是靠系统内行动者之间的沟通；而这些沟通过程的实现，都必须经历一系列复杂曲折的选择，主要是选择有利于尽可能简化环境复杂性的那些程序，而且，即使是已被选择的那些可能程序，也由于环境的复杂性继续发生作用，只能使其中的一小部分真正实现，并发挥实际效力。所以，社会系统在区分化和演化过程中，与行动相关的那些时间、事物和社会维度方面的简化程序的选择和实现，对于社会系统的区分化和演化结果具有决定性的意义。也正因为这样，社会系统究竟区分化和演化到什么程度，主要决定于区分化和演化过程中系统自身所选择的各种程序，决定于系统的自我选择过程，用鲁曼的话来说，决定于社会系统的“**自我催化过程**”（processes of autocatalysis）。只要社会系统存在，只要社会系统继续区分和演化下去，上述系统的自我选择和自我催化过程，就始终持续进行。

第二节　互动系统的自我参照性

正是依据社会系统所采用的自我选择过程和它建构与环境相区别的边界的特征，鲁曼将社会系统分为**互动系统**、**组织系统**和**社会系统**。如果从重视社会行动和社会结构的社会学研究的角度来看，上述三大类型的社会系统的区分，基本上决定于在这些系统中所发生的社会行动的性质和复杂程度以及社会结构的组织特征。更具体地说，是依据社会行动是否发生在**面对面**（face-to-face）的行动者之间，或者发生在经过各种中介，特别是通过各种符号和象征的行动者之间，依据发生这些行动的社会组织的性质和程度。

作为第一类型的社会系统，**互动系统**是在在场的各个个人行动者相互感知到他人的存在的时候产生的。所以，“**个人的在场出现**”是互动系统的主要选择原则和边界形成原则。在互动系统中，面对面的行动者之间是靠**直接的感知**（Wahrnehmung）和**语言的言谈**，来维持和协调彼此的互动关系。互动系统中的行动者之间的直接感知，是确定互动系统的边界的主要标志。（Luhmann，N. 1984：560）“感知”是互动系统中行动者相互间进行沟通的最起码条件和出发点。鲁曼说：“相对于沟通而言，感知是取得信息的形式中要求较为松散的一种形式。”（Ibid）感知不仅使沟通成为可能，而且也始终伴随着沟通的整个复杂化的演化过程。知觉或感知，首先是在沟通中作为心理方面的信息获得的条件，同时也是沟通中演变成社会现象的整个行动过程的组成因素，因而也成为社会行动中所出现的双重偶然性的组成环节。感知不是直接地一次进行，而是具有反思的性质，对于不断地纠正和调整行动的过程具有重要意义。

在互动行动中，面对面的行动者在相互感知的同时，主要是靠**语言**的运用而不断地简化环境和系统之间的复杂关系，而且他们也主要是在时间、事物和社会维度三个层面上简化这种复杂关系。语言的优点就在于，通过具有特定意义的符号的当场运用和交换，不仅使面对面的在场行动者之间有可能交换彼此对于对方或他人以及对于环境的感知经验，而且也使面对面的行动者有可能通过语言的中介，同不在场或缺席的他人以及他人的各种历史经验相关联，同时又跟不同时间维度的他人和事物发生关联。正如鲁曼所说：“在互动系统中，语言使得论及那些缺席的人成为可能，同时也有可能在系统的范围内，以实际出现的信号取代和反映那些不在场的因素，以便反射和论题化环境的所有那些不可能直接表现的方面。这样一来，某种通过象征形式所搭起的桥梁，就有可能使环境整合到系统之中。采取这种方式，系统和环境之间的关系就可以令人惊讶地丰富起来和得到强化。而最重要的是，这些关系可因此而延伸到过去和未来。其结果，这些关系不再采取系统与它的环境之间点对点地逐一相指涉的形式（the form of point-by-point correlation between the system and its environment）。”（Luhmann，N. 1982a：72）

在互动系统中，对于简化复杂性、对于协调行动中的复杂关系以及处理双重偶然性具有重要功能的**语言**，同时也表现出某种程度的缺点和局限性。鲁曼对于语言的这种优缺点的双重性质，对于语言的双重性不利于简化复杂性的面向，也给予了充分的注意。

语言的这种局限性，首先集中地表现在言谈过程的时间一线性、顺序性和单一性方面。例如，当两个以上的行动者面对面地出现的时候，为了交换和协调信息，如果要达到真正有效的程度，只能一个一个地按顺序发言。这就直接抑制和破坏了互动的同时性及其潜在的许多优点。而且，在讨论过程中，也只能按顺序地探讨单个的论题，而排除了同时讨论多种论题的可能性。这样一来，互动过程中的言谈，或者是只能单个行动者单独按顺序发言，或者每个发言者只能按顺序地就一个论题发言。这些缺点就会导致争夺讨论各阶段发言中心的斗争，分散或取消同时行动参与者对于协调的注意力，或者排除在同一时期内探讨选择各种论题的可能性。鲁曼认为，语言的这些特征的中心问题是一种**“时间消费（消耗）的结构原则”**（a time consuming structural principle）（Luhmann，N. 1982a：72）。这就涉及时间维度的复杂性及其简化程序的特征。

为了克服互动系统的缺点和局限性，必须使系统在简化和降低环境复杂性的过程中，进一步在时间、事物和社会的三个维度层面上，适当地采取必要的自我选择程序和组织原则，使互动行为升格为有组织的系统，升格为社会系统。实际上，社会系统应该包括各种类型的互动行为系统，当然也就包括上述直接在场的行动者之间的面对面互动系统。社会系统的特征就在于涵盖了具有不同程度协调和组织功能的各层次社会秩序。作为社会的任何一种组织，必须起码能够同那些不在场的缺席者进行沟通和协调。所以，**社会的特征就在于以可能的有意义的沟通范围作为其边界**。这正是社会系统不同于、优越于互动系统的地方。在鲁曼看来，组织系统实际上已经就是一种具有社会性质的行动系统。（Luhmann，N. 1984：551－554）

（1）组织系统中的自我参照性

组织系统高于互动系统，它的特征就是将其成员联结成各种特殊的组织状况，使这些成员必须依据这些特殊条件才能**进入**（entrance）或**走出**（exit）该组织。组织系统的建构和存在，并不是依赖于其成员的个人自发性动机和道德责任心，而是依据整个组织的内在因素及其与环境的关系的要求。在这个意义上说，任何组织系统内部，对于其成员的行为、动机、倾向和协调条件，都有一定的规定性原则，这些原则在相当长的时间里，对于系统中发生的行动及其关系具有稳定协调的作用。虽然这些组织原则是独立于个人行动者的动机和意志而发生效果，但它们在特定的程序和过程中，也要对各个行动者的行动动机和目的等因素进行协调，并适当地在可能沟通的范围内同行动者的上述各因素相互渗透。所有这一切，是为了保障组织系统能在一段相当长时期内稳定地实现其所要求的某种“人为的”行动方式。

组织系统在运作过程中，通过各成员间的组织规则的形式，规定和建构起以个人间关系为基础的各种组织机构、办事机关、沟通形式、才能的有效类型及其范围、开发和运用特定资源的特殊权力，并为此而委派特定的责任、指挥系统以及各种有关控制和监督的例行程序等等。在组织系统中的所有成员，都必须对上述各项原则和程序取得共识，并承担一定的责任。**因此，组织系统不仅是保障质料方面，即内容相关方面，而且也保障时间方面的一般化的可能性（the possible of temporal generalization）；不仅是保障各种行动在一个广阔范围内的共存，而且也保障这些行动在一个更高的程度内有能力灵活地适应各种变化着的环境。**

为了保证组织系统的基本功能，往往从时间、空间、事物系统和符号媒介等方面，寻求简化环境复杂性的程序。例如，在时间方面，制定出某种协调现在、过去和未来的活动的规则；在空间方面，设法建立能够保障某种权威行使职权的分工原则和组织规定；在符号系统方面，探索适用于调节系统内各种行动的基本符号媒介，诸如使用货币等符号媒介调节行动者的关系。组织系统当然也需要某些无形的观念和价值体系，用以调节组织系统中各个行动者的行动过程，并处理行动者之间的关系。

鲁曼同样也看到了组织系统对于调节行动关系的某些局限性。他指出，组织的功能，在生产部门会比服务部门更加有效。总的来说，在当代社会具有复杂功能的各个领域中，组织系统有利于产生行动动机的一般化，并有利于不同领域中不同类型行为的特殊化和专业化。

（2）社会系统的自我参照性

对于社会系统，鲁曼往往连同互动系统和组织系统一起进行综合的讨论。这不但是因为互动系统、组织系统和社会系统三者之间原本具有既相区别又相联系的性质，而且就社会系统的分化和演化过程而言，三者也是密不可分的。严格地说，**三者的区分和相互联系都建立在三者所包含的自我参照性的程度的基础上**。三种基本类型的社会系统的自我参照性，始终是围绕着系统功能的运转和实现过程，因此也关系到系统内各因素的协调和整合，关系到各因素间的冲突状况及其解决程序，关系到系统与环境的相互关系。

现代社会的进一步分化和复杂化，使社会系统中的各种复杂功能不可能由一个或少数几个组织系统来实现，而是靠不同功能的不同相应组织系统的完善化去分别完成。这种状况使得当代社会分化成许多相对独立的功能性组织系统。所以，在鲁曼看来，**当代社会系统是靠不同功能的组织系统的并存和分别运作来维持的**。鲁曼指出："社会系统就是各种社会总和（social systems are societies），只要这些社会包含着为它们自身所必需的一切具有沟通性质的操作过程。因此，社会包含各种系统（societies are encompassing systems）。它们的环境包含许多事物、事件、有生命的系统，甚至人类，但不包括有意义的沟通。一旦某物被认为是沟通，它就包含在系统之中。社会依据变化着的沟通潜力而扩展或缩小，而社会的结构是根据沟通管理的任务而变化。从历史上看，社会是由于增加其沟通潜力而扩展；但是在事实上，目前只有一种社会存在，这就是包括一切有意义的沟通而排除其他一切事物的世界社会。"（Luhmann，N. 1987a：114）

为了深入分析当代社会系统的构成及其运作特点，鲁曼并不满足于对一般系统的研究，而是进一步分析了政治系统、经济系统、法律系统、教育系统、宗教系统、文化系统、艺术系统和家庭系统，等等。而在上述各个系统中，由于现代社会功能的高度专业化和分化，不但系统的组成因素完全不同，甚至毫无关系，而且系统中各组成因素间的联结关系及其联结媒介也完全不同，以至于各个不同的系统之间分化成没有关系的、相互独立的封闭单位。当代社会系统分化的上述特征，虽然表现了当代社会功能分化和演化的复杂性，但也同样表现了分化过程中行动者寻求简化复杂性的共同方向。所以，上述分化出来的政治系统、经济系统、法律系统、教育系统、宗教系统、文化系统、艺术系统和家庭系统等等，都是旨在降低复杂性而产生的新社会结构。

系统的自我参照性，作为不断重复和反思的区分化机制，在同系统的环境相区分的过程中，造成了环境外部共同相对于系统中一切次系统的“**外部环境**”，同时也造成了一个对于每个次系统来说是分离着的**内部环境**。所以，系统的区分化，在这个层面上，就是在其自身中再生产系统本身，通过将系统分隔成一定数量的内在系统和相应的环境，将系统分化成原系统的多元化的专门化的**次系统**。在鲁曼看来，系统在这一层面的分化，并不是简单地把一个系统拆解成更小的各个部分，而是通过这种内在化区分去完成成长的过程。譬如说，政治的次系统，实际上就是把社会看做一种内在环境的一种专门的观察方式。在这种情况下，人们有时就试图使用“**公众**”（public）的适当概念去组织和认识一切非政治的动机的政治含义。

社会系统分化的功能，实际上就是为多种多样的选择提供更多的可能环节，为社会的多样性和选择可能性提供更广阔的前景。正如第三章第四节所指出的，鲁曼认为在社会中的系统分化基本上是采取三种类型，而这三种类型的每一次分化过程，又是一种复杂的自我参照过程。社会内的三种类型的区分化，包括：第一，在系统与环境之间的某种等同性基础上的分段区分化（segmentary differentiation）；第二，在各个系统中的平等性和系统与其环境的不平等性基础上的分层化（stratification）；第三，在系统内某种功能平等性和系统与其环境的功能不平等性的基础上的功能区分化（functional differentiation）。（Luhmann，N. 1982：263）

在社会系统内所进行的上述三种类型的区分化过程，都是社会系统的自我参照过程的表现。反过来说，三种类型的区分化过程，也可以说是社会系统的自我参照过程程序化的三种模式。社会系统的分化以及在此分化基础上所表现的社会系统的复杂性的程度，在一定的意义上说，就依赖于上述三种分化过程的相互渗透的状况，依赖于三种类型分化过程的复杂性的程度。而上述三种分化过程的复杂性，又在另一个层面上，表现出为达到某种合理性而实现的社会分化和演化过程中的自我参照性的复杂性质。鲁曼说："这些区分的三种原则可以用许多不同的（但非偶然的）方式而结合起来。社会的复杂性依赖于以何种区分原则作为主要的原则。这些原则的选择结果支配着在该社会中展开的系统与环境关系的类型。一般地说，我们说古代社会是主要以某种分段区分化作为主要原则的，而高等文化的社会是主要根据社会阶层或阶级作为主要区分原则，至于现代社会则是根据功能的界限作为主要区分原则。最后的功能区分化原则允许最大限度的系统复杂性，因为在第二层面的区分化中，它也包含着阶层化和段落化。换句话说，所有在以往的社会演化中作为特征的那些区分化，并不单纯只是在数量上增长，而是在区分化的主要原则方面发生了变化。较旧的区分化形式，当要求出现一个新的更为丰富的区分化原则的时候，就变成次要的原则。"（Ibid）由此可见，鲁曼是在社会系统的分化的自我参照性的说明中，去分析社会系统的演化过程的。

鲁曼认为："在所有的区分化的系统中，每一个次系统都只有**三种系统参照性**。这就是它与环绕着它的总系统的关系，它与其他次系统的关系以及它与它自身的关系。这三部分的关系显示，在分段区分化的社会中仍然保持着潜在未显露的形式，因为在该社会中平等性的原则界定了所有上述三种关系。只有当不平等的标志越来越显著，才使上述三方面的关系变成一个问题。……只有在一个功能性区分化的社会中，上述这三种分立的系统参照关系才达到一种新的形式，在这个形式中三方面的关系所造成的区别性不得不采取某种极其细致的交错关系形式。”（Luhmann，N. 1982：264）

在鲁曼看来，社会的分化和演化，从最简单的原始社会、古代社会到现代社会，都是在自我参照的复杂化过程中实现的。但是，这些自我参照本身，如前所述，是社会系统维持其与环境的区别性和自身内部各次系统的区别性的基础，因此，就此而言，**自我参照性就是系统试图简化与环境的关系的某种努力，因而也就是系统的复杂性的简单化过程，也就是系统的合理选择存在可能性的过程**。然而，另一方面，这种自我参照所造成的自我分化和演化过程，又是随着自我分化中区分化的复杂程度的增加而不断复杂化。在此复杂化基础上，才造成社会分化和演化的复杂化的结果。

在系统分化和演化过程中，随着系统中行动者的相互沟通过程，随着沟通过程中行动借助于功能机制选择而同时间、事物和社会维度相区分，随着行动不断采取简化环境复杂化的程序，就产生了前述社会系统的三种基本类型：互动系统（Interaktionssystem）、组织系统（Organisation System）和社会系统（Sozialsystem）。任何社会系统都包括了一切相互影响的沟通行动的综合系统。社会系统采用最一般化的沟通信号和象征来尽可能降低环境的复杂性。同时，这些最一般化的信号和象征，又为社会系统中的各种行动能灵活而适当地同互动系统和组织系统相渗透，提供了最大的可能性。

互动系统、组织系统和社会系统，作为社会系统的三种基本类型，在社会分化和演化的过程中，自始至终都是不可分割的。三者之间，实际上一直是作为社会系统自我参照的三类关系网而存在。随着社会系统中行动的复杂性程度的增加，上述三个系统在整个社会系统中的功能和地位也不断复杂化。随着社会行动的复杂化，上述三个类型的社会系统的分化也越来越明显。分化的面向越多，三者之间出现的矛盾也越复杂。由此提出了在三者之间进行整合和调整的必要性，但同时也产生了三者之间协调和渗透的新的可能性。由于社会的发展越来越朝着象征化的层面而复杂化，所以，鲁曼认为，在由三种系统交叉而出现矛盾的高级社会中，人们越来越依靠由象征性符号所组成的共同价值、信仰以及规范的共识。正是在这个层面上，在高级复杂的社会系统中，由分化和演化所产生的复杂的矛盾局面，越来越要靠自我参照的符号化的意义系统，但同时，也意味着人类社会越来越包含更多的风险，越来越介入更多的权力因素。（Luhmann，N. 1979）

第六章　社会系统理论的现代性意义

当代社会理论，从本质上说，便是对于现代性的反思的理论产物。鲁曼社会系统理论，如同其他社会理论一样，也是对当代社会“现代性”的一种反思产品。但是，鲁曼的社会系统理论在论述现代性问题时，采取了它自身的特别论述方式，因而表现了它固有的特征。为了更深入地理解鲁曼社会系统理论对于现代性的反思特征，有必要将它同当代最重要的社会理论家的基本观点加以比较。

鲁曼社会系统理论的现代性，主要表现在三大方面。首先，它在理论层次上，把现代社会的最基本问题列为首要思考主题，呈现出明显的现代性特征。鲁曼社会系统理论从理论上总结了现代性的特征，指出现代性在社会系统方面的基本特征就是它的功能分化及其自我生产性的急剧增强。如果说任何理论都避免不了时代的烙印的话，那么，鲁曼社会系统理论就最为典型。现代社会充满着功能分化，并以功能分化为基础不断产生新的系统，以至各个系统之间渐行渐远，最后形成各个系统的自主性和自律性，导致各个系统都以其自身的生命运动的基本需要而独立运转，并在自身独立运转的过程中，又继续不断地形成各系统自身的强有力的系统运作逻辑。鲁曼社会系统理论在这方面的理论论证，有助于人们更深入地理解当代社会的特征。其次，鲁曼社会系统理论还在思考模式和思想方法层面上显示出现代性的特征。现代社会的上述特征造成了现代人及其思想家和理论家具有特殊的建构主义思想模式。建构主义思想模式的主要特征，就是它要彻底同传统理性主义、经验主义、人本中心主义以及它们的各种主观主义和客观主义变种实行决裂，倡导思想过程中的创造精神。鲁曼的社会系统理论吸取了当代建构主义思想模式的基本方面，同时又同当代其他思想家的建构主义思想模式有所区别。鲁曼在他的社会系统思想模式中，特别突出世界的系统性及其极端复杂性，同时又把人的思想过程看做具有自身生命力的自我参照活动。他所提出的“二阶观察”概念和方法以及对于思想过程中语言的反思性的重视，使他的建构主义社会系统理论不同于当代其他思想家的社会理论。最后，鲁曼社会系统理论还在具体层面上，对于现代社会的各个主要问题进行深入的分析和研究，并对当代社会中的各个次系统，诸如宗教、法律、政治、教育及经济等系统，进行系统的探讨。这使它不仅在理论上、方法上，而且也在当代社会各具体社会领域的问题的分析和研究方面，呈现出它的新颖性及深刻性。

西方社会及生活于其中的人，在第二次世界大战之后，发生了根本的变化。原来适应19世纪下半叶至20世纪初西方现代社会状况的**传统社会理论**，已经不再能解释和说明第二次世界大战后发生了剧变的新社会，也不再能满足当代西方人心态特征的要求。再加上20世纪初以来，当代自然和人文社会科学都在理论和方法论方面取得了重大成果，所以，从50年代起，社会理论领域也酝酿和进行着一场根本性的变革。鲁曼的社会系统理论就是在这样的理论探讨趋势和气氛中，作为一种超越传统社会理论和重构社会学理论的新典范之一，出现在60年代至世纪末之间，而同其他同一时代的重要思想家的新理论并驾齐驱，进一步推动了对于现代性的深入研究。

鲁曼、伊莱亚斯（Norbert Elias，1897—1990）**、哈贝马斯、布尔迪厄**（Pierre Bourdieu，1930—2002）和**季登斯**（Anthony Giddens，1938—　）五位思想家，一般被公认为当代最有成果的杰出思想家，他们分别代表德、法、英三国的不同文化传统，面对着现代性的同一个重大社会变迁，带着不同的问题意识，以不同的理论背景、方法论取向和风格，提出了不同的理论重建方案。他们的共同点，是面对现代性的根本性变化，试图分析西方现代社会根本变革的性质，批判传统社会理论和方法论，提出新的社会和社会理论的重建方案。从这个意义上说，鲁曼等人所建构的新型社会理论，一方面是对于当代现代性历史变化的分析和诊断，另一方面又是当代现代性自身的自我参照和自我反思的产物。

就他们个人所经历的社会生活环境而言，除了伊莱亚斯之外，他们都出生于第一次世界大战和第二次世界大战之间，生活在现代性正处于转机并充满危机的时代中。这种危机，在实质上，就是现代性面临着根本性转折，并因而面对未来多种可能性前景，不得不遭遇多元抉择方案而又不断地自陷于重重困境之中的一种表现。他们当中，伊莱亚斯最年长，鲁曼、哈贝马斯、布尔迪厄分别次之，季登斯最年少。但他们对现代性的理论思考过程，基本上都是发生在五六十年代之后。他们的同一时代处境，都一致地使他们意识到“**现代性**”社会和文化的“**危机**”、“**病态**”，也同时看到当代社会**自我调整、自我反思而不断解决自身危机的能力**，看到了**日益复杂**和**日益分化**的当代社会的**多元发展可能性**及其**多种危机的不可预测性**，也看到了**日益自律化**和**日益被整合化的新人类及其主体化的高度自由和被宰制性的共时同步发展**。这一切，进一步凸显现代性本身的吊诡性及其极度复杂性。

当代现代性的吊诡性及其极度复杂性，不仅表现在结构和功能方面，同时也表现在其内在生命的时空运作逻辑方面。就结构和功能方面而言，社会理论在传统上往往过多地将社会结构和功能当做研究者主体之外的一个客观的实际对象，而把社会运作逻辑则当成研究者主体所发现和总结的社会实体活动规律。在这种情况下，在当代历史条件下，现代性发展中所出现的吊诡性及其极度复杂性，很容易一方面被理解成仅仅属于社会结构及其功能所客观存在的问题，特别是仅仅从可以被经验地观察到的时空结构方面去理解，另一方面又有可能被理解成研究者主体进行分析和批判活动中所出现的主观片面性。实际上，现代性在当代历史条件下所呈现的吊诡性及其极度复杂性，一方面表现了现代性本身在其**自律**发展过程中，不断地进行越来越复杂的自我生产，另一方面又使得现代性，在其自身的自我生产能力不断提升，因而其自我控制和自我调整能力不断提升的同时，也不可避免地导致了内部自我矛盾和自我冲突的激增，以致引起现代性本身，不但不断地使其结构和功能朝着复杂化方向发展，而且也使其未来发展可能性及命运，陷入越来越复杂的不可预测性的深渊。这本来是现代性和整个人类文化的性质及其命运本身所决定的，就此而言，当代现代性的吊诡性及其极度复杂性，既同现代性之外的其他“客观”因素无关，也同自外于现代性并自称“客观地”进行观察和分析的研究者主体无关。

面对现代性的重大历史变化，鲁曼等人也都看到了传统社会理论所采用过的“**主观/客观**”、“**个人/社会**”的二元对立思考模式的局限性和吊诡性，看到传统理性主义，特别是启蒙运动以来的理性知识中心主义的有限性，因而试图从中跳出，并超越它们，以各种各样的**反思的“建构主义”**（reflexive constructivism）的方式，重建社会理论。

鲁曼等人的社会理论就是在这样的理论探讨趋势和气氛中，作为试图超越传统社会理论并重新分析现代性的多元新典范的一部分，出现在60年代至20世纪末之间。为了深入了解鲁曼等人的社会理论，不但要针对他们的社会理论本身的特性，而且也要将他们的理论同现代性的最新发展状况串联在一起。为此，深入比较鲁曼等人对于现代性的态度，是非常必要的。这个比较，不仅是限定在他们对于现代性的性质的分析上，而且也自然地关联到他们对于现代性的基本思考模式、方法论、语言论述模式及其策略等层面，因为他们的理论及思考、论述模式，也同样同现代性本身，特别是同现代性的当代具体特征息息相关。

第一节　现代社会理论对现代性的历史探讨

如前所述，鲁曼的社会系统理论实际上就是关于现代性的社会理论。但他的现代性理论具有它自身的特征，并不同于一般的现代性理论。鲁曼的现代性理论的明显特征，就是它是以“系统”作为基本的论述概念手段，并以其特殊的方法及特殊的论述方式，对现代性问题进行考察。

实际上，现代性问题始终是近现代社会理论和社会学理论探讨的中心。严格地说，社会学理论的创立和发展，就是对于现代性的形成和发展过程的不断探讨和分析的理论产物。现代性的形成和发展不仅决定了社会学理论的基本内容，而且，也决定了社会学理论的方法和探讨范围。在这个意义上说，近现代各种社会学理论就是以理论、思想模式和方法论形式，从各个方面表现现代性的发展特征，也在某种程度上，表现现代性发展中的各种问题、危机、发展倾向及各种可能性。因此，各种社会理论本身就是现代性的自我反思。

因此，为了深入探讨现代性问题，同时也为了深入分析当代社会学理论对于现代性的各种研究取向及其成果，有必要首先系统地了解近现代各主要社会学理论家对于现代性研究的基本思考模式及其方法论特征。这也是研究和比较鲁曼社会系统理论的现代性特征的基本出发点。通过这一历史性分析，我们可以更清楚地看到鲁曼社会系统理论的现代性意义及其产生的社会理论历史背景，以便在更广的历史宏观的维度内仔细考察鲁曼社会系统理论的脉络及渊源。

实际上，在社会学发展史上，对于近代社会走出传统社会的范围的整个历史过程首先给予充分注意的，是法国著名思想家和政治家托克维尔（Charles Alexis Clérel de Tocqueville，1805—1859）。他在19世纪上半叶访问并研究美国防止犯罪制度及自由民主的法治的时候，已经开始注意到现代性的核心问题，即政治民主化的问题。因此，他在返回法国后发表了《论美国的民主》（*De la démocratie en Amérique*，1835—1840），强调现代化的过程的首要特征，就是民主制的逐步而全面的实行。他认为，真正的民主制，不仅是一种政治上的民主制，而且还必须是社会文化和经济结构方面的民主制，同时还包含着整个社会对于民主制的充分意识。

在托克维尔之后，马克思和涂尔干先后将现代性问题列为理论探讨的中心。马克思将现代化的过程直接地同资本主义的兴起联系在一起，同时也就很自然地将现代化描述成资本主义的具体历史形成过程。对他来说，现代化首先意味着资本主义生产的发展，意味着保障资本主义生产的资产阶级私有制的形成和完善化，也意味着由资产阶级私有制所决定的生产关系经济结构的全面形成，同时还意味着由这种经济结构所产生并决定的整个资本主义上层建筑的建立。马克思认为，现代社会是随着资本主义手工工场和机械工业生产的发展，随着与这种生产相适应的资本主义生产关系的建立和发展，而从中世纪封建传统社会中脱胎而来的新社会。因此，马克思在研究现代性的形成和发展时，总是首先重视经济因素的变化，也就是资本主义生产力的发展和资产阶级生产关系的建构。马克思认为由资产阶级生产关系的总和所构成的经济结构是竖立于其上的资本主义整个上层建筑的基础，而资本主义上层建筑主要是指资本主义的法治的、政治的国家社会制度以及与之相应的整个意识形态体系。现代性的经济基础同上层建筑之间的相互关系构成资本主义社会存在和发展的基本矛盾，而由这种基本矛盾直接导致了资本主义社会内的无产阶级同资产阶级的阶级冲突和对立关系。所以，马克思不仅从经济基础本身的内在矛盾，从经济基础和上层建筑的相互矛盾，而且也从无产阶级与资产阶级的相互对立和冲突所造成的阶级矛盾，去说明现代性的性质、特征、各种危机的根源及其解决方案。

涂尔干主要是集中研究由于社会演化而产生的人口密度和劳动分工的增强所引起的现代化过程。他显然集中研究了现代化中社会分化的扩大以及社会结构和功能的专业化的增强趋势。同时，涂尔干也发现了现代化过程中由于社会结构和功能的变化而引起的各种脱序现象。他认为这种脱序现象的主要表现是规范的逐渐丧失和价值的多元化，而所有这一切，不仅表现为一种心理上的混乱，而且也表现为某种制度上的失调。

韦伯将现代性的研究重点转向社会的合理化过程，因为他把“理性化”当成现代社会的基本特征。他认为，资本主义的理性化，在社会结构方面主要表现为经济生产方面的合理经营和一种法治的科层制度的建构，而在知识领域中则表现为现代科学和技术的发展。

到此为止，不同学派的社会理论家对于现代性的研究，虽然表现出不同的研究重点和取向，但基本上都是**从社会演化的基本观点，来看待现代资本主义的形成和发展**。上述各种理论家几乎都把资本主义现代社会，看成早在中世纪古代封建传统社会中孕育着，并在特定社会文化历史条件下而形成和发展的一种新型社会形态，同时也把它看成社会发展中结构和功能不断分化和专业化的结果。而且，现代化的过程也只限于西方欧洲各国社会中。在这个意义上说，现代化的过程，在其最初的几个世纪内，基本上是在西欧范围内实现的。

同上述社会演化论的现代性理论有所不同，意大利社会学家帕累托（Viefredo Poreto，1848—1923）从经济学的基本观点出发，强调现代化并不是从非合理化向理性化的转化过程，而毋宁说是人类社会各种非理性化行动的残余不断累积，并导致分离出来的理性化对所累积的剩余物进行理性加工的结果。他认为，社会发展所累积的剩余物基本上是没有变化的，而整个社会历史也不过是各种相类似事件的同一锁链。我们始终都是以新的方式进行思考，但思考的事物基本上没有变化。在社会发展的各个阶段，人们总是以为所想的事物发生了变化，这是由于我们自己相信某种合理化的偏离倾向，并由此产生各种关于变化的幻象。（Pareto，1935：751）

德国社会学家齐美尔（Georg Simmel，1858—1918）强调现代化过程中各种文化价值、规范和意义的抽象化和一般化倾向。在他的经典著作《金钱的哲学》（*Philosophie des Geldes*，1900）中，他把金钱看做现代化过程中各种价值和规范抽象化过程的一个主要表现。接着，在齐美尔的另一部题名为《论现代性的哲学》（*Philosophie der Modernität*，1901）的论现代性的著作中，他深入研究了现代性发展中的女人、城市、个人主义、艺术、冲突和悲剧的问题。他认为，现代性是与古典文化相对立的一种新型文化，因为古典文化所强调的是严格层级化的价值，而古典文化也把整个世界看成一种高度秩序化的系统。现代性的发展不但改变了这种价值观和世界观，而且也改变了社会和文化制度中的各种实际事物的面貌。现代性生活改变了女人和城市的面貌。大量的高度象征性的文化现象使女人不仅在身体装饰方面，同时也在生活方式和风格方面发生多维度的变化。现代城市几乎都成为大都会，深深地改变了大多数市民的生活方式和举止。与此同时，个人之间以个人主义的态度相互对待，以便一方面满足个人在城市生活中的多元化需求，另一方面又能够避免或纾解由城市生活的紧张所造成的精神压力。齐美尔通过对于现代大都会的描述和分析，更集中地探讨了现代性发展所给予社会生活和文化生活的深刻影响，特别强调近代大都会借助其自身发展的历史和积累起来的文化财富所产生的象征性结构，由此凸显现代化城市在时间和空间结构上的现代性特征。齐美尔认为现代大都会的出现及其在社会生活中的作用，构成现代性基本特征的中心环节。这也就是说，借助于对现代大都会的研究，将有利于全面而深入地展现现代性在政治、经济、文化、社会生活和个人生活方式方面的特征。同样地，对于大都会的各种问题和基本矛盾的研究，也有利于揭露现代性内部的各种矛盾和危机。

在齐美尔的现代性研究中，尤其集中分析了现代性精神的个人主义思想基础。同时，齐美尔也深入研究现代艺术与宗教，试图从中深入分析现代性的各种矛盾。例如，齐美尔对于他的亲密朋友、法国雕塑家罗丹的艺术进行了深刻的分析。他指出罗丹雕塑艺术品中所隐含的现代性精神焦虑。齐美尔指出，艺术就是通过生活的风格化而将生活解放出来。在齐美尔的现代性论述中，关于冲突的概念也是关键性的。他在这个概念中表现出对于统一化和区分化的辩证关系的关注，他肯定"冲突"在社会生活中对于群体的形成和运作所起的结构化作用。因此，齐美尔还深入研究了现代生活中各种竞争、斗争和较量所导致的各种不同的统一化形式。齐美尔甚至将冲突的概念直接运用到现代文化的分析中。他认为，现代艺术就是对于形式的传统原则的叛逆，而且，当代艺术的基本倾向就是表达生活的冲突性，以至于不惜运用最极端的形式去深刻表现现代生活中的各种"撕裂"，乃至于"自我毁灭"的倾向。

齐美尔在论述亲属关系所组成的群体性质的时候，特别强调现代社会文化抽象程度的增高的重要意义。文化发展越朝向高度抽象的方向，社会中的自由意志的个人越要提升处理个别与一般的关系的能力，以便在日益分化的社会不同地位上，一方面充分发挥个人角色的功能，另一方面又能够保障个人间相互关系所应该遵守的普遍原则。所以，现代社会的一个重要特点，表现在个人与个人之间的相互关系以及个人与社会全体的相互关系方面，主要体现为具有高度自主性的个人所表现出来的自律性。这种自律性正是体现现代社会文化发展的高度抽象性，及其对于个人意识的深刻影响。

在韦伯和齐美尔之后，深受马克思思想影响的曼海姆（Mannheim, Karl，1893—1947）试图综合马克思和韦伯的理性论，将现代合理性区分为实质的和功能的合理性两种。所谓功能的合理性，指的是为达到一定目的所寻求的手段和方法方面的合理性。因此，功能的合理性的重点是技术方面以及方法和手段方面，而不是人类行动的目标和目的方面。所谓实质的合理性，指的是充分理解世界现实的多方面复杂性的那种能力，通过这种能力寻求和发现贯穿于世界现实中的那些富有意义的参照体系（meaningful coordinate)，并由此寻求各种联结着自律的世界现象的基本规律。在曼海姆看来，对于任何一位富有实质性的合理性的个人来说，世界现实并不是毫无意义的事实堆积，相反地，它是一种具有意义的结构形态（meaningful Gestalt)，因而是一种可以被理解的现实性。正因为这样，功能的合理性所采取的认知模式是因果性的说明过程，而实质性的合理性的认知模式则主要表现为“理解”。不管是功能性还是实质性的合理性，作为手段和目的的相互关系，是不可以相互分割的，因此，在社会科学中更要注意将两者巧妙地结合起来。

依据上述两种合理性概念，曼海姆认为现代化是实质性的合理性逐渐地为功能性理性所取代的一种历史过程。现代社会越实现现代化，我们越变成功能性理性的人，而实质性的合理性也就逐渐成为我们的次要特征。曼海姆提醒现代人，借助于现代科学技术，我们将会说明越来越多的现实性，而且我们所面对的世界也将逐渐成为可以被理解的富有意义的对象，但可悲的是，与此同时我们自己却变成在实质性的合理性方面软弱的侏儒。

正是在这一点上，曼海姆实际上改造和补充了马克思和韦伯关于现代社会合理化的思想。曼海姆由此洞察出，现代化的过程由于完成了功能性的合理性对于实质性的合理性的取代而最后导致理性化本身的衰弱和危机。同时，曼海姆也在这方面发展了马克思的异化理论，强调功能性的合理性日益发展的结果导致功能性的合理性所寄生的手段和方法逐渐演变成为目的自身，因而也同时演变成实质上反理性的事物。在批判功能性的合理性异化过程时，曼海姆一方面发展韦伯的科层制思想，另一方面也发展马克思的社会批判理论，强调社会现代化所发生的理性化本身的衰弱，主要应该归咎于现代社会科层制的发展；科层制的各级官员们只是对于合理组织和合理管理的问题感兴趣，因为他们把选择合理的手段达到目的的问题放在首位。曼海姆的所有这些有关现代性的观点，后来直接地影响了法兰克福学派的社会批判理论。属于法兰克福学派的霍克海默（Max Horkheimer，1895—1973）、阿多诺（Theodor Wissengrund Adorno，1903—1969）和马尔库塞（Herbert Marcuse，1898—1979）都在他们的著作中发展了曼海姆的现代性观点。

曼海姆上述有关现代性的初步探讨，对于伊莱亚斯考察现代性及其相关思想观念的演变过程，产生了重要影响。伊莱亚斯曾在1930年至1933年间担任过曼海姆的助教。伊莱亚斯后来在1939年发表于瑞士巴塞尔的著作《文明的进程》，其重点正是探讨现代社会的演化以及与之相关的集体意识和个人情趣的演变状况。当然，伊莱亚斯以其更加独特的观点和方法研究了这个问题。

如果我们用帕森斯的社会演化理论总结前述各种现代性理论的话，我们可以把现代化概括成一种社会结构分化以及与之相伴随的价值、规范和意义的文化普遍化过程。（Parsons，T. 1977）这也就是，在整个社会工业化过程的影响下，社会制度和组织结构不断地多层次化，但与此相伴随的文化意义方面的抽象化和普遍化程度，也朝着多元的面向不断发展。这就告诉我们，制度和社会结构的多元化以及文化价值和意义方面的普遍化，可以导致文化价值光环的消失。正是在这里，我们可以清楚地看到受舒兹深刻影响的彼得·伯格尔（Peter Ludwiq Berger，1929—　）知识社会学有助于理解和概括各种经典社会理论的现代性观点。

但是，彼得·伯格尔的现代化理论还包含着德国当代哲学人类学家格伦有关人类行动制度化的观点。按照格伦的看法，现代化实际上就是被涂尔干称为集体意识和集体行动模式的传统制度逐渐对个人失去效用的过程。各种制度的主要功能无非就是填补本能发展方面的缺陷。当然，制度化的行为虽然看起来似乎类似于本能行为，但制度化的过程总是经历历史的变迁，它同相对稳定而不发生变化的生物学本能行为是不一样的。

彼得·伯格尔从现象学的知识社会学观点出发去说明现代化的过程，使他的现代化理论具有某种独创性的特征，有助于深刻说明和分析现代化过程中社会变迁的进度同人们心灵或心态方面的变革的相互关系。彼得·伯格尔用非常形象的语词和幽默的文风描述和分析现代化过程，把这一过程比喻成“神圣光环的消失”（the vanished sacred canopy）和“无家可归的心灵”（homeless spirit）。同以往的现代化社会理论相比较，彼得·伯格尔虽然也关注现代化过程所带来的社会危机和异常现象，但他不像以往的社会理论家那样只是单纯地将危机归结为现代化过程的必然结果，而是深入分析这些异常现象与社会分化过程以及社会文化复杂化过程的内在关系。因此，彼得·伯格尔不满足于从现象方面揭露各种现代化过程的“脱序”、“异化”和“危机”。

在彼得·伯格尔的现代化理论中，社会成员的意识是完全同社会结构紧密相关的。如果说“无家可归”是现代化过程中意识变化的主要特征，那么，其主要原因就是技术生产和科层制度的发展；两者发展的结果构成现代社会结构中的“工作世界”（the world of work）和“科层化王国”（bureaucratized state）。除此之外，彼得·伯格尔还看到现代化过程中所产生的“都市化”（urbanization）、“阶层化”（stratification）、“变动化”（mobilization）、“大众教育”（mass education）以及“大众媒体”（mass madia）等因素对于社会结构和意识发展的重要意义。彼得·伯格尔把“工作世界”和“科层化王国”看做现代化的主要动力基础，而把“都市化”等因素称为现代化过程的第二等级动力来源。

彼得·伯格尔的知识社会学在分析现代化过程中起着重要的作用。他首先把现代化所造成的“工作世界”当成科学技术知识推动的结果。由于科学技术知识的发展和推广，现代化造就了一大批不同等级的专家群（various degrees of expertise）。由于专家群的组成人员具有较大的变动性，所有自由的知识掌握者都可以变化成为不同类型的专家，所以现代社会的专家群具有明显的“再生产可能性”（reproductibility），因而也具有“机械性”（mechanisticity），也就是说，具有类似机械的特征。彼得·伯格尔进一步分析近代生产的各种特征，其中最重要的是“可测量性”（measuradility）、“多因素组成性”（componentiality）、“抽象性”（abstraction）、“可制造性”（makeability）以及“匿名化”（anonymization）。

现代社会的技术生产是高度科层化。但是，这种科层化不同于国家科层制，也不同于政治上的科层制。彼得·伯格尔很重视政治上的科层制在现代化过程中的意义，并认为它是现代性的核心之一。技术性的生产知识是高度专门化和层次化的，并区分为多层次的专家群；而科层制的知识主要是提供有关统治、协调和法律程序方面的内容，它的社会分布并不像科技知识那样按专业而有所不同，而是基本上以类似的形态分布于各阶层的官僚机构中。

彼得·伯格尔也充分考虑到现代化的限制。所以，彼得·伯格尔进一步指出了现代社会在制度等方面的消极层面。他认为，现代性在制度上始终无法彻底克服制度形式与其实际运作中的具体问题之间的矛盾。（Hunter, J. D. /Ainlay, S. C. *Making Sense of Modern Times*）

关于现代性的反思性，季登斯强调：“现代性自身从根本上和从内在性质上都具有社会学性质。”也就是说，现代社会制度的法制及其民主性有助于社会本身的自我批评精神的贯彻；但另一方面，现代社会制度在实质上对私有制的保护及其市场机制的施行，却导致现代社会永远无法从根本上克服其内在矛盾。（Giddens, A. *The Consequences of Modernity*：43）

“自身”的同一性是现代性的一个重要特征。（Giddens, A. *Modernity*

and Self-Identity：52－53）这种自身的同一性一方面有利于社会运作中的自我调整，另一方面又促使社会保守势力竭力维护有利于其自身利益的旧秩序。但现代性高度发展的重要标志和特征，就是其自身统一性原则的自律性。（Giddens，A. *Modernity and Self-Identity*：10－32）现代性所引起的生活方式的变化，正是表明社会的自我调整的可能性。（Ibid：209）

第二节　“现代性”是现代社会理论的核心范畴

现代社会理论产生以来，“现代性”如同“鬼魂”一样，始终缠绕着现代社会理论家的思考活动，成为他们进行理论建构的中心论题。鲁曼、伊莱亚斯、哈贝马斯、布尔迪厄和季登斯五位思想家，虽然分属于不同的理论派别，并采用不同的方法，但他们都将思考的主要方向指向“现代性”的问题。本节将分两步分析鲁曼、伊莱亚斯、哈贝马斯、布尔迪厄和季登斯五位思想家对于现代性问题的基本观点。第一步，先将他们同以往古典社会学思想家加以比较，在此情况下，将首先把他们五位同传统的古典社会学家加以区别，因此就首先将他们作为一类，也就是将他们不同于传统古典社会学家的共同点凸显出来。在此基础上，第二步，再将鲁曼、伊莱亚斯、哈贝马斯、布尔迪厄和季登斯五位思想家，各自加以比较，分述他们对于现代性的不同看法。

首先，现代社会理论和现代性之间密不可分的而又相伴随的关系，一方面是现代历史本身的内在发展逻辑所决定的，另一方面又是现代社会理论的思考主题及其基本关注面向所决定的。在这个意义上说，现代社会理论和现代性之间的不可分关系，是两者所固有的，是一种具有相当程度客观性的双重“命运”问题：它既关系到现代社会的命运，也同样关系到现代社会理论的命运。没有现代性，就没有现代社会理论。同样地，没有现代社会理论的发展，也无所谓现代性问题。**现代社会理论既是现代性的理论表现，是现代**

精神的理论结晶，又是现代性自我发展及其自我反思的理论象征。作为现代性的理论表现，现代社会理论往往以不同程度的被动性和落后性，受制于现代性的发展过程；作为现代性自我发展及其自我反思的象征，现代社会理论又直接并主动地显示出现代精神的特征，构成现代性自身发展的一个组成部分。现代社会理论和现代性之间的这种既同一又有差异的关系，使两者之间永远处于互动而又若即若离的状态。

现代社会理论和现代性之间的内在复杂关系，必须在两者的历史发展脉络中加以考察，同时，又要针对鲁曼、布尔迪厄和哈贝马斯等人的个人思想特质及其理论的特征进行深入分析。

首先，从历史发展的宏观来看，鲁曼等这一代理论家和现代性的关系及其对于现代性的理论分析，都同上一世纪以来古典社会理论家及其对于现代性的分析密切相关。两代理论家之间的这种关系，指的是他们之间的相互继承和相互区别的双重关系，同时又直接成为当代社会理论的现代性理论的内在构成部分。换句话说，鲁曼等当代社会理论家对其上一代社会理论家的现代性理论的态度和批判分析，同时也构成他们的现代性理论的一个重要组成部分。实际上，两代理论家之间对于现代性的相互关系，既有许多相互穿插和相互重叠的现象，也相互区别并显示出不同的特殊性方面。

显然，鲁曼等人所面临的，已经不是马克思、涂尔干和韦伯等第一代经典理论家所分析的现代性，也不是帕森斯、米德（George Herbert Mead，1863—1931）和霍克海默等人所面临的状况。自第二次世界大战以来的“现代性”，究竟是否仍然属于“现代性”的范畴？或者，当代所呈现的“现代性”究竟具有什么特征？现代性的动力及其运作结构究竟是什么？现代性包含什么样的危机和风险？其出路何在？究竟应该以何种态度和何种方法对待现代性所面临的上述所有问题？这一切，都是有待新一代社会理论家去思考和分析的。鲁曼等人的社会理论，就是在面临新型的“现代性”的社会历史条件下，试图以新的方式解决它们而建构和发展起来的。因此，有必要将鲁曼等人的现代性理论，一方面同传统现代性理论做比较，另一方面又在他们内部相互之间进行深入比较。

从最一般的观点来看，鲁曼等人都以不同的方式，不同程度地继承和发展了上一代理论家对现代性的分析批判。**鲁曼**认为，马克思、涂尔干和韦伯等人的现代性理论，其本身就是极其复杂的现代社会的“简单化”，他们的经典社会理论，为我们提供了有关现代性的“共同性参照点”。因此，通过马克思等人的经典社会理论，也就有助于我们这一代人“简化”对现代性的认识。(Luhmann，N. 1979) 由于鲁曼和帕森斯之间的特殊师承关系，所以也可以说，他是通过和帕森斯的关系而“简化”他和上一代经典社会理论家的相互关系的。但是，具有深厚德国哲学、人文社会科学修养的鲁曼，又特别通过德国古典哲学而进一步“简化”他与古典的现代性理论、与现代性本身的相互关系。

鲁曼生活和学习在德国的第二次世界大战进行期间和结束初期，并和哈贝马斯一样，是在50年代到60年代期间开始其社会理论的学术研究生涯的。这就决定了鲁曼和哈贝马斯两人都以德国类似的历史文化背景，亲自感受和观察现代性的根本变化。在谈到现代性的时代转变对于个人的冲击时，鲁曼特别提到了**现代社会高度区分化进程的极度复杂性**，以及**发生在当代自然科学技术，尤其是生命科学领域对于生命系统自我生产性的重大发现**。(Luhmann，N. 1987；1992) 面对当代高度分化并被多面化了的社会，鲁曼认为当代社会理论家**再也找不到具有同一性的整体统一价值结构**。因此，**只有借助于一种由功能决定结构的新型功能结构论，才有希望建构出一个非规范性的、无特定目的同时又源自社会本身的新社会概念**。这也立即涉及一种不论结构、还是功能，都**具有双重偶然性，因而富有多种可能性面向、具有极端不可预测性的新系统概念**。(Luhmann，N. 1984) **鲁曼由此将现代性的特征归结为“复杂性”**(Komplexität)。对鲁曼来说，当代现代性的主要问题，已经不是传统理性主义者所强调的那种作为社会中心的“人”，当然也不是传统社会理论家所注重的、作为主体的个别行动者及其所面临的社会“秩序”，而是发生了重大变化，是已经在功能方面和结构方面高度分化并各自自我参照和自我生产的多元化的社会系统。**他以一种特有的“反人本中心主义”**（anti-anthropocentirsm）**的新观点，注重从系统与其环境的相互间的极度复杂关系去研究“现代性”**。

同鲁曼一样处于同一时代，并有类似历史文化背景的**哈贝马斯**，谈到他的理论思考起点时说：“当我在1956年成为阿多诺的助手时，我是沉浸在法兰克福学派由美国返回德国后所开辟的那种精神和文化气氛之中。在战争之前，这些哲学家曾思索过资本主义与国家官僚主义化，即思考过资本主义的合理性问题。但在法西斯之后和在战后，他们的问题改为以下的问题：资本主义怎么能留存下来，以至会繁荣起来。因此，他们转而思考这些问题，并也因此思考大众文化的问题。但对我们这一代来说，问题有点不一样。当战争结束时，我才十五岁。我们经历了我们从未知道过的一种民主制。我们这一代人不同意马克思主义对于战前流行的‘形式民主制’的怀疑。在我的第一本书中，我想继续由法兰克福学派所开创的社会批判传统，但同时又考虑到这样的事实，即对我们来说，事情已变得更好一些。我们经验到一种很了不起的解放。……总之，战后对我们来说，就是同现代化的世界的相遇。……这一切表明，为什么我的第一本书不是去攻击那些‘形式的民主制’，而是去辨认在我所说的‘极端改良主义’中有哪些因素可以尽可能地向前推进。”（Habermas，J. 1988：118）因此，哈贝马斯认为，现代新社会结构的首要特征就在于：“**环绕着资本主义企业和官僚国家机器这类组织核心而形成并在功能上又相互纠结的这两大系统，进一步发生了分化**。韦伯曾经把这个分化过程理解为目的性理性的经济行为和宰制行为的制度化。其实，日常生活也受到了这种文化的理性化的干扰。就此而言，传统生活形式以及在现代主要依据每个人职业而确立的各种生活形式，也都逐渐地消失不见了。”（Ibid：9—10）这就是说，**现代社会是“系统”同“生活世界”**（Lebenswelt；world of life）**相分离的一种不合理结构**。（Habermas，J. 1981）

在某种意义上说，哈贝马斯也和鲁曼一样，看到了现代化进程中社会系统的不断分化及其与人们日常生活世界的分离。但很显然，**哈贝马斯不是像**

鲁曼那样，从社会系统不断自我分化和自我生产的观点来看问题，而是在很大程度上继承传统西方理性主义的原则，从社会规范性协调制度的立场出发，把作为观察者的理论家自己，放置在社会系统自我分化的功能机制之外，并试图以超然于社会系统自我生产和分化运作的理念准则，去分析、评价和批判社会系统分化的运作过程。他用“系统”对于“生活世界”的“殖民化”的概念批判现代社会的“系统”和“生活世界”的脱节和对立，并以理想情景中所可能实现的相互协调的“沟通合理性”，作为社会系统发展的未来目标，也树立为规范化的“生活世界”的运作准则。这样一来，哈贝马斯对于现代目的理性和工具理性进行批判的结果，不是从根本上纠正传统理性中心主义的原则，而是以一种新的理性主义，也就是所谓“沟通合理性”，来取代旧的理性主义，期盼以这种新的“沟通合理性”，将现代化的进程引向他所设定的目标。

同时，哈贝马斯试图克服评价现代性发展中的各种片面性，一方面批判新保守主义的观点，另一方面又批判后现代主义者的立场，提出了“**未完成的现代性**”的基本口号，对“现代性”重新进行历史考察，分析现代性之所以成为问题的症结所在，分析一系列有关现代性危机的问题。他同时肯定，**作为一项宏伟的历史工程的现代性，其本身并没有完成，它具有开放性，不但没有结束，而且，还在不断发展中。**（Habermas，J. 1985）他同他所说的“新保守主义”的贝尔（Daniel Bell，1919—2011）相反，不是走向新宗教，而是走向“**新理性**”，强调通过对于晚期资本主义正当性的批判，尤其是针对晚期资本主义的知识和意识形态的正当性展开批判，为建构一个**合理沟通的合理性社会**打下基础。哈贝马斯以为，他的“现代性未完成”理论，一方面抵制和批判了新保守主义对西方自由民主制的扭曲，另一方面也批判了后结构主义和各种玩世不恭的现代“**犬儒主义**”（Cynicism）。（Habermas，J. 1981；1985）

哈贝马斯看到了晚期资本主义现代性基本矛盾的特殊性。从社会文化发展成果来看，晚期资本主义的现代性尤其显示其矛盾性和吊诡性：一方面，社会政治、经济和文化都高度实现理性化、专业化和制度化，人们的物质和精神财富空前繁荣，社会政治生活达到了实质的民主和高度的自由，人们享受着空前未有的休闲和消费的文化生活；另一方面，社会政治、经济和文化的专业化、体系化和制度化又逐渐地脱离日常生活领域和**生活世界**，造成了“体系化”、“制度化”和“法制化”与“生活世界”的空前未有的尖锐对立，造成了前者对后者的“**殖民化**”（Kolonialisierung；colonialization）或“宰制”。（Habermas，J. 1981）结合晚期资本主义将现代性知识因素膨胀成为当代社会信息宰制的不合理状况，针对知识和技术及其运用过程中单纯依靠“权力”和“金钱”两个中介，而忽视具有正当自由平等权利的“主体间的合理沟通”，哈贝马斯提出了将系统和生活世界结合在一起的沟通合理性方案。在他看来，这就是晚期资本主义时期克服现代性的矛盾，并进一步实现现代性宏伟规划的关键步骤。（Ibid）

同鲁曼和哈贝马斯一样出生于德国的伊莱亚斯，由于其个人和学术生涯的特征，他对于现代性及其相关观念的研究带有某种独特性。他不同于鲁曼和哈贝马斯。长期流亡于国外，使他具备了观察问题的更为广阔的视野。他把现代性放在历史长远发展的宏观结构和个人日常生活循环重复的生活环境中加以考察。他在雅斯贝斯和胡塞尔的指导下完成了在弗莱堡和海德堡的哲学研究生涯之后，便于1930年在法兰克福大学成为曼海姆的助教。1933年之后，他几乎长期流浪国外。在法国巴黎做短暂停留之后，1935年起他移居英国，直至1962年为止，而其间，他还经常来往于欧美各国。他那部于1938年发表于瑞士巴塞尔的著名著作《文明的进程》，正是在历史长过程和日常生活反复循环的交叉时空中，研究现代性的演变及其性质。伊莱亚斯在1969年发表的另一部重要著作《论宫廷社会》，更把他的现代性研究推进到更高阶段。作为一位原籍德国的犹太人，他能够发现法国人所没有充分注意到的法国波旁王朝宫廷生活方式对于现代性产生所具有的历史和社会意义。

以法国文化传统为背景的**布尔迪厄**，同样也看到了现代社会的分化及其特殊后果。但是，**布尔迪厄更多地看到现代社会分化中权力运作和文化象征**

所起的特殊作用。因此，在布尔迪厄面前所呈现的现代社会，首先是由社会空间和象征性空间双重构成的社会场域重叠结构总体。在其中，不论是行动者个体或群体，也不论是制度化或非制度化的社会关系网络，其分化和相互关联，都是靠社会结构和心态结构的交叉象征性运作而实现的。所有的分化和区分，都是由相互间的关系网络所决定的。现代性社会比以往任何时候，都由于其象征性和“相关性”（relationality）而更加不确定。权力和文化象征性因素的相互渗透，使社会的一切区分更加复杂化和含糊化，同时也更有利于掌握较多象征性资本总量的个人或社会集团在相互区分中争夺宰制权的实际斗争。布尔迪厄把现代社会的象征性资本和权力的竞争，比做一种象征性的语言竞争市场，而其中的各种关系网络主要决定于“生存心态”和“场域”之间的相互关系的紧张程度及走向。（Bourdieu，P. 1979；1980；1991；1994）

现代社会分化的象征性结构及其运作逻辑，使布尔迪厄进一步凸显分化中的各个社会场域与日常生活活动的相互渗透性。**布尔迪厄由此而将当代日常生活中的生活风格、生活方式、品位及生存心态当成现代社会实际活动的基础动态模式**。如果说，哈贝马斯是在生活世界的合理规范化言语活动中，看到了改造现代社会、克服危机的标准模式的话，那么，布尔迪厄是在日常生活和文化休闲行为的策略性语言象征性权力游戏中，看到了现代社会不断分化的象征性权力斗争的基本模式。

第三节　对现代性的基本思考模式

（1）当代建构主义的最一般特征

鲁曼、伊莱亚斯、哈贝马斯、布尔迪厄和季登斯五位思想家，虽然他们分属于不同的理论派别，并采用不同的方法，但他们在对待现代性的问题时，都不同程度地声称自己的社会理论趋向于某种**建构主义**的模式。这里所说的建构主义是最广义的当代建构主义思潮，它已经将当代建构主义的最一般特征以高度概括的形式总结起来，忽略了其中各个不同学派的建构主义的差异。

当代建构主义本来是为了改善由维也纳学派逻辑实证主义科学方法所产生的某些缺陷，以便适应当代科学技术突飞猛进的事实，进一步纠正原有古典和现代实证主义或经验主义在诠释客观世界及科学研究对象时所表现的工具主义和“超然中立”的态度。正如当代建构实在论的杰出代表瓦尔纳（Fritz Wallner）所说，近两个世纪以来统治着科学技术研究领域的实证主义路线，将科学分为工具主义部分和诠释部分，从而破坏了科学的真正精神。（Wallner，F. 1998：10）建构主义总结了近一百年来科学研究的基本成果，并注意到近半个世纪以来围绕科学方法论的各种争论，尤其是分析和批判了现代科学哲学关于研究方法的最新论述，反对“科学旨在描述实在本身”的古典和现代实证主义原则。现代科学哲学，特别是费尔阿本、库恩等人的后经验主义和后实证主义，一方面注意到科学语言问题的重要性，对于语言和科学论述的结构及其运作逻辑进行了深入的探讨，另一方面又反复批判传统理性主义和经验主义路线，清算将主观与客观两种因素加以分割又进行同一化的程序，使长期以来统治科学界的实证主义方法论发生了动摇。在此基础上，**建构主义认为，科学的基本工作不是描述，而是建构**。在建构主义者看来，不但科学研究的对象必须是一种建构起来的“微世界”（microworlds），而且，在建构这个微世界的过程中，科学家为了对于将被使用的数据进行构想和必要的连接，还必须建构一定的特殊语言。正如瓦尔纳所说：“在建构一个世界之前，我们必须对使用数据的选择有所构想。由此我们开始了某种语言的建构，此建构帮助我们增加语言精确表白的自由。”（Wallner，F. 1998：12）在这一点上，鲁曼也基本上延续了建构主义的方向。鲁曼特别重视他的社会系统理论反思性语言的建构精确使用。社会系统以及有关系统研究的一切专门性语言，都是依据鲁曼所确定的研究方向及目标而建构起来的。正是在这个意义上说，正确理解鲁曼的社会系统理论研究方向及其语言建构的目的，是正确理解他的理论及其概念的前提。

这种最一般的建构主义的基本特征，当用之于社会科学研究的时候，就是把“社会实在”（social reality），理解成由个人和集体的行动者在其漫长历史和日常生活中，经过曲折而又无限重复的过程所建构起来的。根据这种建构主义的观点，根本就不存在一种外在而独立于观察者观察立场、角度和方法的具有“实体”性质的“社会实在”。在这个意义上说，一切人们所谈论的“社会实在”实际上都是以这样或那样的方式建构起来的。也就是说，谈论任何形式的社会实在，如果脱离生活于社会中的行动者，都是毫无意义的。社会实在是人们的社会存在及社会行动所建构出来的，就连社会学家有关社会实在的各种**论说本身，也是一种建构活动**。

经典科学主义的“实质论的”（substantive）、“基础论的”（fundamentalist）或“客观主义的”（objectivist）思想方法及其主客二元对立思考模式，也随着现代性发展中主客观双方因素的进一步相互渗透而缩小其有效性的范围。严格地说，观察社会的态度和方法，既不是外在于现代社会本身的观察者主体所能任意选择的，也不是社会发展本身可以不顾研究者而完全客观地决定的。**建构主义思考模式和方法本身，既是现代社会自我分化和自我生产的结果，同时又是观察者在对现代性的思考中进行自我生产和自我参照的直接表现**。因此，思考模式和方法的问题，不是独立于或外在于被观察的现代社会而存在和运作的，而是一方面决定于观察者生活于其中的现代性社会内在自我分化和发展的逻辑，另一方面又构成现代性发展本身的各种内在矛盾和危机及其可能出路的表征。

当鲁曼等人着手思考现代性问题时，他们面对着正在发生根本变革的西方人文社会科学和自然科学的方法论。从 19 世纪末由胡塞尔的现象学、皮尔斯和杜威等人的实用主义、狄尔泰等人的生活哲学、弗洛伊德的精神分析学、罗素和维特根斯坦等人的语言哲学所推动的方法论革命，已经使传统原有的主客体二元对立思考模式逐渐发生动摇。而 20 世纪上半叶发生在人文社会科学和自然科学整个领域中的方法论革命，又导致传统思考模式的进一步分化和新的多元思考模式的出现。显然，从整体来看，思考模式和方法论的转变就是现代性的社会和文化不断分化的直接表现和结果。因此，鲁曼等人所采用的新思考模式和方法论，也是现代性不断分化并发生根本转变的一个重要组成部分。在这个意义上说，面对现代性转变而又生活于其中的鲁曼等人的思考模式和方法论的转变，是很自然地与现代性的发展和转变同步进行的。也正因为这样，**鲁曼等人的方法论和思考模式的转变，不但因各个思想家的不同背景和风格而有所区别，而且也因他们共处并共同面临变化中的现代性而具有共同的特征**。其中**最主要的共同特征，就是他们的建构主义对主客体传统二元对立区分进行否定**，并**主张在主客体的相互关系中分析两者的多元可能的互动走向**。这种思考模式和方法论的转变本身，就是现代社会区分化中主客体界限模糊化和复杂化的一个表现和结果。现代性分化的进程和结果，一方面凸显了各种区分中，特别是主客区分中相互界限的或然性和变动性，另一方面也显示出自启蒙以来的主体中心主义及其主客二元对立模式所带来的危机，因而促使社会理论家进一步看到主体性原则及主客二元对立模式的局限性和片面性，导致他们寻求思考模式和方法论转变的新尝试。

在这种情况下，鲁曼等人几乎不约而同地总结了现象学和语言哲学以及生命科学研究的最重要成果，在质疑和打破原有二元对立思考模式的道路上各自努力，形成了这一时期思考模式和方法论的“典范转换”。

但是，同样是当代建构主义思考模式，在鲁曼、伊莱亚斯、哈贝马斯、布尔迪厄和季登斯等当代各个不同的思想家那里，又表现出完全不同的多元化的形态。因此，在确认了他们的共同的一般性建构主义思考模式之后，还要进一步分析他们之间所表现的不同而具体的建构主义形态。

(2) 鲁曼的建构主义模式

对于鲁曼来说，重要的问题，并不在于单纯将最新自然科学的系统概念搬用到社会科学领域，而是要从根本上首先改变对于世界、社会、人和文化的总看法及其基本研究方法论，以便在吸取新的系统研究成果的时候，以创造性的独特系统概念重新建构关于社会的系统理论。

在谈到传统社会学对于现代社会的基本观点时，鲁曼指出，现代社会正面临着新的挑战，要求社会学家更深刻和更清楚地向公众意识分析和论述社会的基本问题。鲁曼认为，在18世纪时，社会理论集中分析了各个不同社会的不同功能领域，特别对社会中极其重要的功能领域，如政治、经济、科学和教育等，进行了深刻的分析。到了19世纪，社会理论转而研究新型社会的长远影响。但是，鲁曼认为，社会的发展已经发生很大的变化，这要求社会学家必须注意到人类生存本身的基本条件问题，因为他认为现代社会的发展已经开始威胁到人类的生存条件。因此，像黑格尔所提出的那种大型理论已经不能适应社会发展的需要。**接着**，鲁曼强调对于现代社会的诠释和说明，作为“在社会内再现社会”的观念系列，从19世纪开始，发生了很大变化。（Luhmann，N. 1990c：14—15）

鲁曼的社会系统理论不论在社会本体论、结构论、功能论还是方法论方面，都远远地超出了传统社会理论的原有模式。例如，就社会本体论的层面而言，鲁曼根本抛弃了传统理论关于“什么是社会”的基本观念。他所探讨的社会系统，不是从传统社会概念出发，而是从世界上各种系统的自律性及其极端复杂性出发，将社会系统放在世界上多种多样各自独立的系统的广阔范围内，远远超出传统人文主义单纯从个人社会行动和人的社会关系出发探讨社会的模式，也超出传统理性主义和经验主义方法论和逻辑的范围，从而**将社会系统放在超人类历史时空的广阔维度中加以考察**。接着，弄清鲁曼的特殊方法论，还要理解社会系统论的认识论基础，即主张人的认识过程和外在世界各自“封闭”的所谓“**建构主义认识论**”（konstruktivistische Erkenntnistheorie）的基本原则。（Luhmann，N. 1987；1992）这种“**建构主义认识论**”是同马图拉纳和瓦列拉等人的认知生物学（Biologie der Kognition）（Maturana，H. R. 1970，1982；Maturana，H. R./Varela，F. 1986；Varela，

F. 1977，1979）以及史宾瑟-布劳恩的“三重同一性”（a triple identity）（Spencer-Brown，G. 1994［1969］）思想原则密切相关的。

在这种情况下，鲁曼所努力建构的社会系统理论，一方面是在对于世界和社会的最一般的新型系统观的指导下，另一方面又要深入区分存在于大型社会系统总体内各自独立的社会系统、文化系统、心态和心理活动系统，并在此基础上又再次提升到大型一般系统总体的高度，总结出关于系统的最一般性理论。

正因为这样，鲁曼在1980年的重要文章《一种社会系统理论的绪言》中指出，建构和理解社会系统理论的首要出发点，就是弄清什么是理论，并区分各种不同类型的理论的意义。为此目的，鲁曼系统而细致地探讨了西方关于理论的各种传统论述，显示出鲁曼建构社会系统理论过程中对于传统理论所进行的多学科探讨过程，再次凸显出他的社会系统理论的广泛而深刻的哲学、人文社会科学以及自然科学基础。他在探讨各种传统理论的一般特征之后，明确地指出他的“理论”观点的特殊性。他说：“根本就不存在作为一种理论的独立承受基础的社会实在；根本就不存在任何一种由理论所生产出来的社会实在，也不存在能够利用和使用理论的社会实在。如果人们以为，可以通过像社会系统理论那样的理论去把握这种社会实在，同时这种社会实在又能够产生出理论，并利用这些理论，那么，这种理论就只能预设其存在形式是预先给予的。理论只有在它真正的目的中自我发现，才能够对其自身表现得清晰明白。换句话说，这种类型的理论对其目的具有一种自我参照的关系。这不仅是因为这些理论都不可避免地陷入到构成其对象的各个面向的选择之中，而且更重要的，是因为这些理论显示出其自身不过是其自身研究对象的一个组成部分罢了。”（Luhmann，N. 1980）显然，鲁曼社会系统理论本身就是一种自我参照的理论。鲁曼社会系统理论的自我参照性，一方面表现为它自身参与到对其研究对象各组成部分的选择活动中去，另一方面它又是构成其研究对象的一个重要组成部分。这样一来，社会系统理论的研究活动不是自外于其所研究的对象，也就是说，不自外于社会系统，也不置身于其所研究的社会系统的生命运作活动之外；社会系统理论的任何一种反思活动，都是在其研究对象的范围之内，作为社会系统一个组成部分而对社会系统进行自我参照。我们可以看到受最新自然科学系统理论深刻启发的鲁曼社会系统理论，已经完全脱离传统自然科学所追求的“客观中立”理论模式，也完全不同于将理论提升到理念高度，并以其自身所设定的理念标准不断地从外面对社会进行批判的各种社会批判理论。

鲁曼本人从一开始从事社会学研究，就试图以其独特的风格和独创的理论语言，将一种“**源生性逻辑**”（genetic logic）和另一种“**整合性逻辑**”（integrative logic）协调起来。将这两种逻辑结合起来，就意味着：一方面要描述和呈现那些生活和位于社会不同位置的各种角色心目中的各种结构性系统的形成过程，另一方面要同时描述和分析任何一种系统的组成因素又如何在系统功能运作的驱动下发挥它们各自不同的角色功能。这就把系统本身的形成及其运作功能的机制摆在社会学研究的首要地位，而将传统社会学所重视的以“人”为中心的行动者的问题附属于系统的问题。

这些原则使他成功地论证了：**社会生活是超出个人间的关系和直接互动性范围之外而组织起来的**。在他以前，有相当多的社会理论家，特别是美国传统的个人行动互动论者，为了克服观察社会宏观取向的片面性，只注意到个人间互动行动的重要性，在很大程度上忽视了社会系统及其环境的复杂性，忽视了系统本身的自我参照能力，从而只是简单地将社会行动看成单纯的“**原因—结果**”或“**理由—结果**”关系的系列网络。（Luhmann, N. 1984）鲁曼的上述原则和方法，使他有可能跳出分析社会行动的上述“**原因—结果**”或“**理由—结果**”关系的单一线性模式，令人信服地证明：任何一个社会行动，只要发生在社会组织范围内，并受到社会组织的自我参照性的影响，其发生、过程和结果都充满着“双重偶然性”。所有这些重要观点和方法，使鲁曼以独特的方式去分析和批判现代社会的“风险性”。

鲁曼的特殊建构主义也提出了一个如何对待包括日常生活世界在内的生

活世界的性质的问题。更确切地说，在鲁曼看来，他的社会学要以独创的态度和方法去说明处于生活世界中的社会学家和普通人对待整个社会的特殊态度。首先，不论对于社会学家还是普通人，他们对于社会的态度以及他们心目中的社会，无非就是他们生活于其中的社会的自我参照和自我生产的结果。在这个意义上说，社会学家和普通人以及他们心目中的社会，都是不同程度地同被观察的社会本身相重叠。社会学家、普通人以及他们在社会中的角色，同他们生活于其中的整个社会系统的功能运作逻辑，是共时地发生作用的。因此，一方面要看到社会学家、普通人及其所观察的社会之间的差异性，另一方面又要看到这种差异性本身，并不是社会学家和普通人以及社会"非自然地"制造出来的，而是他们当中的任何一个因素同整个社会系统不断地自我参照和自我生产的自然结果。从这里也可以看出，鲁曼所坚持采用的建构主义，实际上对主客观的人为区分，甚至对冠名"科学性"的各种主客观区分丝毫不感兴趣。

"自我生产"不仅是属于鲁曼社会系统理论的一个重要概念，同时也是他的思考模式及理论语言的一个具有独创性的特征。被观察的系统是自我参照和自我生产的，作为观察者的社会学家的理论创造活动，也是自我参照和自我生产的。同样地，社会学家在观察各种系统运作的机制时，其观察的方法和思考的模式，也是自我参照和自我生产的。鲁曼的这种自我生产和自我参照的思考模式，不但把他所研究的社会系统对象同传统社会理论所研究的社会对象区分开来，而且也将他的理论研究成果同以往各种理论区分开来。

正如本书所一再强调的，鲁曼的崭新方法论实际上隐含着现象学方法的深刻影响。例如鲁曼的社会系统理论中的关键概念"意义"，就是从现象学的角度进行分析的典范。他创造性地应用胡塞尔的"视阈"（Horizon）概念讨论"意义"。（*Religious Dogmatics and the Evolution of Sciences*，p. viii）

（3）布尔迪厄的结构性建构主义

与鲁曼不同，**布尔迪厄所遵循的是一种"建构的结构主义"**（constructivist structuralism）**或“结构的建构主义”**（structuralist constructivism）。对于布尔迪厄来说，人类社会并不是以传统理性主义和经验主义者所设想的那种“社会实在”而存在并运作，而是由社会结构和心态结构双重共时双向互动的象征性模式组成的。（Bourdieu，P. 1989）因此，布尔迪厄并不像传统社会理论那样把社会结构当做一种客观的外在存在的实体结构，而是始终同社会中从事长期反复实践的施动者的心态及其内外双向运作过程相关联，使现实的社会不但不能作为一个孤立的独立实体而存在于历史过程之外，也不能排除在施动者心态结构之外。因此，**布尔迪厄的特殊建构主义，是把思考重点集中到社会实在的外在结构与人在其实际行动中所表现的心态之间的互动。这是一种在历史发展中双向共时的循环互动，是一种相互结构化的过程，因此也是一种“结构化”和“被结构化”的共时双向互动。**

由于把思考重点集中到社会实在的结构和行动中的心态之间的相互关系，所以，布尔迪厄又把他的思考模式称为一种“**相关性科学的哲学**”（une philosophie de la science relationnelle）。布尔迪厄特别强调其中的“相关性”原则，因此他把 relationnelle 用黑体字重点地突显出来。（Bourdieu，P. 1994）第一，这种相关性是指社会结构和心态结构的相关性，特别是指两者之间的共时双向重复运作而造成的极其复杂的可能性网络。第二，这种相关性强调社会运作和行动者的实际活动中的相关性，也就是强调这是一种具有自律性的活生生的动态相关性，是在各种可能的相互关系中产生多元复杂的可能性前景的相关性。第三，这种相关性强调行动者生存心态、社会场域和资本之间在上述双重关系网络中的相互紧张关系，使现代社会中的社会结构、行动者及其生存心态、场域和资本，都随时处于由关系网络所构成的活动“位势”中。第四，这种相关性强调个人和社会的各个方面都共时地发生由历史所决定的“被结构化”和“向结构化”的双向变化，从而显示“区分”和“被区分”的共时发生和转变的可能性。第五，它强调任何区分和被区分的象征性意义及其结构，从而凸显现代社会结构运作及其研究本身的双重反思性。

（4）哈贝马斯的沟通合理性建构主义

哈贝马斯也试图超越传统的主客观二元对立的方法论，从现象学和现代语言哲学的研究成果中获取启示，从而提出了以“**生活世界**”基本结构为基本模式的“**主体间性**”，作为其方法论“**典范转换**”的根据。（Habermas, J. 1981）在某种意义上说，哈贝马斯几乎和布尔迪厄一样，严厉地批判传统的主体意识哲学，同时也批判上一代法兰克福学派思想家从黑格尔和马克思那里继承下来的理性异化理论。但是，哈贝马斯不同于布尔迪厄，因为他所寻求的“主体间性”，不是为了凸显相互关系的多元可能性和变动性趋向，而是为了强调主体之间在共同理念标准和规范指导下所可能达成的“共识”和“相互协调”。显然，哈贝马斯强调主体间性的目的还是为了维护某种符合共同理念的规范和统一价值体系，而布尔迪厄所强调的却是相互关系网络中永不停息和充满各种可能性变化的生命力。

伊莱亚斯在建构社会与个人、群体的相互关系时，为了避免传统的主客二元对立模式，更多地从人类社会发展进程和个人生活历程之间的时空结构的交叉关系去分析。他在其著名的著作《文明的进程》一书中，不论是考察现代社会和国家的出现或演化，还是研究现代个人和群体的思想意识结构，都充分考虑到两者的具体和一般时空结构方面的异同性及其相互交叉关系。因此，在伊莱亚斯看来，现代社会和国家以及现代个人或群体意识结构的演变，是在其互动的漫长和循环重复过程中实现的。

由此可见，鲁曼等人所遵循的建构主义，不同程度地采纳了现象学、语言游戏理论和本体论诠释学的某些处世方式。他们所说的“建构”（constructions），都不再是传统意义上的建构，因为传统的各种建构主义，基本上都是强调主观意识或主观精神的主动创造的建构性。但鲁曼等人所说的建构主义，一方面是用“建构”的概念，意指正在进行中并不断循环重复进行的“重建”（reconstructions）过程，另一方面又是强调此前的历史建构过程与此刻就地呈现的建构过程的共时结合结构。(Luhmann, N. 1988) 所有这些最新的建构主义者，显然是试图在个人和集体的“现实与历史相结合”(将在以下探讨“时间”范畴的有关章节，进一步详尽探讨“现实与历史相结合”的各种具体表现形态) 的动态性行动中，说明社会与行动者之间的双重相互依赖性。显然，建构主义者所说的“建构”，并不是单向性的；也就是说，并不是单纯由个人行动者或者由社会集体，各自以其“主体”的身份而相互独立地单向进行的。在这方面，所有上述不同类型的建构主义思想家，其思考的重点，就是避免重蹈传统社会理论的覆辙，避免将**“个人”和“集体”这两个同时具有行动创造机制的“施动者”**加以割裂和对立，避免以“二者择一”或“非此即彼”的简单化途径，也就是采取“以一方决定另一方”的类似独断论形而上学思考模式，去解决极其复杂的“行动”和“秩序”的相互关系。

对于鲁曼等人来说，分析批判现代性的思考模式和方法论的变革，并不仅仅是建构一个新的固定逻辑架构中所总结出来的原则系统，而且还包含实际贯彻这些新原则时的实际操作程序和策略。也就是说，新的思考模式和方法论，不再像传统模式那样，只满足于归纳和确定原则性的逻辑论述体系，似乎在确定了这些逻辑论述体系之后，就可以将“普遍性原则”运用到一切现实的研究过程中去，并因此保障研究结论的普遍真理性。与此相反，鲁曼等人认为，研究现代性复杂状况的思考模式和方法论，始终存在“实际活动”、“逻辑结构”、“语言表述”及其“实际运用”等多面向多层次的复杂相互关系问题。具体地说，思考模式和方法论问题，不是单纯只属于研究者主体的主观意识结构和原则，而是关系到研究过程中，主客观两方面各种复杂因素相互关系的建构和重建，不但在研究进行的始终，动态地不断发生变化，而且在特定研究阶段结束之后，仍然还有待不断反复思考、检验和修正。在思考模式和方法论运作过程中，始终存在的上述“实际活动”、“逻辑结构”、“语言表述”及其“实际运用”等多面向多层次的复杂相互关系，指的分别是社会中实际进行的活动、运作于研究者思想意识中的分析研究过程和程序、研究者语言论述的表达形式以及将研究结论应用的过程。在鲁曼等人看来，思考模式和方法论都涉及将上述复杂因素和过程结合起来，并使之不断重建的问题。简单地说，这就是他们所强调的“反思性”的问题。

因此，鲁曼等人分析研究现代性的基本思考模式和方法论，就作为一种自我参照和自我生产的精神心理活动系统而具有强烈的反思性质。虽然这些反思性在鲁曼、布尔迪厄和哈贝马斯身上，各具有不同的特征和表现方式，并在他们实际进行的各种不同论题上呈现出不同的形态，但是，他们的反思性又贯穿着某些共同的特征。他们的思考模式和方法论的反思性的共同特征：第一，表现为其理论活动和理论研究对象之间的相互包含性和相互参照性，在不同程度的肯定研究对象与研究活动之间的自律性及差异性的基础上，又强调两者之间的相互渗透和互动性。第二，反思性显示出理论活动中处理“想象能力”、“可能性”和“现实性”之间相互关系的“三重同一性”原则。第三，反思性还表现为研究者语言论述与实际活动、思想逻辑以及其他各种可能的和不可预测的因素之间的象征性相互转化关系。第四，反思性也直接或间接地关系到被研究的实际活动和对象的各种功能本身的反思性，例如包括被研究中的实际活动、沟通、系统分化、系统分化选择过程以及权力等本身的反思性。第五，研究者本身以及参照该研究成果的其他任何一个社会成员，在重新思考和运用任何研究结论时，都必须结合新的参照体系进行反思，以便使原研究者的思考模式和方法论在新的条件下得以重建。

促使鲁曼、布尔迪厄、哈贝马斯、伊莱亚斯和季登斯等人不约而同地采用建构主义模式的社会文化和理论思想背景，就是自20世纪初以来发生在人文社会科学各学科领域的方法论争论及其研究成果以及自然科学、哲学的新思考模式的发展。其中产生最深刻影响的，如前所述，首先是胡塞尔的现象学、索绪尔和列维-斯特劳斯的结构主义以及后期维特根斯坦的语言游戏理论。上述胡塞尔的现象学、索绪尔和列维-斯特劳斯的结构主义以及后期维特根斯坦的语言游戏理论的最主要成果，沉重地打击了对传统社会理论思考

“行动/社会结构”具有决定性影响的“主体中心主义”、“意识哲学”和“实证主义”。

自古希腊产生并经启蒙运动进一步加强的主体中心主义，使社会理论家和社会学家总是设法寻求行动和社会的运作主体。所有的主体中心主义者，在考虑各种复杂的个人和社会关系的时候，总是设想并论证一个作为中心的主体，在此基础上，进一步论证围绕着该主体的系统或体系。总结自19世纪以来各种社会学理论发展的历史，还可以看出，各个社会学家在探讨各种社会关系网络时，往往在确定了某一个作为中心的主体之后，就进一步分析该主体的主要功能，并以该主体功能运作为中心动力，阐明社会关系网络的性质。在这个意义上说，各种类型的主体中心主义思考模式，往往产生出与之相应的**功能主义**理论和方法。功能主义的社会理论，实际上是上述各种主体中心主义的传统思考模式的理论产物。这也就是为什么功能主义的理论和方法在相当长时期内一直统治着社会学理论领域。所以，鲁曼和伊莱亚斯等人的建构主义社会理论，同时也是对于传统功能主义社会理论的一种反动。

意识哲学对于加强传统社会理论思考模式的主体中心主义和逻辑中心主义具有决定性影响。鲁曼等人主要是根据自启蒙以来意识哲学在解决社会危机和病态问题上所呈现的无能为力状态而逐渐产生了怀疑和反省。马克思的异化理论、涂尔干的集体意识概念以及韦伯的意义理论等，都是意识哲学在社会理论研究中的主要表现形态。鲁曼等人一方面吸收胡塞尔现象学、结构主义和语言游戏理论的最新研究成果，另一方面总结晚期资本主义文化发展中所呈现的各种象征化和符号信息化倾向，进一步看到了意识哲学在分析行动者和社会结构的象征体系方面的局限性，采用了更为广泛和更为灵活的符号象征创造过程所呈现的运作模式，去分析现代社会有关行动和社会的各种复杂问题，更深刻地说明了作为行动动力的人、集体以及各种社会文化方面的相互关系网，在复杂的社会运作中所呈现的自律性和相互依赖性的双重结构。

至于实证主义对于社会理论思考的影响，主要是借助于近现代自然科学的研究成果而发生作用的。实证主义在这方面对于社会理论研究领域的影响固然含有正面的意义，有助于社会理论的科学化和现代化，但是，它也产生了负面的消极影响，导致社会理论发展中简单移用自然现象解决模式去处理极其复杂的社会现象。实际上，自然科学本身在近半个世纪以来的突飞猛进，也早已突破了古典自然科学的实证主义模式，在混沌理论、控制论、突变论等重要方面提供了新的思考模式，使自然科学在追求精确、客观和系统化的理念的同时，也充分考虑到“模糊”和“不确定性”的重要意义，充分考虑到“想象能力”（imaginability）、“可能性”（possibility）和“现实性”（actuality）之间的三重二元关系的意义。（Spencer-Brown，G. 1994［1969］：viii）当代自然科学知识和技术的革命性成果，使鲁曼等人以不同的方式使社会理论的重建从实证主义的传统阴影中走出来。他们的思考模式的转变本身，就是现代性发展的一个反思性结果。

第四节　现代社会行动的多元模式

鲁曼、布尔迪厄、哈贝马斯、伊莱亚斯和季登斯等人对现代性批判的态度和方法，还具体地表现在他们理论思考的各个重要论题方面。

一般地说，在（一）实现高度功能分化、（二）容许个人高度自由、（三）完成高度象征性统一、（四）科学技术高度发展的当代社会中，行动者的行动同整个社会的相互关系是非常复杂的。这种复杂性已经远远超出传统社会中所表现的那种状态。在这种情况下，行动者的行动动力、行动过程、行动条件和行动成果，都是相互包含、相互依赖和相互转化的，而且呈现出同社会整体结构紧密交错地相互渗透和相互寄生的特点，造成在时空结构上呈现出极度复杂化的特征。就行动动力而言，不能继续按照传统主体中心主义的思考模式，单纯地只是在行动者主体内部去探索，而是将行动动力当成主客体双重结构，通过各种象征性的中介因素而发动和发生作用的。

这样一来，就可以在主客体两方面同时寻求行动动力的根源、性质及其运作模式，避免依据各种形式的决定主义一元论，单纯在行动主体内部说明动力的主体性质。在这方面，近五十年来发展起来的各种类型的反思性象征论，提供了最好的思考模式，使理论家有可能通过反思性象征结构的双重运作逻辑，解决原有的主客二元对立的吊诡，同时以各种复杂的中介性因素运作模式，说明行动动力在主客关系中的复杂变化过程。鲁曼从帕森斯那里继承下来并加以发挥的“双重偶然性”概念，伊莱亚斯关于行动者和结构之间的相互依赖性（interdependency）概念及有关行动者个性的自由和结构的边缘伸缩性概念，布尔迪厄关于行动者“生存心态”的内外双向结构化概念，哈贝马斯关于沟通行动合理性的概念，季登斯关于结构二元性和行动结构化的概念，都是从上述有关行动动力、行动过程、行动条件和行动成果之间相互包含、相互依赖和相互转化的思考模式中推导出来的。

严格地说，关于行动与社会结构之间的相互关系，实际上就是个人与社会、个人行动与社会规范之间的相互关系的一个重要表现。现代性的当代变迁，使个人的自律进一步发展起来，同时也使社会的整合功能进一步加强。个人自律和社会整合功能的双双增强，不但没有使两者进一步对立起来，反而使之相互渗透，并使两者在相互渗透中各自朝着有利于自身的方向发展，致使两者的相互矛盾一方面激发起来，另一方面又相互牵制，达到前所未有的吊诡程度。**鲁曼、布尔迪厄和哈贝马斯关于行动及其与社会结构的相互关系的新思考模式，就是现代性新发展的又一个反思产物。他们都普遍地不把两者简单地对立起来，也不打算把两者统一在其中的某一项中，而是更倾向于将两者贯穿于活生生的创造行动过程之中，使两者在动态的互动中双向循环地相互制约并相互渗透，造成两者各自发挥其主动和被动的两方面，不至于使两者的相互关系，在其中一方对另一方的“统一”局面中达成僵化的终结方式。**

就行动过程而言，在传统分析中长期起着指导作用的基本原则和主要方法，就是单线单向因果化约主义。按照这种类型的线性因果化约主义，任何行动过程，一旦由某一个行动主体发动，就一定在特定行动条件的背景和包围下，沿着前因后果的单向单线发展模式展现开来。但鲁曼等人将行动过程同行动动力、条件和成果交叉在一起，形成一种由单线单向和多线多向交叉而成的不断循环重复的运作过程，从而也将行动的主客和内外两方面的各种复杂因素，采取不断中介化和相互渗透的重复方式呈现出来。伊莱亚斯、布尔迪厄和季登斯在分析行动过程时，为了避免传统的单线单向因果化约主义，都不同程度地以日常生活行为中的行动过程作为典范，而鲁曼则选择行动的双重偶然性的多向多元复杂性。伊莱亚斯、布尔迪厄和季登斯正是针对日常行为的反复性、重叠性、长期性、经常性、习惯性、反思性和恒久性，集中表现行动本身所固有的“多方向性和一向性”、“反复性和发展性”、“一次性和重复性”、“周期性和经常性”、“共时性和历时性”、“变动性和恒久性”、“循环性和累进性”以及“反思性和习惯性”等高度复杂的相互交错性质。在上述对于行动的高度复杂的相互交错性质中，就隐含着行动与同样复杂的社会结构之间的交错关系。鲁曼对于行动和社会结构之间的高度复杂关系的基本观点，是同伊莱亚斯、布尔迪厄和季登斯相类似的。但是，鲁曼以系统本身的高度复杂性以及系统中行动的双重偶然性，一方面批判传统理论关于行动和结构的二元对立思考模式，另一方面表达出社会行动的非一元单向因果连锁关系，从而将行动纳入系统的极端复杂脉络中。

就行动条件而言，以往传统社会理论总是被置于客观的、现成的和静态的固定框架之中，似乎它们都是外在于行动主体的行动过程和行动成果。鲁曼等人却将行动条件纳入行动过程的无限循环的不断重建和再生产的生命运作之中，使行动条件构成行动动力、行动过程和行动成果的一个内在组成因素，并有可能采取现实的、潜在的、可能的和未来的存在方式而发生作用。

就行动成果而言，传统理论总是将成果当成行动过程的固定产物，并以一种外在于行动主体和行动过程的客观存在形式呈现出来。传统的认知工具主义理性论和目的行为论，更进一步将行动成果当成行动过程的静态终点。鲁曼等人在排除了各种各样的单线单向因果论、化约论、目的论工具主义、连续性时间观和历史主义的干扰之后，将行动成果当成不断循环重复的多种行动过程的一个中介环节，使行动产物不但具有该行动动力、过程和条件的转化因素，同时成为三者进一步更新的一种暂时结构化状态，而且，也成为该行动网络之外其他一切有可能的行动网络的一个交叉点，从而有可能通过该行动成果而同其他行动网络相互关联。

走出和超越传统行动概念的另一个关键，就是引入一种崭新的“可能性”概念。这里所说的可能性是完全不同于传统哲学形而上学、认识论和方法论的原有概念。它不仅仅是在同与之对立的“现实性”的二元关系中存在，而且是作为多元的可能性的基础和动力而存在。这种崭新的可能性概念被引入行动研究领域中之后，便消除了原有的主客二元对立模式的运作条件，并为行动动力、行动过程、行动条件和行动成果四方面的相互穿插和相互转化开辟了新的广阔领域，尤其是提供了以可能性为基础而建构的象征性条件，使行动的有形和无形、内和外、过去现在和未来各因素扩大了存在的时空维度。

对于行动和社会结构的相互关系的研究，最早取得突破性成果的，应该是伊莱亚斯。他倾向于更多地使用“互动”的概念取代“行动”的概念，并采用从社会结构到互动的思考取向，进一步深入解决行动和社会秩序之间的非常复杂的关系。（Elias，N. 1987）实际上，由伊莱亚斯所开创的上述“从社会结构到互动”的思考取向，后来深刻地影响到布尔迪厄、哈贝马斯和季登斯。他们都在某种程度上可以构成一种对于“互动”的类似思考模式群，主要是他们偏向于优先考虑社会结构和社会实在的宏观结构，但同时又以多种多样的方式从主观和互动的层面去分析行动和社会结构的复杂运作。对于他们来说，不是单靠解决行动和社会结构的相互关系便可以基本上解决复杂的社会运作问题。他们都一致地反对用“行动和结构的相互关系”去化约本来属于不同性质的各种复杂问题。在这方面，他们不但不同意将复杂的社会运作问题化约为本体论的或原生性的“行动和社会结构相互关系”的问题，而且也不满足于对于“互动”的运作本身的简单化倾向。在他们看来，即使是两类不同性质的因素之间的互动，也不是如传统理论所设想的那样简单，似乎两者之间除了由一方向另一方的单向施动之外，就不会有其他可能的互动状态。将互动放在一种新的非化约主义的视线之内加以考察，互动就可能以多种多样的形式表现出来，其中包括各种现实的、有形的、固定的和历史的形态，也包括各种潜在的、可能的和一切不可预测的形态。从这里也可以看到，要超出传统的各种主体中心主义和二元对立思考模式，还需要彻底抛弃旧有的世界观、认知论、本体论和方法论，同时也要摆脱各种现有理论知识的限制。

为了超越个人与社会的简单二元对立，伊莱亚斯主张在“责任”（Engagement）和“间隔化”（Distanzierung）之间从事社会科学研究。他在《责任与间隔化：论认识社会学》一书中，强调一种“经验的—理论的”研究态度，指出社会科学虽然属于人类科学研究总体，但又不同于自然科学，具有以下两大特点：第一，它的“对象”同时也是对其社会生活具有表象能力的“主体”；第二，研究者同时又是他们的研究对象的组成部分。因此，伊莱亚斯主张社会科学研究者应站在责任和间隔化的辩证法立场上，在两者之间来回运动并保持平衡状态。在此基础上，伊莱亚斯主张从三个方面超越个体与社会的二元对立模式。首先，就是同密切相关于日常语言运用的各种实质主义倾向（substantialist tendance）保持一定的距离。这是受到后期维特根斯坦的影响的。伊莱亚斯指出，在我们所使用的各种名词之后，我们自动地会考虑到某些实体的存在。正因为这样，当我们使用“个人”和“社会”的名词时，也同样自然地联想到两个不同的事物，就好像一张桌子和一张椅子那样。为此，我们必须从日常生活语言运用所产生的思维习惯中走出来，并经反思而提升一步。在伊莱亚斯看来，实现这个程序的最好途径是历史。

伊莱亚斯关于行动与社会结构之间相互关系的上述思考模式，同样也表现在鲁曼、哈贝马斯和布尔迪厄的社会理论中。他们往往把历史与日常生活的循环性、重复性和反思性当成克服个人行动同社会结构相互对立的中介性场域，并在历史与日常生活的循环性、重复性和反思性中，使两者双向地互为结构化。

在高度复杂分化的当代社会中，个人行动与社会结构之间的双向互动，为行动的过程和结果增添了更多的偶然性和可能性的因素。鲁曼认为，在社会系统中，由于社会系统是通过不同行动者所实行的行动脉络而组成的，所以，不同行动者在社会系统中所构成的关系，也就是这些不同行动者在其不同行动脉络中的种种**“相遇”**（encounter）。当不同行动者所构成的行动脉络之间发生“相遇”的时候，就出现了鲁曼和帕森斯所说的**“双重偶然性”**（double contingency）。所以，双重偶然性也就是社会系统中社会互动的基本特征。双重偶然性的不断出现，一方面是社会系统中的社会行动所产生的一个必然的结果，另一方面它又成为社会行动完全实现的一个主要障碍。双重偶然性对于人类行动的这种双重意义和双重作用，要求行动者之间尽可能建立和贯通各种沟通网络，并通过这些多种多样的沟通将双重偶然性的发生机制和避免途径尽可能简单化。社会系统中沟通和意义传播的必要性，就是建立在少数双重偶然性不断发生的基础上。

在鲁曼看来，从两位行动者在一个社会系统中的相遇，就足以说明人类行动及其所处的社会系统的复杂性的状况。对于这两位行动者来说，当他们俩相遇的时候，世界就变成复杂的和偶然的。世界之所以变成偶然的，是因为在其中包含了无限的事件，同时也包含许许多多的复杂关系。所有这些事件和复杂关系，对于行动者来说都是可能发生的。世界之所以是高度偶然性，是因为在这世界中的一切事件，都是可以发生的，也都是可能发生的，同时又是可能被别的事件所取代而不发生的。事件的高度偶然性表明任何事物都是不相同的。显然，在这样的世界中，任何一个个人的行动，如果要取得成功，一方面依赖于那些可能发生、但也可能不发生的特殊事件的出现，另一方面又同样地受到这些特殊事件的偶然性的影响。

在社会系统中的任何个人行动，其实现的程度不仅依赖于该个人的所作所为，依赖于这种所作所为与其周遭世界的复杂关系，而且也依赖于同一个社会系统中的另一个个人的行为的实现程度，依赖于另一个个人对于他所遭遇到的个人行为的期待状况，也就是说，依赖于另一个个人对他所遭遇到的行为的反应——这种反应因为是别人所做出的，所以是不可完全预测的。上述两个相遭遇的行动者所产生的相互期待和相互反应的不可完全预测性，以及环绕着这两个行动者的周遭环境的多种变化的不可完全预测性，造成了社会系统中的行动脉络的复杂性和双重偶然性。

在鲁曼看来，面临充满着复杂性和双重偶然性的社会系统，行动者也同样需要有一整套的能够促使其行动顺利实现的社会环境。这就是他所说的社会系统。因此，社会系统是一种尽可能适合行为实现目标的多种多样的行为世界。鲁曼所说的社会系统比格伦所说的制度更加广泛。鲁曼所说的社会系统有各种类型，其中包括心理系统，也包括符号系统。所以，社会制度只是社会系统的一部分，社会系统比社会制度广阔得多。两个行动者相遭遇所构成的行为系统，尽管不一定是已制度化的系统，但一定是一种社会系统。总之，继承和发扬由舍勒所开创的德国社会人类学的传统，鲁曼认为**系统就是记录、重构和简化世界的复杂性，通过这种简化过程，行动者使世界变成更加适应人类需要的一种最低限度的秩序**（minimal order），以便使人类能够在这个世界中按照其特定的计划方式引导其行为的实现。

人类将复杂的环境（周遭世界）重建成为各种类型的社会系统之后，显然更加方便于人类在社会中的各种生活方式和行为模式。在建构了包括社会制度在内的各种社会系统之后，人们虽然仍会遭遇到各种复杂的情况，而且，在许多情形下，已经建构和形成的社会制度和规范等社会系统，也会在某种程度上超出原初人类建构它们的预期，给人类的行为本身也带来一些困难和干扰；但是，从各种因素的总考量来看，建构社会制度和规范等社会系统给人类行为带来的干扰，比起没有建构这些社会系统而处于更加复杂和无秩序的世界环境中，人类行为所受到的干扰和承受的困难要简单得多。一句话，对人来说，任何秩序总是比没有秩序好。

人类行为既然处于充满着双重偶然性的社会世界之中，那么人类行为的互动又如何实现其相互间的协调性和可预测性？传统的社会学家，像涂尔干那样，一般都认为社会互动并不是在一个真空中发生的，而是在一个有可能给予行动以规范和制度的指导的社会环境之中。（Durkheim，E. 1973［1895］）帕森斯进一步把涂尔干的观点加以一般化并强调，由于社会互动是发生在一个以对于价值和规范取得共识为基础的社会之中，所以社会行为和互动对于行动者来说，都是有序的、被协调的和可以预测的。对于帕森斯的上述观点，鲁曼只采纳其中立足于经验论的部分。但鲁曼认为，对于人类行为何以可能在充满着双重偶然性的社会中有序地发生的问题，不能单纯从经验论的观点和角度去回答。因为一方面，经验论的答案至多只能描述社会行为和互动受到价值和规范共识性协调的事实，却未能回答这一事实的真正根据；另一方面，上述问题涉及一个更加深刻的社会系统和人类行为的根本性质问题，需要以更抽象的回答方式去解决。

鲁曼认为，涂尔干和帕森斯只是对于秩序的问题做出了有限的回答。也就是说，他们只回答了社会中存在着某种共识，而不管这种共识究竟以什么理由存在。所以，从充满双重偶然性的复杂环境中，如何产生社会秩序，这个问题必须靠某种更加抽象的探讨方式去解决。

为了从根本上同上述传统社会共识理论划清界限，鲁曼从关于噪音的混沌理论得到启示。根据噪音的混沌理论，在充满着高度复杂和偶然性的世界中，在许多可能的行动和行动间的关系中，秩序在很大程度上是根据机遇而呈现出来的。也就是说，秩序是在高度复杂和充满偶然性的世界中，通过某种偶然的、不可预测的机遇的途径而**冒现**出来的。这种状况，使得任何社会系统中的行动的发生，始终都伴随着各种可能的中断和干扰，行动者也始终都处于高度警惕的紧张状态，处于不断进行选择的冒险心态之中，以保证其行动的连贯性和持续性。鲁曼所提出的双重偶然性的理论就是为了解决这些问题。用双重偶然性去说明秩序如何从混沌的噪音中产生，这就好像某种**“自我催化的程序”**（an autocatalytic process）一样。

双重偶然性就是在噪音和秩序之间、混沌和有组织之间的一个桥梁，因为双重偶然性既是噪音的一部分，又是秩序的一部分。在鲁曼看来，双重偶然性是某种噪音中的一个原初结构，又是秩序的最低限度的类型。因此，**双重偶然性是随时随地存在的某种最低限度的状态**。双重偶然性是任何行动者可以始终一贯地期待的某种事物，是有规律地存在的某种事物，因而也是现实世界的一种有秩序的面向。所以，任何两个相遭遇的行动者必定会合在双重偶然性的经验状态之中。双重偶然性成为唯一可被期待和唯一可被预测的基本事实。两个行动者的行为取向所造成的上述在双重偶然性中的会合，是可以被预知的，因而也就是有秩序的，是现实世界的一个部分。这是进一步分析社会秩序的形成和再生产的基础。换句话说，任何一个社会秩序的产生和再生产，必须建构在两个双重偶然性相互关联的期待的基础上。就此而言，任何一个社会系统，都是从两个行动者相遭遇时所产生的双重偶然性心理期待的经验中呈现出来的。

与鲁曼不同，布尔迪厄作为社会人类学家，当他深入研究人类实践的一般结构和运作逻辑的时候，当然首先重视人类实践的文化再生产性质及其所采取的象征性结构。作为布尔迪厄研究一般象征性实践的理论的出发点，他的行动哲学，**第一**，始终把行动者放置在其行动实际展开的社会结构和心态结构的**双重结构**之中；**第二**，以相互关联的观点，动静结合地全面考察行动展开过程及其前后所处的相互关系的网络，**把相互关系放在优先的决定一切的地位**；**第三**，从行动者所处的地位及其变化的各种可能倾向，深入分析行动者在行动过程中所进行的一切内化和外化的心态结构，分析这种同社会结构**共时同质双向运作**的心态结构与行动本身的相互关联；**第四**，深入分析行动者的**内在**心态结构和**外在**的行动脉络在行动的各个场域及其变化的可能性中的影响，同时，也分析行动及其影响的各种可能倾向和可能维度，以便从行动的**实际和可能的双向结构**中揭示实践的一般逻辑；**第五**，在由**语言和权力**等各种象征性文化中介因素所展示的运作过程中，分析行动和实践通过**象征性文化中介结构**所可能展现的**象征性实践**（la pratique symblique）运作逻辑。

在布尔迪厄看来，以**生存心态**（habitus）为中心的**象征性实践**，既具有历史性，又有超历史的独立性和自律性；它既是历史的产物，又是超验的。

在这个意义上说，生存心态不仅为一切行动的实际展开，而且也为一切个人的自由思想和自由创作提供了可能性。布尔迪厄说：“作为生成性图式的既得体系，生存心态使一切附属于其生产的特殊条件的思想、知觉和行为的自由生产，成为可能。”（Bourdieu，P. 1990：55）布尔迪厄在说明生存心态在象征性实践中的意义和作用的时候，极力反对那些把自由和历史必然性相互割裂，并视之为两个相互独立的“二律背反”的教条主义者和决定论者。布尔迪厄在这里显然清楚地意识到行动的两个重要方面，也就是行动中所包含的行动者的富有创造性的自由意志和行动中所包含的一般实践固有的各种可能性的结构。

文化再生产活动，一方面是创造和再生产具体的文化产品的特殊历史条件下的文化实践，另一方面，它又是具有一般实践特征的人类文化历史创造活动。在这种情况下，研究人类文化的再生产活动，既要充分考虑到不同的社会历史阶段的文化创造活动与它的产品之间的复杂互动网络，又要看到这种文化再生产活动与一般人类实践、与一般的理论和实践的相互关系的复杂关联。

在现实的实际活动中，主体与客体、动机与效果以及行动者所处的社会结构和其自身的心态结构，实际上都是交错地双向互动着。由于实际活动永远是渗透着人的心态和社会结构，而且实际活动又永远离不开人的文化，所以人的实际活动始终采取象征性的结构。人类实践的象征性结构典型地显示在文化活动中。在文化活动中，客观化（objectivation）或外在化（extériorisation）的过程是和内在化（intériorisation）的过程，同时地以同质的结构实现的。换句话说，象征性实践的过程，同时地表现为“行动者”通过其行动所完成的“建构化的建构”（structuration structurant）和“被建构的建构”（structuration structurée）的同步双向性双重活动；而且，它又同时地表现为“社会”所完成的同一类型的“建构化的建构”和“被建构的建构”的双重活动。不仅如此，象征性实践在完成上述在“行动者”和“社会”双层次的一对各具双重结构的活动时，又再次同时地实现“社会”和

"行动者"的"象征性权力"的区分化及再分配，使上述在"社会"和"行动者"双层次上所完成的"建构化的建构"和"被建构的建构"，具有"象征性权力"的双重运作结构。(Bourdieu，P. 1991：163－170)

人的象征性实践所固有的上述双重性意义结构，一方面是同象征性实践的文化性质，特别是同象征性实践中的**语言使用**特征紧密地相联结，另一方面则是同象征性实践中的行动者的**生存心态**的特征紧密地相联结。这就是说，首先，人类象征性实践中的文化性质，特别是语言，这个人类特有的象征符号体系的介入，使**行动者的行动**和**社会**两个层次，都具有由语言所贯注的魔术式的象征性结构及运作模式；**其次**，行动者的生存心态的象征性结构，连同上述象征性语言符号体系之介入，又使行动和社会两层次及其相互关系的象征性结构更加复杂化和进一步增殖起来，构成一个层层双结构化的社会世界。

研究当代社会沟通行动的哈贝马斯，则以普遍地相互对话的方式，试图以"主体间性"的模式，跳出传统二元对立的模式，因而能在"言语行动"(speech-acts)的标准化有效声称的协调中找到使两者互动的新出路。

哈贝马斯认为，研究社会行动，必须从社会行动网络的最简单、最基本的互动行为模式来分析，由此便可以看出社会行为相互协调的基本机制，无非就是"同意"(Einverstaendnis)和"影响"(Einflussnahme)两种。换句话说，作为互动的人类共同体的"社会"，其运作和发展，是基于生活在社会中的各个成员之间的"同意"和"影响"的协调性结果，才发生一系列复杂而曲折的，然而是可以相互联系起来的社会行为网络。

但在哈贝马斯看来，"同意"和"影响"作为社会行为协调的两种机制，是互相排斥的，是有本质性区别的。以往的各种传统社会理论，包括社会交换理论(die Theorie des sozialen Tausches)、系统功能论(Der Systemfunktionalismus)、角色行为理论(die Theorie des Rollenhandelns)、自我表演的现象论(Phaenomenologie der Selbstinszenierung)、象征性互动论(Symbolischer Interaktionismus)以及俗民方法论(Ethnomethodologie，有时也译做

民俗论），也都多多少少论述过行为协调的机制问题，但这些理论都没有从沟通行动和生活世界的高度去全面理解协调的机制问题，也没有集中分析“同意”机制的内在基础。

以沟通的合理性为核心的沟通行动理论所追求的合理社会结构，并不是一般性的协调，而是真正合理的协调。因为唯有真正合理的协调，才是稳定的、非暂时的、非表面的和非强制性的协调。这种协调，不可能建立在“影响”的基础上，而只能基于社会成员之间真正的“同意”。

真正的“同意”必须建立在“共识”的基础上，因此，相互协调达成同意的关键，是互动的各成员之间的**相互理解**。哈贝马斯指出：“我把一种认同称为**共识**，指的是由它建构起**同意**，由此在各个主体之间才终于赞同可以进行批判的那些有效性要求。‘同意’意味着参与的有关各方都接受有效的，即在各个主体之间都发生约束力的那种知识（Einverstsendinis bedeutet dass die Beteiligten ein Wissen als gueltig，d. h. als intersubjektiv verbindlich akzeptieren）。”（Habermas，J. 1989：573－574）

哈贝马斯试图以其沟通行动理论，重新强调社会整体的沟通网络体系性质，期望以“沟通行动”为杠杆，使当代社会实现真正的合理化。他说：“沟通行动的相互理解的功能，有助于文化知识的传递和更新；沟通行动的行为协调方面，使它有助于社会整合和社会连带性的建立；而沟通行动的社会化功能方面，则使它有利于个性的建构。”（Ibid：594）沟通行动的上述三大功能在文化、社会整合和个性社会化方面所起的积极作用，进一步表明：第一，以往各种类型的社会之不合理性，正是在于社会制度对沟通行动的扭曲、窒息和限制，使沟通行动未能发挥其合理作用。第二，以往的社会理论总是单纯地强调人之社会行为的目的性和工具性，以致片面地重视对于目的性行为的研究，掩盖和忽视了对沟通行动的研究，从而使传统社会理论对社会的批判找不到真正合理的出路。第三，当代西方社会已达到充分显示沟通行动之合理性的优越条件，只要全面综合分析研究沟通合理性的可能条件及实施途径，便可实现社会的真正合理化。最后，唯有将沟通合理性作为研究中心的“沟通行动理论”，才能全面分析和研究当代社会实现沟通合理性的条件，使当代社会走出目前所处的病态危机。

因此，哈贝马斯的沟通行动理论，以沟通的合理性作为核心，将传统社会理论中所探讨的**文化、社会**和**个性**三大基本概念，全面地改造成为**以沟通行动为基础的新概念**。“我把文化称之为知识储存（Wissensvorrat），在世界的某事物进行相互理解并取得一致认识的时候，这种知识储存就为沟通的参与者提供各种诠释。我把**社会**称为合法的秩序（legitime Ordnungen），在此基础上，沟通的参与者调整着他们对于社会群体的归属性（Zugehoerigkeit zu sozialen Gruppen，也可译做‘社会群体的成员资格’），并由此保障社会连带性（Solidaritaet）。我把**个性**理解为某个主体获得谈话和行为能力的那些权能或资格（die Kompetenzen）。也就是说，由于这类能力和资格，某个主体取得参与相互理解过程的功能，并在其中确定了他本身的身份和特征。”（Habermas，J. 1989：594－595）

总之，在哈贝马斯的沟通行动理论中，对于社会秩序和社会行为之可能条件的理论考察，是在行为主体间的沟通行动中进行的。通过“沟通”，“社会”与“社会行为”这两个基本概念及其理论分析过程，都发生了根本性的转变；社会性质、社会运作机制及社会危机，也因这种根本性的理论转变而在沟通的合理性中找到了解决方案。

德国当代著名的哲学家、德国哲学学会前主席、汉堡大学哲学教授赫尔柏德·斯奈德尔巴赫（Herbert Schnädelbach）指出：“重要的是，这个理论把‘沟通’与‘行为’联系在一起加以思索，而不使一方简化为另一方。”（Schnäedelbach，H. 1986：17）

将“沟通”当做社会秩序和社会行为的灵魂，赋予“沟通”以实现协调社会行为、疏通行为主体间的看法以及连贯不同历史时代社会文化背景的重要功能，就意味着将社会、社会中作为有个性的主体而存在的行为者及其历史背景，都看做一个可以相互沟通的、活生生的整体。这是一个有历史又有实现活动能力、有社会连带性又有个性、有制度整合性又不断地相互协调的"生活世界"。

鲁曼等三人的上述有关行动的创造性论述，表现了现代性新发展中个人行动逻辑的重要变化，无疑有利于进一步研究当代社会的各种特征。

第五节　"时间"的现代性维度

当人类社会进入资本主义社会阶段，由于追求高效率成为整个社会发展的主轴，时间尤其成为调整整个社会秩序的主要参照框架。同时，由于资本主义社会阶段科学技术的突飞猛进，借助于科学技术的强大威力，社会改造和应用自然的能力也大大增强，以至于时间本身随着工作效率的提升而发生了多方面的变化。时间的变化又进一步改变了资本主义社会阶段人们观察世界的基本观点和基本方法，使时间这个本来就紧密同观察本身相联系的观察视角也发生了根本变化。

早在现代性出现初期，也就是 19 世纪中叶时期，现代性的最早代表人物法国诗人波德莱尔就已经充分表现了他所体验到的新型时间概念。他认为，现代性的时间概念就是某种"碎化为一系列永恒的当下片断"。时间已经不是传统的那种延续性运动过程的描述形态，不是以单向单维度延续的直线方式显示出来。时间既然是碎片，是无法随意把握的瞬间，它所呈现的也就是随时可以出现又随时可以消失的片断存在。它的生存和活动方向，并不是单向一维的，而是无定向的可能性的任何维度的网络。这是跳出过去、现在、将来的传统直线系列的杂乱模糊点阵。在这样的无定向、多维度的瞬间点阵中生活的人们，其感情、思想和行动，也可以随时发生变化，无定向发展，具有无限的潜在可能性。人们不再是传统的各种道德和法规的奴隶，而是高度自由意志的个体，彼此间没有约束，也没有相互承诺。就个人本身而言，其身份和个性也是无定型和无定形的；每个人并没有固定不变的个性和人格。在那里，可以说，每个人都可以不对自己负责，因为他们并没有固定的、可以永远遵守和服从的规则或规格。他们随时都可以不成为原来的自己；他们随时可以变成另一种人。“我”只是当下的，一切“我”都只能是“非我”。这是高度自由的社会生活，在其中，一切时间都碎化成互不联系的、不属于任何“主体”的瞬间，而每个瞬间都因而成为永恒。时间的上述变化并不是偶然的。它既是社会本身变化的结果，也是社会变化的条件和基础。社会和时间是同时互为条件和互相转化的。这样一来，现代性的发展使时间与社会的相互关系进一步密切起来。

因此，如同物理学中把“时间”当做研究物体运动和能量转化的关键概念一样，在社会理论中也把“时间”当成探索行动和社会结构运作复杂性的核心概念。同样，如果说近现代物理学的发展和革命都是以“时间”概念的突破性变革作为基本导火线，特别是以爱因斯坦所发现的时间相对性为分水岭的话，那么，社会理论的现代化和当代关键性转折，也同样离不开对“时间”问题的开创性研究成果。鲁曼、季登斯和布尔迪厄等人都不约而同地极端重视“时间”问题，并对时间概念提出了革命性的创新见解。

马克思和韦伯，在他们分析资本主义社会的整个过程中，始终都把时间问题列为重要课题加以探讨。马克思的巨著《资本论》将资本放在时间的罗盘中加以计算和考察，通过资本积累、增殖及扩大再生产的不同时间过程，总结出资本赖以生存和扩大的枢纽：劳动时间平均化过程。他认为，资本主义社会不断再生产的过程，就是劳动时间平均化在质和量两个方面的扩展和浓缩过程，也就是生产资本主义社会基本财富的平均劳动时间的效率增高过程。所以，**整个资本主义社会阶段的现代化，无非就是平均劳动时间的效率的提升过程**。资本主义提升效率的主要手段，往往是通过非法地延长劳动时间和加强单位劳动时间内的劳动强度。在早期阶段，资本主义曾经将效率提升的重要途径，集中到劳动时间的延长，并同时设法实现劳动强度的无止境强化。当时童工、女工的大量采用，正是为了达到这个目的。但随着资本主义生产的发展，资本家越来越意识到：劳动时间的延长和单位劳动时间内劳动强度的提升，毕竟都是有限的；**只有将劳动时间本身的结构和性质加以改**

造，才有可能使单位劳动时间内的劳动行动的生产效率提升到更高的程度，以便实现资本的最大增殖。马克思早就预见到：科学技术作为一种现代社会的基本生产力，将在提升平均劳动时间效率方面发挥重要作用。因此，资本主义的进一步发展，便将重点转向技术的改革，使科学技术直接成为提升劳动效率的最主要手段。**科学技术在这方面的改革，最主要的，是试图使劳动效率的提升，尽可能地摆脱劳动主体在数量上和在质量上的限制**。也就是说，通过科学技术的发明，设法使同一单位时间内，实现超主体的多元化和多维度的劳动成果。如果说，劳动者的劳动，作为单个主体的生产行动，在技术不发达的时期，只能实现由该劳动主体所能够完成的单方向和单一目的的生产行为，那么，通过科学技术的发展，资本家可以将原来由多个不同劳动品质的劳动者所进行的劳动，全部改由某个技术成果来替代，并同时实现高效率的生产。一个工人手拿一把榔头，只能做一种劳动动作，实现一种劳动目的。资本家再延长其劳动时间，再增强其劳动强度，充其量也超越不出劳动者单个主体的能力范围，更何况资本家还要考虑到劳动者本身的再生产以及整个劳动团队质量和数量方面的协调和重构。科学技术的发明和使用却是无止境的。某一种科学技术成果，既可以取代多数量的劳动者，又可以完成原来由不同劳动者所进行的多质性劳动过程。这就在劳动时间的维度上实现了改造：既可以在单一维度内尽可能缩短和延长时间，又可以使时间本身的维度实现多重化和重叠化。科学技术的最大贡献，就是使劳动行动实现空前未有的“非主体化”和“去主体化”，从而也使劳动时间成为“非主体性”。时间自身也就因此实现了从单一维度向尽可能多的分支化复杂维度的飞跃。技术取代了劳动主体以后，劳动主体决定劳动时间效率的时代已经一去不复返了，这也就使劳动过程不再受到劳动主体本身的局限性的限制。从此，技术的生产过程，就成为无主体的生产过程。**劳动时间本身的结构和性质，由于科学技术的发明，彻底地跳出了人作为劳动主体的时间局限性的约束**，这就为资本增殖效率的无止境提升开辟了广阔的前景。

韦伯也将其对于资本主义社会性质的分析集中到效率问题上。如前所述，效率问题在本质上就是时间问题。韦伯高度重视新教资本家在“算计”时间方面的能力。他认为，新教精神正是将高效率利用时间当成对于上帝的忠诚态度。只有在世俗社会中高效率地利用时间，创造出最大限度的财富，才是最好的基督教徒。这样的基督教徒才有资格在其死后升入天堂。作为资本主义基本动力的新教精神，就是把世俗社会人生的有限生命时间同天国的永恒时间连接起来，试图鼓励一种入世的世界观和时间观，强调在现实生活中努力提高工作效率；就是意味着把握每个瞬间，而把握每个瞬间，就是意味着使每个瞬间永恒化。实现高效率的瞬间越多，将来升天堂而永恒化的机会就越多。

鲁曼和韦伯一样，很重视不同时代宗教时间观对于社会运作所起的重要作用。在鲁曼许多论述宗教的著作中，他都细致地分析了由于宗教观念、制度以及教义的变化，人们的时间观也随之发生变化。在谈到基督教教义时，鲁曼尤其分析了基督教救赎及永恒观念的特性，并探索它们对于社会道德、法制以及生活习俗的重要影响。到了资本主义社会阶段，人们的时间观也同样反映在他们的宗教信仰方面。

现代性越发展和越成熟，不但时间的浓缩性越高，而且它的维度也越多元化。换句话说，随着现代性的发展，时间同时在其质量和数量、内向和外向两方面，发生了结构上的根本变化，变得越来越复杂。这种复杂性不但表现在外延方面，也表现在内涵方面。在这个意义上说，时间随现代性的发展变得越来越相对化。时间结构的复杂变化，导致时间架构中的社会活动和事件也朝着不可预测、不可化约和不可确定的方向发展。

现在被广泛讨论的全球化问题，在实际上就是一个时间问题。正如法国当代社会学家和哲学家托瑟尔（André Tosel，1941—　）所说：“全球化的进程几乎颠覆了我们的共同生活的模式（le processus de la mondialisation bouleverse la modalite de notre etre-en-commun）。”（Tosel，A. 2000：1）时间作为人类生存的基本条件，也随着全球化的进程而改变了内容、性质及其基本结构。人的社会生活时间结构，在全球化的冲击下，正在经历非常明显的重建过程。

显然，鲁曼等人的社会理论中的时间维度概念，首先是现代社会实现高度分化、象征化、技术化、全球化和多元化的表现和结果，同时也是他们依据其不同文化传统和观察取向所总结出来的。如前所述，在鲁曼的心目中，时间实际上就是从“现在”的视角，并以“过去”与“未来”的差异作为参照点，所做出的对于现实的观察。既然现代化的结果使人们对于现实的观察进一步复杂化，时间本身也就变得更加包含无数的可能性。

鲁曼等人的新型时间概念，来自当代自然科学和人文社会科学的不同研究领域的多元化成果。首先，当代科学技术的信息化和媒体化，使原有的时间概念得以通过信息和媒体的多重象征性结构而包含更大的延展性、浓缩性、共时性、多元性和交错性。在这方面，鲁曼在其社会系统理论中探讨系统复杂性及其简单化程序与行动的双重偶然性的关系时，更多地吸收了上述自然科学技术的新型时间概念。

其次，现象学和结构主义以及语言游戏理论对于时间的共时性和历时性、中断性和连续性、单向性和重复性的双重结构及其双重运作模式的研究，也为布尔迪厄和鲁曼等人重建社会理论的时间概念提供了深刻的启示。

时间本来具有循环性、重复性、潜在性、穿梭性、浓缩性以及延展性，并不像传统古典自然科学和哲学所设想的那样，并不只是具有单向性、一次性、不可重复性、不可逆性和连续性的特征。另外，时间不是一个孤立的流程和抽象的空洞框架，而是同行动及其成果始终相互包含、相互伴随和相互穿插。在这方面，传统的社会理论总是将时间当成行动和社会结构的外在客观框架，而且赋予其单向性、一次性、不可重复性、不可逆性和连续性的特征；在某种意义上又可以说，传统的时间观念成为因果论、化约主义和实证主义方法论的牺牲品，使时间只能按照传统因果论、化约主义和实证主义方法论所设计的模式而存在并运作。

现代性的全球化发展进程，又进一步扩大和加强了上述由科学技术和各种最新思想理论成果所提供的时间观的影响力。在这方面，鲁曼等五位思想家，分别以不同方式总结了现代性的发展所产生的时间结构及其相应新观念的重大变革。

在布尔迪厄看来，现代性的新发展所导致的时间结构的变化，主要表现为时间的象征性和反思性的特征，而时间的这种变化又紧密地同当代社会文化再生产中的象征性语言权力结构的变化相关联。布尔迪厄特别注意到现代社会的消费生活中时间结构的变化。他认为，由于消费文化的膨胀，人们很注重消费过程中对于时间的投资和使用过程。消费文化产品所展现的象征性社会地位的特征，使消费者追求消费产品使用时间的品质及其展现形式。任何消费品的品质高低，其内在价值的衡量，表现在对于它的时间投资的长短及浓缩度。这是因为在消费社会中，为了提高掌握信息、获得商品以及服务的能力，并把这些能力当做一种日常实践加以保存和维持，需要时间方面的投资。时间投资的强度、持续性以及深度，都是社会阶级、阶层及各种社会地位相互区分的分水岭。显然，只有有产阶级，而且，只有掌握最雄厚资本的社会阶级，才有可能在时间投资中取得胜利，使他们显赫一时、轰动社会。那些资本力量稍为薄弱的社会阶层，总会在时间投资中被击败或被排斥。所以，只有富有阶级，才有可能获得珍藏漫长岁月的古董或名画，才有可能在更长久的时间内将这些文化产品进行再生产和增殖。与此同时，布尔迪厄还进一步深入分析消费产品的消费过程中的时间使用状况，并认为，对于消费产品的消费时间的消磨过程，同样显示出社会不同阶级和阶层的社会地位及其资本总量的大小。布尔迪厄强调，在消费过程中，人们对于消费时间的使用状况及过程，是紧密地同消费者的生存心态结构相联系。这就是说，有什么样的生存心态，就有什么样的消费时间使用和消磨过程。如果说对于农业生产占主要成分的阿尔及利亚农民来说时间只是不断重复的农业季节的缩影的话，那么，对于资本主义社会的资本家和中产阶级来说，时间就是高效率追求利润和在休闲中尽情享乐的问题。后者的时间观就是他们所生活于其中的资本主义社会生活方式的缩影。总之，在布尔迪厄看来，在当代消费社会中，每个人以及每个社会阶级的生命过程中时间的消磨及使用过程，就是他们的社会地位的象征，因而也成为划分社会阶级和阶层的重要标志。在当代消费社会到来的时刻，这种对于消费时间的观察以及对于它们的区别的分析，正是当代社会学家区分不同社会阶级和阶层的重要参考指标。(Bourdieu, P. 1979)

为了克服时间概念的狭隘性，伊莱亚斯却在历史长过程的维度内，在“文明化过程”(the civiliziing process)以及在日常生活的反复进行中，更全面地思考人的最基础行为，即日常生活活动的意义，集中考察人的日常生活漫长而反复的过程中的主客体间双向互动关系，从而将特定行动范围内特殊呈现的行动时空结构，转化成更有普遍意义的常态日常生活时空结构，并将日常生活行动中的时空维度，同更大时空范围内的人类历史中的行动加以比较。与此同时，伊莱亚斯还把个人的主体性行动同社会集团群体性行动加以比较，分析出两者在时空维度方面的区别及其相互之间连接的可能性程度。布尔迪厄在很大程度上贯彻了类似于伊莱亚斯的时间概念，将历史和日常生活中呈现的行动时间结构同现代社会中各特定条件下的复杂行动时间结构结合起来加以考察。在布尔迪厄看来，生动的历史结构，是既充满偶然性，又具有稳定性；既存在连续性，又呈现断裂性；既显示发展，又包含重复性和倒退性。所以，布尔迪厄总是强调：既要描述和分析每日每时的日常生活的节奏和旋律，又要耐心而持久地观察漫长历史过程中，凝聚在一起的个人及其所属群体之间，如何通过相互竞争、相互争斗、相互依赖和相互渗透，而不断生产和再生产出社会的时间结构。而在季登斯看来，现代性文化的全球化结构，使时间运作的维度、节奏和内容发生了根本的变化。哈贝马斯在其探讨当代生活世界结构及其再生产过程时，同样注意到时间的象征性特征及其在不同层面上的复杂表现。鲁曼、哈贝马斯、伊莱亚斯、布尔迪厄和季登斯几乎不约而同地探讨了现代性世界中时间的反思性特征，并不同程度地指出时间反思性对于行动者心态、生活风格及行动模式所发生的影响。由于时间问题在探讨行动动力及其运作逻辑方面具有重大的理论意义，布尔迪厄甚至将其社会理论称为“一种时间性的禀性社会学”(a sociology of temporal dispositions)。他指出：“只有一种时间性的禀性社会学才使我们有可能超越

传统的问题，诸如生存条件的转变是否先于并支配行动者禀性的改变……”(Bourdieu，P. 1979［1960］：2)

鲁曼认为，构成环境复杂性并使环境和系统的关系复杂化的最重要的因素，就是环境的**时间维度**。时间的存在及其多面向的结构和多元的性质，使时间有可能随时随地成为各种破坏环境与系统的界限的主要因素。传统的系统论，往往把时间看做具有一线性、单向性和不可逆转性。但鲁曼认为，时间问题是使所有问题多元化和复杂化的主要原因和基础。(Luhmann，N. 1984：70）鲁曼之所以高度重视时间的维度，就是因为时间直接关系到系统和环境的区分、复杂性以及自我参照性等最根本的系统特性。(Ibid)

第一，时间关系到系统的复杂性和选择程序。由于时间的存在，特别是由于时间的运作的无形性和多维度性，一方面使环境和系统的任何因素都脱离不开时间的脉络，都置于时间的维度之内，另一方面又使环境和系统的任何因素，在时间的脉络和维度中交错、重叠、间距化和多向流动化。因此，时间既可以使各因素间有序、有向、有层和相互联结，又可以使之无序、无向、重叠、交错、无层和间隔起来。时间，不仅对于同一性质和同一系列的因素发生统一的和标准化的效果，而且，也可以对任何不相同的，甚至毫无关系的因素发生又统一、又多元化的标准性效果。传统的社会理论，很少考虑到时间的绝对性和相对性在实际运作中所可能出现的复杂影响和效果。鲁曼却充分考虑到时间的复杂性及其对系统、对系统和环境的关系的复杂性的影响。时间固然是一切因素存在和发生作用的实际条件和基础，但时间更是其可能的条件和基础。

时间的复杂性本身就在于，其实际存在同时又包含着各种可能性。因此，时间在本质上就是可能的，**时间是一种可能性**。作为可能性的时间，可以包含一切可能的因素，也可以使一切可能的事物发生，又使一切已经实际存在和发生的事物变成各种不可能性。因此，“时间就是复杂的系统中不得不选择的基础”(Ibid)。正因为时间是各种实际的和确定的事物变为不可能、变为可能和变为不确定的条件和基础，所以，人们非要在时间上做出选择，才能对于确定的和不确定的、可能的和不可能的、可见的和不可见的各种事物进行鉴别和区分。正如鲁曼所说："正因为这样，时间就成为这样一种象征，它始终都是这样的：当某个确定的事物发生某事，同时也发生另外的事，以至于不可能通过单一的程序对于它的条件获得一种全面的控制。"(Luhmann, N. 1984：70)

时间结构的多元和多向性，使某一个时间点上的确定事物也可能发生多种状况，以至使任何一种确定事物也因而成为各种可能性的潜在因素。**作为可能性的时间也就成为一种象征**，而象征的时间，实际上就是任何事物可能成为一切其他事物的象征性条件。时间当然也有确定性的因素，但时间的确定性在很大程度上还决定于时间脉络中各事件的连贯程度及其稳定性。**由于穿过某个时间点或穿梭于某个时间脉络中的事件的多样性和穿插性，使时间成为所有这些穿插于其中的事件变成各种可能性的一种场所**。

时间对于各种事件的变动性和确定性所发生的复杂影响远不止于此，因为在鲁曼看来，"选择本身也是一种时间概念"(Ibid)。选择之所以也是时间概念，就是因为选择也是在时间脉络中进行的某种类型的事件。选择要做得恰当，必须对于系统所处环境的高度的时间复杂性做出判断，同时又必须对选择程序本身的时间性做出抉择。但实际上，环境的时间复杂性是一种活生生的多种变项组成的可能网络。因此，在做出选择的时候，实际上就是在努力使环境的复杂性不断地简化。在这个意义上说，进行选择的过程就是深入把握复杂性的走向及其动力。如果说，任何一个系统的建构，必须建立在使环境复杂性简单化的操作程序的基础上的话，那么，实现这项操作程序的关键就是进行恰如其分的选择，尤其是恰当地选择"进行选择的时间"本身。

第二，恰当地掌握系统的时间性的程序，是控制和了解系统中各种变化的可能性的基础。时间具有**可逆性**（Reversibilitaet）和**不可逆性**（Irrereversibilitaet）的性质。至于可逆性和不可逆性的区分和相互转化，主要取决于贯穿于时间中的事件采取何种结构。实际上，关于可逆性和不可逆性的概念，只有当它们同“**变动**”（Änderung）发生关系的时候才有意义。（Luhmann, N. 1984：71）。在鲁曼看来，传统和日常生活中人们所理解的时间的不可逆性，只不过是包含着可逆性和不可逆性在内的时空连续性的抽象的另一种说法。人们总是习惯于从宏观物理世界所表现出来的有序性，从日常生活经验所表现的不可逆性，来理解时间的不可逆性。但实际上，人们忽视了宏观世界中各个微观组成部分中所发生的成千上万的可逆现象，因而也忽视了时间本身所存在的不对称性（asymmetrisch）。鲁曼说：“为了使秩序成为可能，显然必须使时间在演化中变成非对称的。”（Ibid）**时间作为时间，本来是不在乎向前或倒退的**。就某一个时间点而言，它也同样不存在前后左右的问题。下午三点钟，就是下午三点钟；只有当人们把它同下午两点钟和下午四点钟相比较的时候，才显示它的前后结构。所以，就下午三点钟这一点而言，其本身本来不包含向前或倒退的问题，也只有将它同其间所发生的具体事件联系起来时，才有确定的意义。关于倒退或重复的可能性说法，并不是同时间相矛盾的，它只是针对着时间流程的不可逆性本身而言的。所以，关于时间的不可逆性的说法，单纯在时间本身的范围内是无法说清楚的，它必须联系到一种关于一系列经验事件的系统理论和演化理论的建构。也就是说，只有当人们依据一种系统理论和演化理论，将一系列相关的经验事件当成一个完整的系统，才有可能说明时间流程的不可逆性，也才有可能由此实现对于环境复杂化的简化程序，有利于将某个系统从复杂的环境中区分开来。

第三，为了使系统所面临的环境的复杂性尽可能简化而有利于某个特定系统的成立，必须切断系统和环境之间的复杂的时间关系。根据鲁曼的说法，使一个系统同环境区分开来的一个必要的时间上的程序，就是彻底消除系统和环境的共时结构，同时适当地对于系统中间的顺序和网络进行必要的调整，建立起系统自身有利于说明各种事件的时间结构。这样一来，作为某一个系统的时间，可以成为复杂的环境时间结构的一种或多种变相，或者成为环境中某一个更长远的时间系列的段落。所以，任何一个系统的时间关系网络的调整，从它和环境的复杂性的关系而言，是有条件的。这就涉及系统的复杂性和自我参照性的问题。

究竟如何调整系统内的结构和过程的各个具有特色的时间性，这关系到整个**选择过程的反思性**（Reflexivität des Selektionsprozesses）的问题。（Luhmann，N. 1984：73）鲁曼说："这是关于一切复杂性的化约的出发点。或者是保持所有相互联结的可能性，并使它们同时实现，这就必须使一个系统维持成非常小的范围；或者是通过选择的关系而将系统秩序化并予以强化。所有这一切都是通过选择过程的反思性而发生的。"（Ibid）

具体地说，将一种系统同其环境区分开来，并由此而建构一种系统，其时间简化的程序，实际上就是选择过程中的一种反思活动。这种反思活动的目的，就是首先在时间脉络上同环境的复杂时间相区分，选择一种恰当的符合于该系统各种事件有序化的时间结构。在鲁曼看来，为了建构某一个系统的时间性，首先必须根据系统本身的最根本性的因素进行选择，同时又要区分和规定"结构"和"过程"这两种形式。结构和过程并不是相互孤立的，而是在时间的关系中相互转化并相互区分的。

实际上，对于任何一种系统的时间性的建构，关系到许许多多非常复杂的问题。别的不说，仅就时间结构自身来说，就包含非常复杂的问题需要解决。其中包括**"各个时间性"**（Jederzeitigkeit）、**"快速性"**（Schnelligkeit）以及**"时间关系的集合和整合"**（Aggregation und Integration von Zeitverhaeltnissen）的问题。

第四，关于系统与环境间相互关系的复杂性以及系统自身复杂性的简化和化约，涉及**"复杂性的时间化"**（Temporalisierung der Komplexitaet）的程序。**所谓"复杂性的时间化"，就是使系统适应时间的不可逆性**——实际上也就是环境复杂性的一种简化程序，使之适应系统内各种事件的时间结构。完成复杂性的时间化，需要将系统中各个因素按照某种选择好的特定秩序，在时间的顺序上加以排列。为了完成各种事物组成因素的时间化，需要有一种进行选择的**关系化**（Relationierung）的能力。这种关系化，就是把各种事物按照不同的秩序加以联结，并为系统内外各种关系化模式的转变提供合理的解释。关于时间化的程序，既可以依据各个系统的组成因素的联结的需求，也可以根据各种“事件”（Ereignis）的需要。经过了这样的时间化的简化程序，某一系统中的时间系列就有可能有它自己的相对的“时间自律”（relative zeitliche Autonomie eines Systems）。

第五，为了实现时间化复杂性条件下所进行的系统内自动的自我生产，需要伴随着一种系统内的“熵”（Entropie）的概念。从系统的自我生产以及系统内的信息的不断运作的观点来看，任何一种系统都具有熵的性质。熵的概念在很大程度上同时间概念有密切联系。正如第二章第一节第五项所谈到的，现代物理学，特别是热力学和量子力学方面关于熵的研究，更进一步促使社会科学深入地探讨了各种不确定性、偶然性和“时间”的因素。熵的研究，表明在任何系统中都有可能产生各种不同程度的不可预测的偶然因素。熵就是描写不肯定性大小的：熵越大，不肯定性越大。将熵的概念运用到系统研究中去，就为系统理论的进一步科学化奠定了基础。鲁曼在其系统理论中进一步将熵的概念同系统的时间化和主动的自我生产过程联系在一起，正是为了凸显系统的时间性和自我生产性的不确定因素。

第六，由于经过时间化处理的系统复杂性得到了必要的化约，在系统中所发生的各种事情，就时间系列而言，就具有了稳定性和不稳定性（Stabilitaet und Instabilitaet）；就事物本身而言，就具有确定性和不确定性（Bestimmtheit und Unbestimmtheit）。鲁曼说：“每一种因素，诸如事件和行动等，**就同时是确定的和不确定的**。确定性是就其瞬时实在性而言，不确定性是就其中联结的事件价值（Anschlusswert）而言。”（Luhmann，N. 1984：80）

以上所说的，只是就系统面临的环境复杂性的时间维度而言。实际上，如前所述，任何系统和环境的复杂关系，都不仅表现在时间维度上，而且也表现在事物维度和社会维度上；而且它们三者之间也不能相互割裂，而是必须联系在一起。（Ibid：127）

在鲁曼的上述关于时间现代性维度的论述中，我们可以看到他对于现代性时间的高度重视。同布尔迪厄相比，鲁曼在时间问题上显得更加具有反思性。布尔迪厄很重视时间的经验维度，他对于阿尔及利亚农民时间观的分析，以及他将阿尔及利亚劳工时间观同资本主义社会先进国家劳工时间观进行的比较，都显示布尔迪厄更强调从实际行动的角度去分析它的经验性变化。

在布尔迪厄、季登斯、伊莱亚斯等理论家的建构主义时间观中，一种新型的**“历史性”**（historicity）范畴具有极端重要的意义。第一，任何一种社会世界的建构都是以以往的“前建构”为基础；任何一种社会世界的呈现及其运作动力、模式和趋向，都无法避免其本身历史性进行过的自我建构过程。在这个意义上说，任何社会世界的建构一方面有赖于生活于其中的各种类型的行动动力的行动意愿、方向和效果；另一方面这些属于各种类型的行动动力又无法避免该社会此前不断重复的历史运作过程，使任何一种行动动力既有其自身的自律性、主动性和创造性，又被历史和客观条件所决定和限定。在这方面，借用马克思所说的一句话，可以深刻地概括上述“历史性”的特征：人们自己创造自己的历史，但是他们并不是随心所欲地创造，并不是在他们自己选定的条件下创造，而是在直接碰到的、既定的、从过去承继下来的条件下进行创造。（Marx，K. 1852）第二，以往的各种社会形式，通过行动者总体的日常生活实践和互动，同时在新的各种社会形式的创造过程中，被再生产出来、被重新把握、被转移和被改造。第三，上述历史的遗产和不断重复的日常生活的运作，又为未来开辟了多种可能性的场域。正如法国著名的思想家拉德利耶所指出的：“行动，作为历史的因素和过程，向一种外在性转化和客观化；而这种外在性，一方面对于现存的存在者产生某种不可消除的限制作用，另一方面又同时为该存在者开辟一种现实的未来可能性。”（Ladriere，J. et Van Parijs，P. *Fondements d'une Theorie de la Justice*. Louvain-La-Neuve：Editions de l'Institut superieur de philosophie，1984：220）上述新的历史性范畴，为社会理论家提供了一个崭新的社会历史过程的概念。这是一种可以使各种社会实在，同时实现客观化和主观化、外在化和内在化的过程。这就是说，各种社会实在一方面表现出客观化的世界的性质，使社会中行动的个人和群体的行动受到一定的限制，另一方面又可以通过其前辈所遗留下来的语词、事物、规则和制度等等，不断地进行创造性的活动，改变和重建它们。作为客观化的世界，这些行动的历史过程和成果，对于行动者既限制又提供基础和条件。但是，所有这些社会实在又内含于主观的和内在化的世界之中，成为行动主体的各种感情、知觉、表象和认知的各种形态。

在所有最新创造出来的社会理论中，时间概念几乎成为解决行动和社会结构二元对立这个古老论题的重要场域。通过上述将时间的循环性、重复性、潜在性、穿梭性、浓缩性以及延展性，同其单向性、一次性、不可重复性、不可逆性和连续性的双重结构式的结合，行动才有可能通过其反思性、重复性、循环性、更新性、重建性和其被动性、暂时性、固定性、受限定性的复杂互动过程而呈现出其内外和主客两方面的双重结构和双向运作逻辑。但是，我们也可以看到上述当代社会理论家的时间观，仍然存在着某些重要的区别。简单地说，布尔迪厄所重视的，是时间的象征性结构及其在现代消费社会中的转型。他把现代社会时间结构的变化，放在社会中生活的现代人的心态结构和他们所生活的现代社会结构的相互关系中加以考察。布尔迪厄试图从传统主客观分离的思考模式中解脱出来，把时间观的转变当成考察行动者与社会结构相互关系的重要因素。伊莱亚斯则很重视历史长时间过程同现实的日常生活时间结构之间的互动和转化，把个人的时间观同整个历史过程的时间观加以比较，进一步克服了西方传统对于时间的主观主义和客观主义分析的片面性。而鲁曼则力图从抽象和具体两方面，从社会区分化与复杂化的程序中，分析时间结构的变化对于社会演化的影响。鲁曼比上述各个社会理论家更深入分析时间观的转变的具体表现，尤其是集中揭示了当代时间观的未来结构，有利于探索当代社会风险因素的增长趋势。

第六节　现代性的语言与语义分析

鲁曼、伊莱亚斯、哈贝马斯、布尔迪厄和季登斯在社会理论方面的最新成果，都同60年代发生的“语言学的转折”、“诠释学的转折”和“象征论的转折”有密切关系。对语言的革命性观点，特别是维特根斯坦（Ludwig Wittgenstein，1889—1951）和胡塞尔（Edmund Husserl，1859—1938）的新型语言理论，使他们以不同方式从传统思考模式的“魔咒”中解脱出来，走向新的研究方向。

传统的意向观念认为，要说的“意义”在“实在”（reality）被说出之前就已经作为“打算”，或“计划”，或“目标”而存在。因此，言辞总是试图“表达”一种意义或思想，而这种意义或思想又是说话行为要说的（虽然实际的言辞可能说了别的东西）。在这种观点看来，语言几乎总是不充分的，就像关于一种感情的语言不能表达实际的感情一样，关于思想的语言对于思想的含义而言也是不充分的。

语言可能是不充分的，但并不是因为那种意向理论所说的原因，即因为某种外在于或中立于语言的东西是语言无法接近的；而是不充分性是语言本身的功能，因为它是一个自我封闭而又始终无限的系统。言辞在时间中发生，它的含义可能只是在后来，随着不清楚的、未表达出来的先在条件的说明而明显起来。语言的不充分性可以用不同于传统的心理学的意向主义的方法来说明，而不需要把独立于语言或中立于语言的实体引进语言。

维特根斯坦在《哲学研究》一书中对语言、意义和意向等问题做过极为精辟的分析。他说，意识的活动，可能是看到了别人对我们的言辞的解释有可能符合或不符合我们头脑里或“在我们意识中”的东西。意义是我们头脑里的东西而没有被很好地表达。果真如此吗？如果不是我们的意义，那么是什么给我们的语词意思呢？维特根斯坦在《哲学研究》中指出，这种推论是“一种我们的语言的梦”。我们肯定有这样的经验：说出的东西没有完全表达我们要说的东西。那么，要说的是什么？意义？意向？是否我们在我们的意识中经验了在我们实际说话中没有经验到的东西？再把“在我们的意识中经验某物”拆开分析一下，第一个问题就是它意味着经验“意识”。意识的概念已经包含经验的观念，说经验意识其实就是说经验经验，这是一个基于把实际上在继续的东西对象化的错误观念。把一个对象引进意识不是把这对象引进和另一个对象的关系中。意识不是意义，也不是一样东西。同样，意义也不是一样东西。如果我们认为一个词的意义是我们经验的某样东西，我们可能会相信意向是我们头脑里的东西，只能在那里找到。但是我们可以用语词来推论意向，我们可以指出别人“经验”的东西。维特斯根坦指出，要找出词的意思是什么，我们应看词的用法，而不是用法本身被经验的方法。维特斯根坦分析道：“但我难道不是在一开始就意向了（例如）句子的整个构造？因此，肯定在我大声说出这个句子前它已经存在！如果它是在我的头脑里，它仍然不会正常地以某种词序在那里。但这里我们正在构造一幅把人引入歧途的‘意向’图画，即这个词的使用的图画。意向体现在它的处境、体现在人类习惯和条例制度中。如果象棋游戏的技术不存在，我不能意向去玩象棋游戏。至于我预先意向一个句子的构造，是由于我能说正在被讨论的语言这一事实才可能的。”

维特根斯坦在这里说出了一个非常简单但却非常深刻的道理：语言不是被经验的现象，它具有像意识和经验这样概念的同样的逻辑地位，因为它表示特定现象的模式。语言使像意向这样的东西变成可能，而不是相反。另一方面，语言是体现自己的具体现象，它只在特殊的处境中表现自己。当某人谈论语言时，他是在谈使用，而使用，大致上讲，是排除引进意识概念的。我们可以说语言是同世界同时出现的。在另一种意义上，语言当然是世界的一部分。这两种意思必须区分开来。一个是作为一种经验现象、一种活动过程的语言；一个是表示这种现象的一个名词。那种认为意识给符号注入了生命，而语言则是从这种生命中获得它的意义的思想，是混淆了两种语言观念。一个经验的命题同一个语法的命题混在一起，使前者成了无关紧要的东西。

维特根斯坦在《哲学研究》中简练地指出了这种把一个语法符号同一种经验内容相混淆的特征：“每一个符号自身似乎是死的。什么给它生命？使用中它活了。生命被注入进它那里，还是使用就是它的生命？词义的经验和给予死的预言符号以生命的意识都是无用的理论构造。”这里，维特根斯坦的论证并不主张意向概念本身是无意义的。在有些情况中追究意向是有效的——如在法庭上，人们可以从各种观察到的事实间接地推论意向，并且可以正确地得出结论：他意图抢银行。同样，毫无疑问，说话也可以完成一些行动，这些行动具有词义以外的意义。如一个小孩说他受伤了，这话可以既是要求同情，又是真实地表达痛苦。词“义”可以有一种不同的意思，看它是应用于行为的意义还是应用于语词的意义。这两种意思不应该混淆。作者（既是传记中的那个人，又是艺术家）意欲的行为的意义可以是去创造一部文学作品，那是一个自我包容的整体。然而，这意向并不影响他的语词的意义——也不应如此，因为作品应该独立于他的意向，那样作品才可以说有它自己内在的意向。

鲁曼综合了维特根斯坦和胡塞尔等人的语言理论成果，结合自然科学对于语言的探讨过程，强调社会系统理论语言及语词语义的反思性及其对于现代社会的重要意义。

社会系统在其演化中，选择了语言等主要符号，作为其表达基本差异性的中介手段。所以，社会系统内的意义就借助于语言及其他相类似的符号表达出来。鲁曼曾经指出，语言的真正功能就是通过符号和象征体系而将意义一般化。没有符号、语言和象征，也就是没有作为符号的中介系统，就不会有意义的存在及其运作。现代社会系统的复杂化，使它在其沟通中所使用的语言及其他符号也不断发生变化。而且，这种变化的趋势是同时导向更多分化可能性和简单化两种方向。所谓语言和语义的反思性，正是建立在现代社会的这种变化趋势之上。

鲁曼对于现代社会语义的反思性的重视，**从一般意义上说**，是由于他极端重视现代社会系统及其运作的极端复杂性。正如本书第一章第二节的第三项所已经指出的，在鲁曼看来，越是复杂的社会系统，越存在着反思性的必要性和可能性。这是因为不但观察者无法一次完成其对于社会系统的观察和分析，需要反复进行并不断随着社会系统的分化而更改和重构其观察系统，而且，还因为观察第一观察者的观察的第二位阶的观察者，也需要随着社会系统的变化以及第一观察者的观察变化而改变其观察。另外，就连社会系统本身，由于系统的极端复杂性，也不能穷尽其复杂性程度及演变可能性。

从现代社会的特殊结构及其特殊运作和分化趋向出发，鲁曼特别强调现代社会（1）**分化的多元化、复杂化**和（2）**沟通的无止境更新及其交错重叠性**。这是现代社会语义反思性的特殊社会条件和基础。

第一，现代社会的分化复杂性，指的是它的趋向的多元化及其分化功能的复杂化。这种分化的复杂性要求对于它的观察和分析的语言及其语义，能够伴随着分化的进程而随时发生变化。

鲁曼认为，由于我们生活在现代社会中，而现代社会又是一个非常复杂的多功能并行交错并继续在不断分化着的社会，所以，对于现代社会进行分析的社会系统理论，也必须使用不断生产和具有自我参照性的语言和语义。在他的《福利国家中的政治理论》一书中，鲁曼严厉地批判了现代政治理论的僵化，并指出其正当性论证的自我循环性和无能为力。（Luhmann, N. 1990c：11－17）在这方面，鲁曼为我们提供了最好的范例，表明如何理解以及如何进行语言和语义的反思。鲁曼认为，当代政治理论的失败正是在于其语言和语义的非反思性。他指出，诸如“正当性”、“代表”及“参与”等语词概念的意义，随着社会的变迁，经历了非常复杂的变化过程，其原因必须到最深刻的社会系统的结构变化中寻找。在18世纪社会中所产生的市民社会（Societas civilis）已经结束了，一个新的市民社会诞生了。我们显然不能再继续使用几百年前所奠定的政治词汇及其内在意义。为此，鲁曼建议从三方面重新探讨政治理论的基本问题。首先，必须明确，任何一种完满的理论历史分析导向，都是为了厘清现代社会的特征及其与以往旧社会的区别；其次，通过多学科前后一贯的考察，细致分析自我参照系统的各种问题所在；第三，从社会系统功能区分化的角度，进行严谨的逻辑分析，以便正确理解现代社会的正面和负面特征。（Ibid：18）只有这样，关于现代社会的正当化问题才能进行自我正当化。实际上，在鲁曼看来，任何复杂系统都无法全面完整地把握其自身的复杂性。为此，极其复杂的现代社会中的任何一种政治理论，其所使用的概念和词汇及其语义，充其量也只能在一定程度上实现自我正当化的程序，实现自我证成。所以，任何最深刻的理论，其语言和语义都必须带有自我反思的性质，并通过这种自我反思性，使自身的理论系统富有自我生产和自我参照的生命力。为此，鲁曼主张任何理论中所包含的自我参照性及其语言和语义的反思性，不仅要求该理论本身，而且，也要求其读者及其对象，能够不断以自我反思的要求去理解它。

鲁曼在其《国家的自我正当化》（“Selbstlegitimation des Staates”）一文中，同他的《福利国家中的政治理论》一样，强调现代社会功能分化的复杂性导致使用政治理论概念的语义的反思性。（Luhmann，N. 1981d）现代社会的功能分化的基本特点，就是其分化出来的新一代次社会系统，是完全与原来的社会系统无关的。鲁曼说：“一个功能分化的社会丝毫没有向其次系统提供任何东西。”（Luhmann，N. 1990c：19）因此，每当进行概念分析时，对于现代社会的任何一个功能新系统，都必须以反思的语义理解其概念。在论述现代社会的各种范畴和概念中，找不到任何一个可以是一成不变的，也不可能存在一个作为永久标准化的概念语义。不但各个概念语义是必须加以反思的，而且，各个概念语义之间的相互关系也必须以反思性的原则加以理解。

第二，由于现代社会沟通的无止境更新及其更新的无定向，在现代社会的沟通过程中，一切可能性都会发生。在这方面，沟通的语言及其使用通则，首先就会随着社会系统沟通的需要而不断更新，而且，其更新也并不是遵循着什么固定的规则。同时，除了语言以外，其他各种新的符码、符号、象征以及信号等等，都可以任意地由沟通的需要而被创造和使用。鲁曼特别强调这种符号更新的无止境性及混乱性，要求一切观察者必须随时以反思的态度面对它们。鲁曼比他的同时代的理论家更多地借用了现代信息科学和生命科学有关沟通密码复杂性的研究成果，使他的现代社会语言反思性原则更接近现代科学的性质。

同鲁曼一样，布尔迪厄针对现代社会文化的极度复杂及其变动的随意性和人造性，提出了语言使用的反思原则。但他比鲁曼更集中在现代社会的文化象征性结构特点，以及社会权力运作的象征性特征上。

同一时代的季登斯则更集中分析现代社会的全球化趋势以及其中所包含的语言反思性特征。季登斯在分析全球化的结果时，强调现代社会基本结构的变化显示出它的存在维度和运作方向方面的多元性。在这种情况下，语言的反思性是不可避免的。

哈贝马斯在谈到社会系统和生活世界的分离时，同样强调了语言的反思性。但他过于追求语言使用中的相互理解性及沟通的合理性，使他的语言反思性原则仍然带上了传统理性主义的烙印。

第七节　风险社会及二阶观察的必要性

按照鲁曼的新的社会系统理论，社会的**合理性**问题完全不同于传统的社会理论的合理性概念。**第一**，合理性的问题，不像传统社会理论那样仅限于行动的问题。帕森斯曾经在他的一般行动体系的理论中，通过对于行动概念的分析得出他的有关四大功能的区分的基本概念。因此，帕森斯是在行动的分类和功能中探讨合理性的问题。帕森斯完全忽略了系统和环境的区分及其各因素间的复杂关系。**第二**，鲁曼的社会系统理论也不像传统理论那样，单纯从主客体的关系，尤其是从行动者主体性的角度，去探讨合理性的问题。他超出主体与客体的双重关系，进一步从社会系统及其与环境的复杂关系，说明任何个人或群体的社会行动，都无法避免其局限性。在这种情况下，即使是最细致、最合理的计算或筹划，都仍然陷于双重偶然性的交错关系网络之中，不可能做出最万无一失的决策。**第三**，鲁曼也把合理性问题从抽象的逻辑论证范围提升为系统范围内的合理选择的问题。所以，合理性的问题，是同前述社会系统自我参照的所有问题密切相关。从最高的层次和最抽象的角度来说，**合理性的问题实际上就是社会系统的自我参照和自我生产的问**

题。正如鲁曼所说："单靠我们已经说过的自我参照性，还不是真正的合理性。只有当自我参照的区分的概念被运用的时候，也就是当谈到反思的区分的统一性的时候，合理性的问题才第一次出现。这个时候所说的合理性，就是使区分根据概念上的自我参照的组织方向加以控制……对于系统来说，这就意味着系统自身通过其与环境的区分而自我确立，同时这种区分又在系统自身中必须具有操作性的意义，具有信息价值，同时具有联结的价值。所以从理论的角度来看，这种观点以及由此产生的合理性概念，是此前所引导的整个典范转换的结果。这个典范转换就是把系统和环境的相互区分的理论引进关于自我参照的系统理论之中。"（Luhmann，N. 1984：640－641）由此可见，只有正确把握系统和环境的概念，才能正确理解鲁曼所说的合理性问题。在这种"系统/环境"相区分的景观下，实际上就是把**合理性**看做"**区分再次进入被区分的事物之中**"（Wiedereintritt der Differenz in das Differente)，也就是系统中的一个开放的"系统/环境"的区分的自我建构，即通过自我区分而自我确定的系统合理性。

探讨社会合理性离不开对于意义的分析。如前所述，鲁曼认为，所谓**意义**就是为各种社会经验和行动提供形式。意义在社会系统中的地位，就相当于核糖核酸（RNA）和脱氧核糖核酸（DNA）对于有机生命体那样。（Luhmann，N. 1977：21）在这个意义上说，**意义就是经验和行动的密码**。意义为经验和行动提供某种结构；经验和行动由于被赋予意义而形成特定结构和形式，才谈得上被人们认识，也才谈得上发生这样或那样的变化。意义对于社会系统的重要性，从根本上说，就是为社会系统本身实现其选择性奠定基础。

由于鲁曼从极其特殊的意义观念探讨社会的合理性问题，所以，社会理论中的合理性问题，也超出了传统认识论和传统社会行动理论所探讨的范围，而成为一种与环境相区分的系统自我参照性的中心问题，也成为社会系统的自我生产和自我组织的问题，成为社会系统的分化和演化的基本问题。合理性的概念也就因此从抽象的理论探讨回归到社会系统本身的自我运作和自我生产过程，摆脱了从主观角度观察的各种社会学家的观点的影响。

由于鲁曼是在高度肯定现代社会的偶然性及复杂性的情况下探讨现代社会的合理化问题，所以，他所理解的现代社会的“合理化”，并不是传统社会学所理解的那种“合理性”，而是本身充满着**高度风险性**的可能性总体。他认为：“一种批判性社会学的最主要特征之一，就是拒绝满足于单纯描述现代社会中的那些正规性的东西。”（Luhmann，N. 1993b：VII）现代社会尽管充满着法规、规则和制度，似乎一切都是有秩序的和稳定的，但这些法规和制度本身就是对于社会系统复杂性和偶然性的越来越高的抽象综合，是以引导社会系统走向风险性社会作为其代价的。法规、制度或组织，都无法避免风险。不但如此，它们甚至就是社会上各种风险的“罪魁祸首”。鲁曼在其著作中，令人信服地论证了法规、制度和组织导致社会风险的各种条件。他认为，现代社会的法规、制度和各种秩序越严密和专业化，风险的可能性就越多。现代人热衷于建构一个又一个的制度，并使制度无限地分化下去，其立足点，就是认为制度和法规“保障”了**未来**的安全和稳定。所以，现代社会专业化和分工的进一步发展，以及各种制度的完满化，使各种“未来”更紧密地依赖于“现在”的决策和选择。（Ibid：118）关键正是在这里。

一切风险本来都是将在**未来可能发生**的事情。所以，风险的问题实际上涉及未来。正如前面已经提到的，对于现代社会来说，“未来”就是时间的最重要构成部分。现代人试图将未来的一切都按部就班地纳入其法规和制度的网络中，试图通过这些人为的法规和制度控制未来。

所以，在考察风险问题时，鲁曼把重点放在对于现代社会的时间结构及其特征的分析中。正如本书在专门探讨现代社会时间问题的部分所分析的那样，时间在社会系统演化中扮演了非常重要的角色。

当然，要探讨现代社会时间结构及其特征，不能孤立和抽象地进行。也就是说，不能单纯就时间而谈论时间，必须将社会系统的时间问题同社会系统的其他相关问题结合起来。鲁曼认为，同时间紧密相关联的重要面向就是社会系统的物资面向和社会面向，因为这三项面向是构成当代社会系统感性经验和基本行动结构的关键部分。而且，时间、物资和社会三面向都各自随着社会演化的不同阶段而变化，它们之间的相互关系也同样随社会演化而改变。

以往的传统社会学家，不管是理性主义者还是经验主义者，在探讨社会发展时，都普遍受到启蒙思想家乌托邦式思考模式的影响，往往从理性的理念出发，以自然科学规律性预测的观察方式，将未来纳入他们所设计的单线单向结构中去，使未来被描画成脱离各种复杂的偶然性之外的必然社会事件。这是根深蒂固的理想主义、科学主义、理性主义、经验主义长期统治社会学理论思考的结果。所以，以往社会学家总是从僵化的固定“三面向”模式，思考时间和空间的结构，同时，忽略了时间与社会系统物资面向及社会面向的关系，实际上使时间变成了抽象的单线单向结构。时间结构的传统模式将时间的各种可能变化的复杂未来趋势，主观主义地篡改成理想的线性结构。因此，从启蒙时代以来，迷信于自然科学的理性主义者，总是夸大现代科学所做的各种预测，把它描绘成具有非常准确的性质。

启蒙运动所确定的理性化的理念，是作为解放个人自由的一种口号而提出来的，它含有拯救人类脱离苦难而实现幸福的人间乐园的承诺。从那以后，人们原本以为，越是实现理性化，越是掌握和扩大知识，越遵守理性法则和制度，就越有可能征服自然和控制未来，使人类避免各种不可预测的自然灾害和其他危险的威胁和危害，就越可以使人类历史驶进“绝对安全岛”。但是，事实证明，现代社会越实现理性化，同样地也带来更多的“危机”，人们面临越来越多的各种新危险事物的威胁。人类知识的扩大、理性法则的不断完满化和技术的发展，不但没有使人类减少危险和灾难；而且与此相反，知识、法制和科技越发展，越自由创造，人们越是更多地知道那些不可预测的未知事物，人们越陷于更大的不确定性，越面临更多的可能性，因而也越面临更多的风险。鲁曼所提出的“风险社会学”，就是在这样的情况下，将“风险”当成现代社会发展过程中的正常现象。鲁曼认为，“对于社会学来说，有关风险的论题，必须从属于某种有关现代社会的理论”（Luhmann, N. 1991：5），而现代社会风险性的增高，是社会不断自我分化而实现自我论题化的结果。鲁曼的“风险社会学”所提出的“风险”这一概念，表明当代社会的急速分化所带来的严重风险性已经成为普遍存在的日常现象，也表明当代社会理论对于上述风险性的反思已经达到了某种程度的成熟性，还表明当代社会理论对于“危机”的一种新的独特态度，即把“危机”作为常态的现代社会文化现象。

所以，风险社会学的提出，不但建立在对于“危险”、“危机”和“风险”三种概念的不同理解基础之上，而且也是当代社会不断分化和复杂化以及当代社会理论家更深入理解现代性社会文化现象的结果。

对于现代性的危机，究竟应该抱什么态度，进行什么样的批判和诊断，提出什么解决方案？鲁曼、布尔迪厄和哈贝马斯，虽然都采取了不同于传统经典社会理论家的立场、观点和方法，但明显地各自表现出不同的特征。

在理性主义原则长期统治西方文化和社会理论研究领域的情况下，对于社会秩序以及规范着人类行动的各种价值体系，人们往往以各自理念中的合理标准，做出符合各个历史时代的选择性判断。这些判断体系经过某种正当化的途径和程序，一旦作为一种社会性的共识和协议而呈现出来并被确认，就反过来又成为约束和指导人们进行思想、言说和行动的标准，同时也成为各个历史时代的社会制度和秩序的评判尺度。文艺复兴和宗教改革以来，特别是启蒙运动之后，社会的理性化和法制化的过程同个人的标准化的主体化过程相结合，进一步使上述状况成为社会理论思考的某种“惯例”。在某种意义上说，现代性产生过程中所出现的某种事实上的非正义性、不平等性和不合理性，加强了现代社会内部的对立关系，致使一部分对现代性的非正义性、不平等性和不合理性感到不满的思想家，从现代性社会内部分离出去，站在现代社会之外，甚至与之相对立的位置和观点，对现代性进行各种批判，包括对于不同意其批判观点的社会理论家的批判。在这一点上，哈贝马斯对于鲁曼的批判是一个具有典型意义的例子。哈贝马斯曾将鲁曼对于现代性的态度称为“保守主义”或“技术主义”。但是，从世界观和方法论的根源来看，这些社会批判理论的思想家，实际上不知不觉地受到了传统理性主义的影响，以致他们在批判现代性的激烈论证过程中，也无法摆脱传统理性主义的羁绊。现代性发展中占统治地位的势力及其意识形态对于现代性自身的各种不合理性的极力辩护以及他们对于上述批判者的疏离和对立态度，又进一步加强了上述批判家从脱离社会和凌驾于社会之上的立场和观点进行批判的倾向。这在事实上是现代社会分化过程的内在逻辑的部分表现。但是，它却掩盖了现代性分化过程的内在逻辑的另一部分。换句话说，上述分化过程长期地掩盖着现代性分化的另一侧面，即现代性分化所必定导致的多元可能性前景。对于长期站在现代性之外、以理念中的准则批判现代性的批判理论家来说，他们也在批判过程中逐渐意识到自身异化的可能性。因此，为了避免使他们的批判只限于其主观理念的片面视阈之内，他们曾经提出从“自在”提升到“自为”的途径，提出各种进行自我反思和自我批判的原则，提出诸如“开放的辩证法”或“否定的辩证法”，力图使他们的批判持续保持客观的有效性和正当性。对于自现代性创立以来一直站在正当化论证地位的正统或主流思想家来说，他们也试图通过客观化和重建合理化模式的途径，甚至不惜表态尽可能容忍和吸收各种批判意见的方式，达到不断克服现代性的不合理性的目的，并使之在重建合理性的框架下推进社会的分化进程。但是，不管上述两大范畴的社会理论家怎样改变立场和方法去对待现代性的不合理性，最终都无法跳出传统对于社会“秩序”和“脱序”的基本态度。

应该说，促使上述基本态度转变的最重要和最决定性的因素，仍然是现代性本身分化过程的残酷事实。前述长期被掩盖了的现代性分化的部分事实，只有到资本主义社会发展到高度专业化、技术化、全球化和象征化的阶段之后，在其中的大量吊诡性现象层出不穷之后，特别是在具有功利性，同时又具有危害性的大量现代性事件空前未有地激增而使现代社会陷入人们难以理解的“怪异”状态的情况下，才被揭示出来。社会理论家对于现代性及其社会理论的反思，才达到发生转折的关键时刻。1945 年投在日本的两颗原子弹是第一个信号，而 1986 年苏联切尔诺贝利核泄露事件则更彻底地揭开了事态的真相。

现代性分化所造成的后果是现代性结构的极度复杂化。正如本章第五节有关现代性时间特征的论述所指出的，时间结构的多元和多向性，使某一个时间点上的确定事物也可能发生多种状况，以至任何一种确定事物也因而成为各种可能性的潜在因素。**作为可能性的时间也就成为一种象征**。而象征的时间，实际上就是任何事物**可能**成为一切其他事物的象征性条件。风险问题实际上是在“时间可能性”的复杂维度内滋生并膨胀起来的。**现代性的高度分化，也造成负载现代性事件的时间结构急剧增生其潜在可能的成分，特别导致时间中的未来部分充满着不确定性和不可预测性。这就使现代社会的任何一位观察者，再也不能继续使用现代性古典时期的一线性时间概念以及与之相应的线性单向因果分析原则，去分析现代性中所发生的一切事件和预测未来**。传统现代性理论往往把任何事物的发生和演变简单地纳入线性因果系列，似乎一个原因必然导致一个结果，而一个结果也总是有它的先前的原因。按照这种因果性范畴，社会中任何一种行动及其效果，总是要在行动做出抉择的时间结构内寻找抉择的原因和动机之类。因此，只要出现一种危机或其他“错误”事件，就会上溯到与该危机和错误事件相关的错误抉择，以为只要预先避免错误抉择，就可以避免事后的危机。如前所述，鲁曼在其社会系统论中早已批判和抛弃现代性的经典时间观和因果论。在这方面，布尔迪厄和哈贝马斯也同样以不同程度的方式，试图克服早期现代性依据经典自然科学和人本理性主义所推行的线性时间观和因果论。**布尔迪厄尤其考虑到现代性分化所造成的象征性文化结构的增生，早已从结构主义和现象学的新时间观的角度，对社会和行动进行了多维度和多向性的象征性分析。他早在 60 年代初研究阿尔及利亚劳工心态结构时，就已针对阿尔及利亚劳工传统仪式及其适应现代性企业活动的变迁，进行了全面的象征论分析。在其中，他尤其凸显现代结构中时间序列的反复性、循环性、可逆性和多维性，并在这**

种非线性复杂时间结构中，深入分析现代性发展所带来的一系列复杂问题，特别是集中研究表现在重复性和可逆性的日常生活时间结构中的社会结构和心态结构的双重双向结构化倾向。

哈贝马斯也重视现代性分化所造成的时间结构变化特征。他尤其在生活世界的研究中试图揭示生活世界结构中的过去、未来和现在的共时和循环关系。但是，较多恪守理性主义原则的哈贝马斯，仍然在论述生活世界象征性再生产问题时，将各种各样的危机现象归类于“异常”，并指责和批判现代性的不合理性。

同布尔迪厄和哈贝马斯相比，鲁曼更从现代性分化进程的时间深层结构的变化中，看到了各种不可预测性事件背后的复杂原因，并一方面指出这些不可预测性事件不断出现的现代性正常根源，另一方面又具体地显示其可能性本质。换句话说，鲁曼认为，现代性所出现的各种不可预测性事件或危害性事件，实际上是现代性分化所必然带来的更多风险性的表现，它在实质上就是现代性分化所造成的发展方向多元化问题，也就是现代性发展的多种可能性问题，是时间结构中的未来不确定性的问题。这样一来，主要的问题不是要被动地防止各种风险，而是要在确立“分化必然导致风险”的现代性信念的基础上，不奢望预知一切危险事态的可能性，而是以同现代性演进同步的正常心态面对各种未来的风险。人和社会是在时间中度过并发展的。时间，特别是未来的时间，总是隐含着风险，因为时间本身就包含一切可能性。

但是，除了现代性分化的事实本身之外，鲁曼等社会理论家的反思态度，也促进了当代社会理论对于现代性急速分化所带来的风险性的态度的转变。在这方面，对于社会学反思态度进行长期谨慎体验和研究的鲁曼，越来越意识到与对待现代性态度相关联的“观察”的双重性。鲁曼从社会学家观察的复杂性结构及其特征去探讨社会的风险问题。这就是有关社会学家观察的反思性问题。任何观察都是以观察者的主观观察目的、角度、方法及其技术的预设作为出发点。但是，长期以来，社会学家同自然科学家一样，往往以“客观”自称，似乎不愿意对自己的观察进行认真的反思。

为此，他在《风险社会学》中更进一步强调了他的“二阶观察”理论对于观察社会和观察自己的重要性。(Luhmann, N. 1993b)

鲁曼指出：“风险实际上是包含着由决策者自身（自我观察）的观察在内的决策的观察面向问题。”（Ibid：104）也就是说，风险的实质就是观察者的观察面向的复杂性。观察的复杂性使观察者沉陷其中却又仍然自诩为最准确和最合理。鲁曼一再强调现代社会的极端复杂性及其高度不确定性。但各种观察者往往受到流行于现代社会的各种意识形态或偏见性观念的影响，特别是由于对当代社会制度的“民主化”、“组织化”、“专业化”和“合理化”抱有过多的幻想和迷信，很少对自己的观察角度、立场和方法及其结果进行认真的反思。所以，当鲁曼特别强调当代社会中进行各种二阶观察的重要性时，他实际上就是强调了观察的反思性。

在当代社会中，许多人以为，作为决策者的政府部门，由于是通过民主方式产生出来的，所以，它们一定“表现”或“代表”了整个社会的“民意”。鲁曼引用了斯塔尔（Chauncey Starr，1912—2007）和惠普尔（Chris Whipple）关于风险及风险决策的研究成果，批判了他们忽略“二阶观察”的观念，简单地认为政府的决策是考虑到整个社会，而反对意见似乎只是“个人”所做的决定。与此相反，鲁曼主张：决策者（decision maker）可能会依据他们的能力而观察到那些受影响的人；同样地，受影响者也可能以其能力观察到决策者。这并不改变这样的事实：每个观察（不管是位于二阶或者三阶）都只是从其自身的权力和立场所做出来的一种操作程序，因而它们都是如同其他操作一样难免是盲目的。鲁曼认为，在这种情况下，观察者的再多的反思都无济于事，因为一切观察者永远都看不到他所看不到的事物。关键在于，观察者在进行区分的时候，也正是他不能做出区分的时候。一切观察程序都不能观察其自身，而只能观察它进行区分的程序。（Ibid：106－107）为了彻底克服这种矛盾和吊诡性，鲁曼认为，绝不能继续沿用传统制度和方法。他明确地说：“风险的问题不能靠法律和经济的复杂系统中的制

度和方法的手段来解决。”（Luhmann，N. 1993b：107—108）

同时，鲁曼的风险社会学也揭示了现代性发展中随分化进程而不断改变的社会准则的相对性。实际上，对于世界和社会来说，根本不存在“好”和“不好”的问题。一切标准化的评判原则，无非是特定的协议或共识。为了深入说明二阶观察的必要性及其重要意义，鲁曼在其《福利国家中的政治理论》一书中，从各个方面分析了当代政治理论对于各种政治事务的观察所显示的缺失。（Luhmann，N. 1990c）他以当代民主社会中的政党政治制度为例，批判流行于当代政治理论中的各种观点，指出所谓“政府”和“反对派”的对立和划分，典型地表现出政治领域中并不重视“二阶观察”的观念和程序。（Ibid：167）他认为，忽略“二阶观察”的结果，将导致各种政治派别走上无原则的争论，使当代政治恶质化。

鲁曼认为，迄今为止存在着两大类型的理论研究。第一种理论总是以这样或那样的方式预设一种现成的秩序，并在理论研究中不断发现和解决这种秩序的缺失。第二种理论则把各种规范式的“正常”当成似是而非的东西。鲁曼认为，对理论做出上述区分，丝毫与政治上划分“进步”和“保守”的利害关系无关。重要的问题是，要从上述两种理论的区分中，看到第二种类型的理论所隐含的那种将“事实”解析开来并重新组合的旨趣。鲁曼研究理论的态度，比较接近上述第二种类型的理论。其理论研究的目的，是要将普通人心目中想当然地被当成事实的东西加以解析，并在其重构中，一方面倾注作为社会系统整体一部分的社会学家的理论分析能力，另一方面渗透社会学家所处的社会系统整体的自我生产和自我参照的特性。在这种情况下，社会学家所观察到的社会，实际上就是既属于日常生活世界一部分，又不同于非社会学家的普通人心目中的那种社会。所以，实际呈现的社会和被人们认知的社会，都应该重新以“不像真的”理论论述形式建构起来。所谓“不像真的”理论论述形式所建构的社会，就是以社会学家参照社会的自我生产方式而自我生产出来的理论论述体系。它是同日常生活中以普通语言所描述的社会有所区别的，并在相当大程度上将日常生活当成“正常”的东西变换成“不像真的”，同时，又由此去把“正常”理解成某种依据其自身充分规则性而产生的东西。

由此可见，鲁曼所说的“二阶观察”，实际上具有双重特征：它一方面是社会学家、科学家和研究者进行科学研究的一种技术或手段，另一方面又是被观察的现代整个社会的复杂性及其高度功能分化的结果。现代社会既然不断进行功能方面的自我分化，而每个功能系统又各自以其本身为中心，独立地维持其本身的功能运作，并以其内在系统需要，将其他系统当成其环境加以观察；那么，整个现代社会就呈现为一种**多中心的透视性重叠结构**，成为由各个系统所进行的双重观察的循环回缩网络。在这种情况下，整个现代社会都只能成为在某个特定社会系统内被观察的“全社会”，是一种既不同于进行观察的特定系统，又不同于实际的全社会的“真实”结构的充满吊诡的东西。

鲁曼认为，现代性的高度分化进程以及在其中高度自律化又越来越陷入多元可能性的个人，不论在看待自身或看待社会的过程中，都免不了呈现出多种“二阶观察”的递归性网络的特征。这意味着鲁曼比他同时代的其他社会理论家，更早和更敏感地意识到社会学家和社会自身进行观察和自我观察的活动中所面临的吊诡性。由此出发，他才有可能对于现代性发展中越来越引起争议的“危机”问题进行“风险社会学”的研究。**通过鲁曼风险社会学的反思，一方面，显示出现代社会在社会结构和个人行动的宏观和微观双层次中，“双重偶然性”的癌症般激增及其不可预测性，另一方面，也显示出现代性发展中所潜藏的自由可能性的激增**。

“危机”一词的原本含义是内含着双重可能性的。古希腊时期，“危机”（crisis）本来是一个医学术语。古希腊著名医生希波克拉底认为，“危机”是指疾病加剧而使疾病演变到一个最关键的时刻，有可能转变成其他疾病或完全好转。因此，这是既存在着希望又面临着危险的棘手时期。所以，在古希腊原文中，“危机”是一种包含着“事件”（event）和“瞬间”（moment）双重因素的**间断性、非连续性**结构。但另一方面，风险又不同于危险。鲁曼将两者严格区分开来（Luhmann，N. 1993），其目的在于强调风险中各种可能性的积极意义。

毫无疑问，“风险”概念的性质和范围都与“危机”概念有所不同。所谓“风险”，强调的是社会脱序的人为性，进而突出了社会思想对自由和谐的社会秩序所负有的责任和义务。“危机”概念，当然也指的是社会脱序。但基于这一概念的社会理论，往往对社会脱序采取了一种似乎超然的分析批判立场，好像有一种超验的社会理论，可以依据某种符合“客观真理”标准的理念，而使其社会批判得以避免对社会脱序承担责任。前述自16世纪以来所出现的各种乌托邦社会理论，就是继承传统理性主义原则，以为在现实社会之外存在某种客观的正义原则和真理标准。从那以后，继承和发展乌托邦社会理论的社会批判理论，包括从马克思到20世纪的法兰克福学派在内的社会批判理论，往往宣称从超越资本主义社会的思想生存位置来批判资本主义社会，他们希望激化资本主义社会的脱序，以便建立新的社会秩序。在这点上，作为法兰克福学派第二代思想家的哈贝马斯，同布尔迪厄、季登斯等具有较强批判性的当代社会理论家相比，表现出最显著的上述特征。哈贝马斯在他所写的《晚期资本主义的正当化问题》等著作中始终都是以理念中的完满合理化标准作为批判的尺度，去评论现实的当代社会所出现的各种问题。有人批评哈贝马斯等人以“未来的”观点看待“现时的”问题，实际上就是把主观预测的未来可能性同现实呈现的现实性混淆在一起。

就此而言，左右倾激进社会理论或多或少是某种现世的“弥赛亚主义”的先知式论述。他们从一种超世的理想立场介入现世的实际问题。也就是说，这是从“未来时”进入“现在时”的思想模式。而保守的、自由主义的现代社会理论的时态重点则是“现在时”；但它又不是孤立的“现在时”，而是与“过去”和“未来”保持联系的“现在时”，毋宁说是为确保“现在时”的正当性，并继续在未来维持其正当性的一种静态式时态立场，其要害是千方百计地维护现状。在现在与未来的关系方面，保守的、自由主义的现代社会理论往往拒绝为了未来理想的构想而摧毁现在的社会秩序。他们从根本上否定社会理论规划和营建一个更美好的未来社会的思想或实践行动的必要性和正当性。

因此，“风险”社会理论区别于左右倾激进社会理论的关键，不在于是否把“社会脱序”（或危机）视为常态，而是社会思想自身与“社会脱序”应有何种关系。“风险”社会理论并不拒绝社会变革，也不是没有社会理想（自由、平等、公义），而是充分意识到社会思想在促进社会变革和实现社会理想时存在的约束和理论自身的歉然惴栗，进而要求社会思想必须伴有如履薄冰感，时时意识到理论思维的有限性和不确定性。

布尔迪厄对于社会危机的态度介于鲁曼和哈贝马斯之间。一方面，他和哈贝马斯一样以某种带有“进步”理念和标准的知识分子自居，不断地对现代性的权力运作及其不合理效果所产生的各种社会危机进行批判。但是，另一方面，布尔迪厄比哈贝马斯更远离理性主义的原则而强调反思的象征性，从而为其自身批判中的可能缺陷和未预知性表现出相当程度的责任感，同时也为不断批判和自我批判开辟现实的可能性。布尔迪厄与哈贝马斯不同，从未提出一种固定不变的、作为最终目标的合理性准则，而是相反，反复强调其批判的反思性及其反思的多种可能性，并将其反思可能性纳入一种自由创造的游戏模式中。通过语言论述游戏的概念，布尔迪厄意识到批判中的“主动中的被动”和“被动中的主动”，从而也在其批判活动中渗透着自我承担责任的因素。在布尔迪厄看来，任何批判，都包含着主客体间主动和被动地位的相互转换。没有纯粹的被动和纯粹的主动，任何主动都势必包含被动，正如任何被动势必包含主动一样。其次，任何被动并非始终都是纯粹消极的地位和活动，而是在不断游戏中有可能转化为积极的动力的地位和活动。同样地，任何主动并非始终都是纯粹积极的，而是有可能在游戏循环中转变为消极被动的动力。作为自由游戏的批判活动，通过其开辟更多新的可能性前景，从而通过其迈向更大的风险可能性的步骤，可以达到开辟更多选择自由可能性的效果。在这个意义上说，布尔迪厄的自由游戏策略性的批判活动，同鲁曼的风险社会学具有异曲同工之妙。

参考文献

Archer, M. S.

1982 *Morphogenesis versus Structuration: On Combining Structure and Action. British Journal of Sociology* 33: 455–483.

1985 *Structuration versus Morphogenesis.* In S. N. Eisenstadt and H. J. Hells (eds.), *Macro-Sociological Theory.* London: Sage: 58–88.

1988 *Culture and Agency: The Place of Culture in Sociology Theory.* Cambridge: Cambridge University Press.

Barel, Y.

1971 *Prospective et analyse de systèmes.* In "*Documentation française*", Paris.

1977 *La reproduction sociale.* Paris: Anthropos.

1979 *Le paradoxe et le système.* Grennoble: Presses Universitaires de Grenoble.

1982 *La marginalité sociale.* Paris: P. U. F.

1984 *La société du vide.* Paris: Seuil.

Beck, U.

1986 *Risikogesellschaft. Auf dem Weg in einem anderen Moderne.* Frankfurt am Main: Suhrkamp.

1991 *Politik in der Risikogesellschaft.* Frankfurt am Main: Suhrkamp.

1993 *Die Einfindung des politischen. Zu einer Theorie reflexiver Modernisierung.* Frankfurt am Main: Suhrkamp.

1995 *Die feindlose Demokratie.* Frankfurt am Main: Reclam.

1997 *Was ist Globalisierung?* Frankfurt am Main: Suhrkamp.

Bertalanffy, L. von.

1928 *Kritische Theorie der Formbildung.* Berlin: Bornträger.

1932 *Theoretische Biologie.* Vol. I: *Allgemeine Theorie, Physikochemie, Aufbau und Entwickluuung des Organismus.* Berlin: Bornträger.

1942 *Theoretische Biologie.* Vol. II: *Steffwechsel, Wachstum.* Berlin: Bornträger.

1949 *Das biologische Weltbild.* Berne: A Francke.

1967 *General System Theory: Fondations, Development, Applications.* New York: G. Braziller.

Bourdieu, P.

1979 [1960] *Alegeria 1960.* Cambridge University Press.

1979 *La distinction.* Paris: Minuit.

1980 *La sens pratique.* Paris: Minuit.

1989 *La noblesse d'Etat.* Paris: Miunit.

1990 *The Logic of Practice.* Cambridge: Polity.

1991 *Language & Symbolic Power.* London: Polity Press.

1994 *Raisons pratiques.* Paris: Seuil.

Brillouin, L.

1956 *Science and Information Theory.* New York: Academic Press.

Buckley, W.

1967 *Sociology and Modern Systems Theory.* Englewood Cliffs, N. J: Prentice-Hall. Cortés, F. and A. Przeworski.

1974 *Systems Analysis for Social Scientists.* New York.

Durkheim, E.

1960 [1893] *De la division du travail social.* Paris: Presses universitaires de France.

1973 [1895] *Les règles de la méthode sociologique.* Paris: Presses Universitaires de France.

Eigen, M. and Ruthild Winkler

1993 *Laws of the Game: How the Principles of Nature Govern Chance.* Princeton: Princeton University Press.

Elias, N.

1987 *Engagement und Distanzierung.* English trans: *Involvement and Detachment.* Oxford: Basil Blackwell.

Eugène, J.

1981 *Aspects de la théorie générales des systèmes: Une recherche des universaux.* Paris.

Gehlen, A.

1950 *Der Mensch, seine Natur und seine Stellung in der Welt.* 4th rev. ed. Bonn: Athenaeum-Verlag.

Gray, W. and Rizzo, N. D. (ed.)

1972 *Unity through Diversity: A Festschrift For Ludwig von Bertalanffy.* Bd. I. New York.

Habermas, J.

1981 *Theorie des kommunikativen Handelns.* 2 Bände, Frankfurt am Main: Suhrkamp.

1985 *Der philosophische Diskurs der Moderne.* Frankfurt am Main.

1988 *Entretiens avec Habermas.* In "*Le nouvel observateur*", 3–9 avril, Paris.

1989 *Vorstudien und Ergaenzungen zur Theorie des kommunikativen Handelns.* Frankfurt am Main: Suhrkamp.

Habermas, J./Luhmann, N.

1971 *Theorie der Gesellschaft oder Sozialtechnologie?* Frankfurt am Main. Haferkamp, H. and Schmid, M. (eds.)

1987 *Sinn, Kommunikation und soziale Differenzierung.* Frankfurt am Main: Suhrkamp.

Haken, H.

1977 *Synergetics. An Introduction.* Berlin: Springer.

1983 *Synergetics: An Introduction. Non-Equilibrium Phase Transitions to Self-Organization in Physics, Chemistry and Biology.* Berlin: Springer.

1988a *Information and Self-Organization: A Macroscopic Approach to Complex Systems.* Berlin: Springer.

1988b *Dynamic Patterns in Complex Systems.* New Jersey: World Scientific. Keren, M.

1979 "*Ideological Implication of the Use of Open Systems Theory in Political Science.*" In *Behavioral Science*. No. 24.

Kuhn, A.

1974 *The Logic of Social Systems: A Unified, Deductive, System-Based Approach to Social Science.* San Francisco.

Künzler, J.

1987 "*Grundlagenprobleme der Theorie symbolisch generalisierter Kommunikationsmedien.*" In *Zeitschrift für Soziologie.* Jg 16, Heft 5, Oktober.

Le Moigne, J. L.

1977 *La théorie du système général: théorie de la modélisation.* Paris: Lerbert, G. and G. Pineau.

1985 *De la structure au système. Essai sur l'évolution des sciences humaines.* Maucecourt: Editions universitaires, UNMFREO.

Lévi-Strauss, C.

1948 *La vie familiale et sociale des indiens naombikwara.* Paris: Société des américanistes.

1955 *Tristes tropiques.* Paris: Plon.

1962 *Le totémisme aujourd'hui.* Paris: Presses universitaires de France.

1964 *Mytholigiques I. Le cru et le cuit.* Paris: Plon.

1966 *Mytholigiques II. Du miel aux cendres.* Paris: Plon.

1968 *Mytholigiques III. L'origine des manières de table.* Paris: Plon.

1971 *Mytholigiques IV. L'homme nu.* Paris: Plon.

1977 [1958] *Structural Anthropology.* Vol. I. Trans. From *Anthropologie Structurale*, I. by Jacobson C. & Schoepf B. G. New York: Penguin.

Lilienfeld, R.

1978 *The Rise of Systems Theory: An Ideological Analysis.* New York: Wiley-Interscience.

Luhmann, N.

1964a *Funktionen und Folgen formalen Organisation.* Berlin: Duncker und Humboldt.

1964b "*Funktionale Methode und Systemtheorie.*" In *Soziale Welt*, No. 15.

1967a "*Soziologische Aufklaerung.*" In *Soziale Welt.* No. 18.

1967b "*Gesellschaftliche und politische Bedingungen des Rechtsstaates.*" In *Studien über Recht und Verwaltung.* Köln.

1967c "*Soziologie als Theorie sozialer Systeme.*" In *Kölner Zeitschrift für Soziologie und Sozialpsychologie.* 19: 615—644.

1968 *Zweckbegriff und Systemrationalität.* Tübingen/Frankfurt am Main: Suhrkamp.

1969 *Legitimation durch Verfahren.* Hermann Luchterhand Verlag.

1970 *Soziologische Aufklaerung* Bd. Ⅰ: *Aufsaetze zur Theorie sozialer Systeme.* Mit. F. Becker, Koeln/Opladen: Westdeutscher Verlag.

1971 *Theorie der Gesellschaft oder Sozialtechnologie. Was leistet die Systemforschung. Mit J. Habermas.* Frankfurt am Main: Suhrkamp.

1972 *Rechtssoziologie.* Rrinbek: Rowohlt Taschenbuch Verlag.

1972a *Knappheit, Geld und die bürgerliche Gesellschaft.* In "*Jahrbuch für Sozialwissenschaft*", 23, 1972: 186—210.

1974 *Soziologische Aufklaerung* Bd. Ⅱ: *Aufsaetze zur Theorie sozialer Systeme.* Mit F. Becker, Koeln/Opladen: Westdeutscher Verlag.

1977 *Funktion der Religion.* Frankfurt am Main: Suhrkamp.

1978 *Geschichte als Prozess und die Theorie soziokultureller Evolution.* In Karl Georg Faber/Christian Meier (Hrgs.), *Historische Prozesse.* Muenchen.

1978a *Interpretation bei Parsons*, in "*Zeitschrift für Soziologie*", 7: 299—302.

1979 *Trust and Power.* New York: Wiley.

1980 *Remarques préliminaires en vue d'une theorie des systemes sociaux.* In "Critique", oct., No. 413, pp. 995—1014.

1980a *Gesellschaftsstruktur und Semantik. Studien zur Wissenssoziologie der modernen Gesellschaft.* Bd. Ⅰ. Frankfurt am Main: Suhrkamp.

1981a *Gesellschaftsstruktur und Semantik. Studien zur Wissenssoziologie der modernen Gesellschaft.* Bd. Ⅱ. Frankfurt am Main: Suhrkamp.

1981b *Soziologische Aufklärung* Bd. Ⅲ: *Soziales System.* Mit F. Becker, Köln/Opladen: Westdeutscher Verlag.

1981c *Ausdifferenzierung des Rechts. Beiträge zur Rechtssoziologie und Rechtstheorie.* Frankfurt am Main.

1981d *Selbstlegitimation des Staates.* In N. Achtenberg/W. Krawietz, Eds. *Legitimation des modernen Staates.* Supplement XV of the "*Archiv für Rechts-und Sozialphilosophie*", Wiesbaden 1981, pp. 65—83.

1982 *The Differentiation of Society.* New York: Columbia University Press.

1982a *Liebe als Passion.* Frankfurt am Main.

1984 *Soziale Systeme. Grundriss einer allgemeinen Theorie.* Frankfurt am Main: Suhrkamp.

1984a *Religious Dogmatics and the Evolution of Societies.* Trans. by Peter Beyer,. New York/Toronto: The Edwin Mellen Press.

1985 *A Sociological Theory of Law.* London: Routledge & Kegan Paul.

1985a *Die Autopoiesis des Bewußtseins.* In "*Soziale Welt*", 36, S. 402—446.

1985b *Society, Meaning, Religion: Based on Self-Reference.* In *Sociological Analysis*, 46, 1: 5—20.

1985c *Complexity and Meaning*, in "*The Science and Praxis of Complexity*", Tokyo, 99—104.

1985d *Lässt unsere Gesellschaft Kommunikation mit Gott zu?* In Bogensberger/Kögeler (Hrg.), *Grammatik des Glaubens.* St. Pölten-Wien. 41—48.

1986a Die Lebenswelt-nach Ruecksprache mit Phaenomenologen. In "*Archiv für Rechts-und Sozialphilosophie*", 72, S. 176—194.

1986b *Das Medium der Kunst.* In "*Delfin*", 4, Heft 1, S. 6—15.

1986c *Ökologische Kommunikation. Kann die moderne Gesellschaft sich auf økologische Geföhrdungen einstellen?* Opladen.

1986d *Die soziologische Beobachtung des Rechts.* Frankfurt am Main.

1987a "*The Evolutionary Differentiation between Society and Interaction.*" In *The Micro-Macro Link.* eds. by Alexander, J. C. et alii. Los Angeles: University of Calfornia Press.

1987b "*Autopoiesis als soziologischer Begriff.*" In *Kommunikation und soziale Differenzierung.* eds. by Haferkamp, H. and Schmid, M. Sinn, Frankfurt am Main: Suhrkamp.

1987c *Soziale Systeme: Grundriß einer allgemeinen Theorie.* Frankfurt am Main: Suhrkamp.

1987d *Tautologie und Paradoxie in den Selbstbeschreibungen der modernen Gesellschaft.* In "*Zeitschrift fuer Soziologie*", 16, S. 161—174.

1987e *Soziologische Aufklärung.* Bd. IV. Opladen.

1987f *Archimedes und wir. Interviews.* Hrg. Dirk Baecker und Georg Stanitzeck. Berlin.

1987g *Archimedes und wir. Interviews.* Hrg. Von Dirk Baecker und Georg Stanitzeck, Berlin.

1988a *Neuere Entwicklungen in der systemstheorie.* In "*Merkur*", 42, S. 292—300.

1988b *Die Wirtschaft der Geseelschaft.* Frankfurt am Main.

1988c *Wie ist Bewußtsein an Kommunikation beteiligt?* In Hans Ulrich Gumbrecht und K. Ludwig Pfeiffer (Hrg.), *Materialitat der Kommunikation.* Frankfurt am Main.

1988d *Erkenntnis als Konstruktion.* Bern.

1989 *Gesellschaftsstruktur und Semantik. Studien zur Wissenssoziologie der modernen Gesellschaft.* Bd. Ⅲ. Frankfurt am Main: Suhrkamp.

1989 [1963] *Legitimation durch Verfahren*. Frankfurt am Main: Suhrkamp.

1990 *Soziologische Aufklärung*. Bd. V: *Konstruktivistische Perspektiven*. Opladen.

1990a *Sthenographie*. In Niklas Luhmann/Humberto R. Maturana/Mikio Namiki/Volker Redder/Francisco Varela: *Beobachter. Konvergenz der Erkenntnistheorien*? Muenchen.

1990b *Die Wissenschaft der Gesellschaft*. Frankfurt am Main: Suhrkamp.

1990c *Political Theory in the Welfare State*. Berlin/New York: Walter de Gruyter.

1991a *Die Form "Person"*. In "*Soziale Welt*", 42, S. 166–175.

1991b *Sthenographie und Euryalistik*. In Hans Ulrich Gumbrecht/K. Ludwig Pfeiffer (Hrg.): *Paradoxien, Dissonazen, Zusammenbrueche. Situationen offener Epistemologie*. Frankfurt am Main.

1991c *Politik und Moral. Zum Beitrag von Otfried Hoeffe*. In "*Politische Vierteljahreszeitschrift*", 32, S. 497–500.

1991d *Am Ende der kritischen Soziologie*. In "*Zeitschrift für Soziologie*", 20, S. 147–152.

1991e *Sozilogie des Risikos*. Berlin/New York: de Gruyter.

1992a *Operationale Geschlossenheit psychischer und sozialer systeme*. In Hans Rudi Fischer/Arnold Retzer/Jochen Schweitzer (Hrg.): *Das Ende der grossen Entwürfe*. Frankfurt am Main.

1992b *Universität* als Milieu. Hrg. André Kieserling. Bielfeld.

1992c *Beobachtungen der Moderne*. Opladen. Westdeutscher Verlag.

1993 *Die Moral des Risikos und das Risiko des Moral*. In Bechmann, G. (Hrg.): *Risiko und Gesellschaft. Grundlagen und Ergebnisse interdisziplinaerer Risikoforschung*. Opladen.

1993a *Das Recht der Gesellschaf*. Frankfurt am Main: Suhrkamp.

1993b *Risk: A Sociological Theory*. New York: Aldine de Gruyter.

1994 "*What is the Case? And hat Lies Behind It? The Two Sociologies and The Theory of Society*." In *Sociological Theory*. Vol. 12, No. 2, July, trans. from "*Was ist der Fall?*" *und* "*Was steckt dahinter?*" *Die zwei Soziologien und die Gesellschaftstheorie*. In "*Zeitscrift fuer Soziologie*", N. 22: 245–260.

1995 *Soziologische Aufklärung*. Bd. VI: *Die Soziologie und der Menschen*. Opladen: Westdeutscger Verlag.

1995a *Die Kunst der Gesellschaft*. Frankfurt am Main: Suhrkamp.

1997a *Die Gesellschaft der Gesellschaft*. Frankfurt am Main: Suhrkamp.

1997b *Therapeutische Systeme*. Fragen an Niklas Luhmann. Geschpräche mit Fritz B. Simon. In Simon, F. B. hrg. *Lebende Systeme*. Frankfurt am Main.

1997c *Vom Sinn religiöser Kommunikation*. In Karl Gabriel/Alois Herlth/Klaus Peter Strohmeier, hrgs. *Modernität und Solidarität*. Wien: Herder Verlag.

1997d *Grenzwerte der ökologischen Politik. Eine Form von Risikomanagement*. In Petra Hiller/Georg Krüchen, hrgs. *Risiko und Regulierung*. Frankfurt am Main: Suhrkamp.

1998 *Observations on Modernity*. Standford: Standford Uniersity Press.

Mandelbrot, B.

1975 *Form, Chance, and Dimension*. San Francisco: W. H. Freeman.

1983 *The Fractal Geometry of Nature*. New York: W. H. Freeman.

1990 *Fractal in Physics: Essays in Honour of Benoit Mandelbrot*. New York: Elsevier Science.

Maturana, H. R.

1970 *Neurophysiology of Cognition*. In P. L. Garvin (ed.), *Cognation: A Multiple View*. pp. 3—23. New York: Spartan Books.

1982 *Erkennen: Die Organisation und Verkörperung von Wirklichkeit*. Braunscchweig/Wiesbaden.

1985 *The Biological Foundations of Self Consciousness and the Physical Domain of Existence*. Ms.

1986a *Evolution: Phylogenetic Drift Through the Conservation of Adaptation*. Ms. Maturana, H. R. /Uribe, G. /Frenck, S.

1968 *A Biological Theory of Relativistic Color Coding in the Primate Retina*. In "*Archivos de biologia y medicina experimentales*", Supplement No. 1, Chile.

Maturana, H. R. /Varela, F.

1987 *The Tree of Knowledge: The Biological Roots of Human Understanding*. Boston: New Science Library.

Morin, E.

1977 *La Méthode*. T. I. Paris.

Parsons, T.

1966 *Societies*. Englewood Cliffs, N. J: Prentice-Hall.

Parsons, T. /Shild, E. A.

1962 *Toward a General Theory of Action*. New York: Harper & Row.

Preiser, F. E. W. (ed.)

1973 *Environmental Design Research*. Bd. II. Stroudsbourg Pa.

Prigogine, I.

1947 *Etudes thermodynamique des phénomènes irréversibles*. Liège: Desoer.

1955 *Introduction to Thermodynamics of Irreversible Processes*. New York: Charles C. Thomas.

1962a *Introduction to Non-Equilibrium Thermodynamics*. New York: Wiley-Interscience.

1962b *Non-Equilibrium Statictical Mechanics*. New York: Wiley & Sons.

1965 *Non-Equilibrium Thermodynamics, Variational Techniques and Stability*. Chicago: University of Chicago Press.

1979 *From Being to Becoming. Time and Complexity in the Physical Sciences*. San Francisco: Freeman.

1984 *Out of Chaos*. London: Heinemann.

1988 *Entre temps et l'éternité*. Paris: Fayard.

Prigogine, I. and D. Defay

1951 *Traité de thermodynamique*. 2 tome. Liège: Desoer.

Prigogine, I. and P. Glansdorff

1971 *Structure, Stability and Fluctuations*. New York: Wiley-Interscience.

Prigogine, I. and G. Nicolis

1977 *Self-Organization in Non-Equilibrium System*. New York: Willey & Sons.

1989 *Exploring Complexity: Introduction*. München: R. Piper.

Prigogine, I. and I. Stengers

1979 *La nouvelle alliance. Métamosphose de la science*. Paris: Gallimard.

Rescher, N.

1981 "*Leibniz and the concept of a system.*" In *Studia leibnitiana*. Vol. 13. No. 1. pp. 114–122.

Rockmore, T.

1985 "*La Systématicité et le cercle hégélien.*" In *Archives de philosophie*. Vol. 48. No. 1. pp: 3–20.

Roy, J.

1982 "*Système et liberté chez Kant et Schelling.*" In *Phi Zéro. Revue d'études philosophiques*. Vol. 10. No. 2–3. pp: 143–168.

Rossi, I.

1982 *Structural Sociology*. New York: Columbia University Press.

Sasso, R.

1981 "*Parcours du 'De Deo' de Spinoza (Ethique, I). Un exemple des fonctions de la systématicité dans la constitution du discours philosophique.*" In *Archives de philosophie*. Vol. 44. No. 4. pp: 579–610.

Saussure, E.

1973 [1916] *Cours de linguistique générale*. Paris: Payot.

Schmid, M.

1985 "*Autopoiesis und soziales System: Eine Standortbestimmung.*" In *Sinn, Kommunikation und soziale Differenzierung*. eds. by H. Haferkamp and M. Schmid, Frankfurt am Main: Suhrkamp.

Schnaedelbach, H.

1986 "*Transformation der kritischen Theorie.*" In *Kommunikativen Handeln*, Honneth, A. / Joas, H. J. eds. , Farnkfurt am Main: Suhrkamp.

Shannon, C. E. and Weaver, W.

1949 *The Mathematical Theoy of Communication*. Urbana: University of Illinois Press.

Slaga, S. W.

1982 "*Ontologie des systèmes et philosophie de la nature.*" In *Roczniki filozoficzne*. Vol. 30. No. 3. pp. 119–128.

Smelser, N. Z.

1963 *Theory of Collective Behavior*. New York: Free Press.

Spencer-Brown, G.

1994 (1969) *Laws of Form*. Ashland, Ohio: Book Masters.

St. Augustin.

1945 (426) *City of God*. 2 Vols. London: Everyman Edition.

Stein, A. von der.

1968 "*Der Systembegriff inseiner geschichtlichen Entwicklung.*" In *System und Klassifikation in Wissenschaft und Dokumentation.* ed. by A. Diemer, pp. 1—13. Meisenheim am Glan.

Tevzadze, G. V.

1981 "*La notion de système chez Kant.*" In *Filosofskie.* No. 4. pp. 80—87.

Thom, R.

1971 *Stabilité structurelle et morphogenèse.* New York: W. A. Benjamin.

1983 *Paraboles et catasrophes. Entretiens sur les mahtématiques, science et la philosophie.* Paris: Flammarion.

Tosel, A.

2000 *La mondialisation comme objet philosophique?* In "*Bulletin de la société française de philosophie*", 2000 janvier-mars, Paris: Vrin.

Troje, H. E.

1969 "*Wissenschaftlichkeit und System in der Jurisprudenz des* 16. *Jahrhunderts.*" In *Philosophie und Rechtswissenschaft: Zum Problem ihrer Beziehungen im* 19. eds. by J. Blühdorn and J. Ritter, pp. 63—88. Jahrhundert, Frankfurt.

Turing, A. M.

1950 "*Computonh Machinery and Intelligence.*" In *Mind.* No. 59. pp. 433—460.

Turner, J. H.

1986 *The Structure of Sociological Theory.* California: The Dorsey Press.

Varela, F.

1977 *A Calculus for Self-Reference.* In "*International Journal of General Systems*", 2: 5—24.

1979 *Principles of Biological Autonomy*. New York: Elsevier North Holland.

Valéry, P.

1986 *Oeuvres*, tome I, < Pléiade >, Paris: Gallimard.

Wallner, F.

1998 *Introduction to Constructive Realism*. Wien.

Weber, M.

1913 *Über einige Kategorien der verstehenden soziologie*. In Weber, M. *Gesammelte Aufsätze zur wissenschaftslehre*. 1922, 3 Auflage. Tübingen: Mohr.

Wiener, N.

1948 *Cybernetics, or Control and Communication in the Animal and the Machine*. New York: The Technology Press & John Willey & Sons Inc.

1950 *The Human Use of Human Beings*. Boston: Houghton Mifflin.

1964 *God and Golem. A Comment on Certain Points where Cybernetics Impinges on Religion*. Cambridge: MIT Press.

图书在版编目（CIP）数据

鲁曼社会系统理论与现代性/高宣扬著. 2版. —北京：中国人民大学出版社，2015.4

（中国当代学术思想文库·高宣扬作品系列）

ISBN 978-7-300-18774-7

Ⅰ.①鲁… Ⅱ.①高… Ⅲ.①社会学-研究-德国-现代 Ⅳ.①C91-095.16

中国版本图书馆CIP数据核字（2014）第282659号

中国当代学术思想文库·高宣扬作品系列

鲁曼社会系统理论与现代性（第2版）

高宣扬　著

Luman Shehuixitong Lilun yu Xiandaixing

出版发行	中国人民大学出版社		
社　　址	北京中关村大街31号	**邮政编码**	100080
电　　话	010－62511242（总编室）		010－62511770（质管部）
	010－82501766（邮购部）		010－62514148（门市部）
	010－62515195（发行公司）		010－62515275（盗版举报）
网　　址	http://www.crup.com.cn		
	http://www.ttrnet.com（人大教研网）		
经　　销	新华书店		
印　　刷	北京中印联印务有限公司	**版　　次**	2005年9月第1版
规　　格	170 mm×240 mm　16开本		2016年3月第2版
印　　张	19.25 插页1	**印　　次**	2016年3月第1次印刷
字　　数	266 000	**定　　价**	49.00元